城市结构与住房政策的长效机制研究

毛丰付 著

Chengshi Jiegou yu Zhufang Zhengce de
Changxiao Jizhi Yanjiu

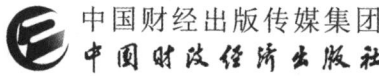

中国财经出版传媒集团
中国财政经济出版社

图书在版编目（CIP）数据

城市结构与住房政策的长效机制研究/毛丰付著
——北京：中国财政经济出版社，2020.4
ISBN 978-7-5095-9701-9

Ⅰ.①城… Ⅱ.①毛… Ⅲ.①城市-住房政策-研究-中国 Ⅳ.①F299.233.1

中国版本图书馆 CIP 数据核字（2020）第 041215 号

责任编辑：马　真　　　　　责任校对：李　丽
封面设计：思梵星尚

中国财政经济出版社 出版

URL: http://www.cfeph.cn

E-mail: cfeph@cfeph.cn

（版权所有　翻印必究）

社址：北京市海淀区阜成路甲 28 号　邮政编码：100142
营销中心电话：010-88191537
北京财经印刷厂印刷　各地新华书店经销
710×1000 毫米　16 开　16 印张　273 000 字
2020 年 5 月第 1 版　2020 年 5 月北京第 1 次印刷
定价：66.00 元
ISBN 978-7-5095-9701-9
（图书出现印装问题，本社负责调换）
本社质量投诉电话：010-88190744
打击盗版举报热线：010-88191661　QQ：2242791300

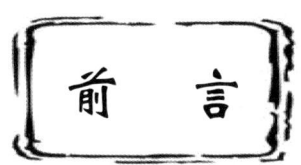

中国经济已经由高速度增长阶段转向高质量发展阶段,由数量增长转向质量提高和结构优化、由追求经济绩效转向更好地满足人民对美好生活需要成为时代的共识。中国城镇化的发展是驱动中国经济增长的重要力量,在经历了快速的城镇化阶段之后,优化城市区域布局和城市内部结构布局,提升城市各种资源和要素的配置效率不仅能提高城镇化发展质量,更能够直接改善人民群众的生活质量。住房市场和住房体系内嵌于城市结构之中,构建住房政策长效机制更依赖于城市结构的优化和改善。

秉持这一认识,本书分为三个逻辑递进的部分。第一部分从总体上考察了中国城市格局的变动和调整;第二部分从中观层面围绕住房市场,分析影响城市发展的要素结构之间的影响和互动关系;第三部分从微观层面对各类住房政策的实施效果进行了分析和检验。

第一部分包括第一章至第五章内容。第一章利用城市常住人口数据指标,从总体上刻画了中国城市体系结构的变动特征及其对区域发展的影响;第二章至第五章分别从产业变化对城市劳动生产率的影响、城市基础设施与人力资本、外贸活动对城市人口集聚的影响以及城乡收入不平等对健康和人力资本的影响等几个方面展开,力图识别出影响过去中国城市总体格局变迁的关键变量。

第二部分包括第六章至第八章。第六章分析了土地市场内部结构扭曲导致的高地价问题;第七章考察了房价波动对城市产业结构的影响;第八章考察了金融市场的融资约束如何影响房地产市场的绩效。这三章试图从城市要素结构间互动的角度，把握影响住房市场的几大关键要素。

第三部分包括第九章至第十二章。第九章分析在教育和户籍因素的影响下，城市新移民主观和客观的住房支付能力；第十章考察了各类住房特征如何影响移民的城市定居意愿；第十一章讨论了以公积金为代表的住房政策是否对城市居民财富分化产生影响；第十二章研究了住房保障政策如何影响人口的空间流动。这四章更多是从个体选择的微观角度把握和探讨住房政策起效的微观机理。

目 录

导 论 …………………………………………………………………（ 1 ）

第一章 中国城市体系结构：区域发展及其典型事实 ……………（ 7 ）
    第一节 城市规模分布与区域发展的简要评述 ………………（ 8 ）
    第二节 城市体系与区域发展关系的机理分析 ………………（ 11 ）
    第三节 城市体系结构表征指标及典型事实 …………………（ 14 ）
    第四节 城市体系结构与区域经济发展 ………………………（ 21 ）
    第五节 主要结论 ………………………………………………（ 30 ）

第二章 资本深化、产业结构与中国城市劳动生产率 ……………（ 32 ）
    第一节 城市劳动生产率及其影响因素 ………………………（ 33 ）
    第二节 中国城市主要总量数据的趋势性描述 ………………（ 36 ）
    第三节 城市劳动生产率的经验研究 …………………………（ 43 ）
    第四节 结论与进一步探讨 ……………………………………（ 51 ）

第三章 城市基础设施与人力资本提升 ……………………………（ 54 ）
    第一节 文献回顾与理论探析 …………………………………（ 56 ）
    第二节 数据与模型 ……………………………………………（ 58 ）
    第三节 模型设定及解释 ………………………………………（ 61 ）
    第四节 实证结果分析 …………………………………………（ 62 ）
    第五节 简要的结论与政策建议 ………………………………（ 68 ）

第四章　对外开放与中国城市人口集中 ……………………（71）
　　第一节　文献回顾及评述 ………………………………（72）
　　第二节　计量模型设定及变量数据说明 ………………（74）
　　第三节　实证检验与结果分析 …………………………（78）
　　第四节　结论与政策建议 ………………………………（82）

第五章　城市化进程中的收入不平等与健康 ……………（84）
　　第一节　文献回顾 ………………………………………（86）
　　第二节　模型与方法 ……………………………………（87）
　　第三节　数据与指标 ……………………………………（90）
　　第四节　实证结果与讨论 ………………………………（93）
　　第五节　结论与研究探讨 ………………………………（101）

第六章　财政分权与土地价格扭曲 ………………………（104）
　　第一节　地价扭曲的典型事实 …………………………（104）
　　第二节　模型、变量与数据 ……………………………（109）
　　第三节　经验研究结果 …………………………………（113）
　　第四节　结论及政策启示 ………………………………（121）

第七章　房价水平与城市内部产业结构调整 ……………（124）
　　第一节　房价与产业结构调整 …………………………（124）
　　第二节　文献评述 ………………………………………（126）
　　第三节　房价对产业结构调整影响的机理分析 ………（128）
　　第四节　数据、模型与变量 ……………………………（132）
　　第五节　实证结果及分析 ………………………………（134）
　　第六节　结论和政策建议 ………………………………（142）

第八章　金融约束与房地产市场发展 ……………………（145）
　　第一节　经验事实与机理分析 …………………………（146）
　　第二节　研究设计 ………………………………………（149）
　　第三节　经验结果与分析 ………………………………（155）
　　第四节　总结与讨论 ……………………………………（164）

第九章　职业背景、户籍制度与城市新移民住房支付能力 ……（166）
　　第一节　背景介绍 ………………………………………（166）
　　第二节　数据来源与变量分析 …………………………（168）
　　第三节　实证分析 ………………………………………（171）

第四节　结论与政策含义 ………………………………………（175）
第十章　住房特征与城乡移民的定居意愿 ……………………………（177）
　　　第一节　引言 ……………………………………………………（177）
　　　第二节　分析框架与研究假设 …………………………………（178）
　　　第三节　数据和方法 ……………………………………………（179）
　　　第四节　经验研究结果分析 ……………………………………（183）
　　　第五节　结论及政策启示 ………………………………………（192）
第十一章　住房政策与家庭财富积累 …………………………………（194）
　　　第一节　公积金与住房不平等 …………………………………（195）
　　　第二节　住房与家庭财富 ………………………………………（198）
　　　第三节　公积金与家庭财富积累 ………………………………（199）
　　　第四节　结论与政策建议 ………………………………………（206）
第十二章　保障性住房与人口流动 ……………………………………（209）
　　　第一节　住房与人口迁移：文献与理论 ………………………（210）
　　　第二节　引力模型与变量说明 …………………………………（213）
　　　第三节　计量过程及结果分析 …………………………………（216）
　　　第四节　结论和政策建议 ………………………………………（224）
参考文献 …………………………………………………………………（226）
后　记 ……………………………………………………………………（247）

导 论

中国城镇化发展是驱动中国经济增长的重要力量,优化城市区域布局和城市内部结构布局,提升城市各种要素配置效率不仅能提高城镇化发展质量,而且能够直接改善人民群众的生活质量。住房市场和住房体系内嵌于城市结构之中,构建住房政策长效机制更依赖于城市结构的优化和改善。秉持这一认识,本书分为三个逻辑递进的部分(如图 1 所示)。第一部分从总体上考察了中国城市格局的变动和调整;第二部分从中观层面围绕住房市场,分析影响住房发展的要素结构之间的互动关系;第三部分从微观层面对各类住房政策的实施效果进行了分析和检验。

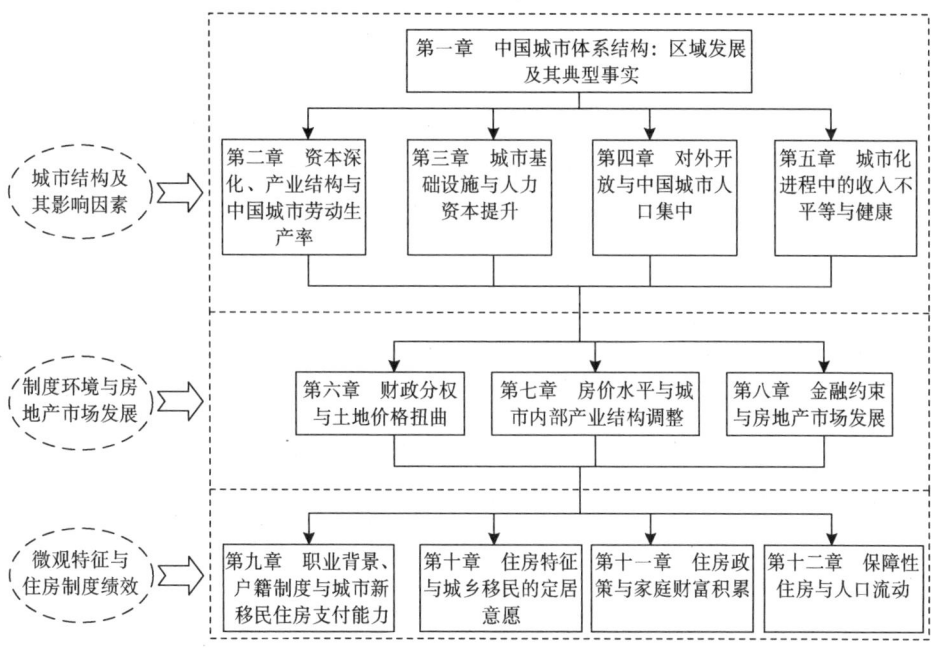

图 1 本书内容逻辑结构图

第一部分包括第一章至第五章。第一章利用城市常住人口等数据,从总体上刻画了中国城市体系结构的变动特征;第二、三、四、五章分别从产业变化、城市基础设施、对外开放以及健康和人力资本等几个方面展开,力图识别影响中国城市总体格局变迁的关键变量。第二部分包括第六章至第八章。分别从"土地财政"、城市产业结构和金融市场融资约束等方面,从城市要素结构间互动的角度,把握影响住房市场的几大关键要素。第三部分包括第九章至第十二章。这四章更多的是从个体选择的微观角度把握和探讨住房政策起效的微观机理。

一、本书的主要内容

(一) 城市结构变迁及其影响因素

中国进入城镇化发展的后半阶段,不仅应该继续提高城镇化率,更应该形成符合经济规律的城市体系结构。探求城市体系结构与区域经济发展之间的规律,有助于发挥市场在经济中的决定性作用,也有助于为城市体系结构的安排与城镇化布局规划提供微观证据。

本部分首先基于结构主义的视角对中国的城市体系结构做一总体性的分析,利用中国城市常住人口数据,构造衡量区域城市结构体系的人口集中率指标和城市首位度指标、区域城市体系竞争力程度的 HHI 指数以及衡量区域城市体系发展不平等指标的基尼系数和泰尔指数,并利用这些指标,对中国省际城市发展水平进行评价。然后利用相关的经济社会数据进一步分析了城市体系结构、产业结构以及人口融合结构等重要城市结构性指标对区域经济发展的影响机理。

提高城市化质量和劳动产出效率是中国经济发展的必然选择。目前关于城市劳动生产率的研究理论大多是基于发达国家城市化平稳期假定做出的。本书基于快速城市化现实,在城市产出总量函数中引入了资本存量和产业结构变量,考察资本存量、劳动投入、产业结构和城市规模等关键经济变量对城市劳动生产率的影响。研究发现,资本深化的作用最大但呈现出缓慢下降态势,产业结构和城市规模的作用为正,人口集聚呈现"规模报酬递增"而要素投入呈现"规模报酬递减"。

城市人口集中是改革开放以来中国沿海地区重要的经济社会现象,也是理解中国经济增长的关键所在。然而,从对外开放视角探索中国沿海地区城市人口规模变动规律的研究较为少见。本书基于浙江省城市面板数据，研究对外开放与城市人口规模变动之间的关系。研究结果表明，国际市场、外商直接投资与对外贸易净额会显著降低城市人口规模。这表明对外开放亦应成为制定城镇化发展规划和提高城市竞争力等政策分析框架中的重要变量。

中国的城镇化速度和规模是世界上绝无仅有的，但快速城镇化也产生了如收入不平等和健康等独特而复杂的问题。城镇化进程中的不平等和健康问题不仅对中国的卫生总费用、医疗保障体系产生极大的财政压力，而且会影响人力资本积累，加剧劳动力短缺，对中国长期发展产生不利影响。本书利用经济学手段研究中国城市化进程对收入不平等与健康的影响，不仅丰富了收入不平等与健康研究的跨国研究，而且对中国的社会保障和公共政策具有参考价值。

（二）制度环境与房地产市场发展

地价快速上涨和"土地财政"一直是城市空间格局变迁和房地产市场发展中的焦点问题，然而对土地市场的结构性扭曲及其作用机理还缺少足够的关注。本书从商住用地和工业用地相对价格入手，分析不同类型土地与财政纵向分权和地方政府横向竞争的交错作用机理。分析表明，虽然财政缺口和引资竞争均对地价扭曲存在显著影响，但是财政缺口中约30%是由引资竞争引致的；限制土地供给对工业用地影响非常小，供给约束主要通过财政分权渠道抬高商住用地价格而实现。

伴随房价水平的不断攀升，中国出现大规模的区域产业转移现象。现有研究更多关注房价如何影响第二产业和第三产业在区域间转移，即由东部大城市向中西部小城市转移，而第三产业向东部大城市集聚。事实上，鼓励实施工业内部行业在区域层面有序转移、合理分工和优化配置的产业发展政策更应受到重视。本书将工业行业细分为资本密集型和劳动密集型两种行业类型，研究房价对工业内部行业结构调整的影响，从而以"优二兴三"推进工业和服务业协调发展。

中国房地产市场在严格的金融市场约束下飞速发展是中国经济增长的众多"谜题"之一。房地产开发企业利用"股地互动"架起房地产市场与金融市场的"融资通道"是理解这一"谜题"的关键。本书利用上市房地产企业的微观数据对股地互动机理进行实证研究。本书发现中国房地产市场的发展与市场参与者的预期高度相关，与利率管制、企业自有资金限制等因素关系很小，因此从金融管制视角看房地产市场宏观调控政策基本是无效的。

(三) 微观特征与住房制度绩效

住房支付能力是城市生活的关键要素,然而国内新移民群体的住房支付能力研究被长期忽视,本书从新移民住房的客观支付能力和主观支付意愿两个方面入手,考察城市新移民住房支付能力的影响因素。本书发现职业背景对移民住房支付能力有显著影响,在控制职业背景因素后,户籍制度对住房支付能力影响不显著,但是户籍制度对新移民的主观支付意愿有重要影响。

新型城镇化背景下,城乡移民群体发生了结构性变化,以住房为代表的社会性因素成为影响移民城市定居意愿的主要原因。本书利用问卷调查数据探讨城乡移民的居住现状以及住房特征对其定居意愿的综合性影响。住房产权对移民定居意愿影响最大,住房面积、住房支出、住房区位和住房环境也对定居意愿有显著影响。

公积金的汇集和使用是否助长收入分配不平等问题一直存在争议。本书从住房产权、住房面积和家庭财富数量三个方面考察了公积金制度对家庭财富的影响。研究发现公积金确实对拥有住房产权有显著促进作用,对家庭财富积累也有一定正向作用。公积金制度有效实现了支持城镇职工拥有住房的政策初衷,未来公积金制度应向扩大受益面、服务中下层、兼顾各项保障的方向发展。

全国各地近十年更加重视保障性住房建设,保障房建设取得了显著的效果。那么保障房建设是否能够产生"涓滴效应"从而惠及流动人口呢?本书基于引力模型分析了人口流动的影响,重点分析了保障性住房对省际人口流动的影响。实证结果发现,一省保障性住房竣工面积每增加1%,流入人口数量增加约0.3%。各地区加大保障性住房建设面积,扩大保障性住房的保障范围,减轻企业负担,既可以为城镇人口流入和社会融合提供新动力,也是"供给侧改革"的应有之义。

二、本书的主要发现

一是从城市结构及其影响机制看,中国多数省份主要城市之间的差距在逐渐拉大,区域城市体系结构中人口向大城市集中的趋势愈发明显。资本存量、产业结构和城市规模等因素对中国城市劳动生产率的提升有显著的作用,对外贸易依存度增加会显著降低城市的人口规模。城市基础设施对人力资本水平提升作用突出。

二是从土地和住房市场的制度环境看，一线城市地价扭曲主要是通过抬高商住用地价格获取财政收入实现的，二线城市地价扭曲主要是通过压低工业地价而产生的。中国房地产市场投资受企业自身资金约束小，与市场预期关系大，资本市场指标对房地产市场投资有很大影响。房价上涨短期促进劳动密集型行业的发展，抑制资本密集型行业发展，长期则反之。

三是从住房和人口特征以及住房政策的影响机制看，住房产权和居住环境对定居意愿有重要影响；新移民的职业背景、收入、性别、婚姻状况，特别是职业背景和受教育水平对其住房支付的主客观能力有显著影响；公积金制度对于获得住房产权意愿有很大帮助，对于住大房子和增加家庭财富的意愿作用不大；保障房建设显著促进了目的地地区的人口流入。

三、本书的主要研究方法

一是文献研究。广泛收集查阅了国内外文献，跟踪了解中国城市发展动态和住房市场以及住房政策调整的基本情况，掌握了学术研究中关于城市结构与住房市场和住房政策关系的前沿动态，通过理论分析构建研究的基本思路。

二是实地调研法。开展实地调研活动，选取国内典型城市，走访各地房管局等相关政府部门、房地产开发商等，随机抽取居民进行问卷调查，了解住房制度的实施效果和存在的问题。

三是结构分析和空间分析法。利用基尼系数和泰尔指数法从区际、省际和城市等不同层面切入，以结构主义视角分析城市变动规律，并利用引力模型与空间计量交互模型等空间计量经济学方法有效识别空间互动问题。

四是实证分析法。综合利用人口普查数据、微观调查数据和城市统计数据，结合空间计量互动模型、逻辑斯蒂模型和其他定量分析手段，分析中国人口城镇化过程中嵌入社会网络、制度与政策框架中的住房政策的作用途径及其效应。

四、本书的学术发展

一是研究视角上，整合城市空间结构变迁和房地产市场发展的研究还不多见，本书以产业和人口变动作为线索，研究城市结构与住房市场和住房政策之间的作用机制，对于分析中国大城市化进程和住房市场"因城施策"具有较强的针对性。

二是研究数据和方法，本书在城市研究层面将生产函数引入产业结构，拓展了对城市劳动生产率的分析；本书将产业经济学中的产业集中度指标和收入分配中的基尼系数和泰尔指数等分析方法引入区域城市间关系的研究，解决了对城市空间分布度量指标缺乏的问题。

三是研究内容上，本书从经济学角度定量研究了城市化进程对人力资本和健康的影响；本书还利用CHFS数据，分析了极少被关注的公积金政策与家庭财富积累的关系。

五、本书的学术价值

从住房政策研究的理论视阈看，一般把住房政策视作一种社会政策或一种经济政策，还很少有文献从城市重要发展政策工具的角度来审视住房政策。本书不仅有助于拓展中国情境下的住房政策理论研究，而且对以中国地方政府行为为研究对象的新政治经济学理论不无裨益。

从研究的分析维度看，本书从制度性嵌入和多维匹配的视角入手，综合考虑"经济—社会—心理"三个维度，分析中国人口城镇化过程中嵌入社会网络、制度与政策框架中的住房政策的作用途径及其效应。

第一章
中国城市体系结构：区域发展及其典型事实[①]

在中国进入城市化社会后，城镇化发展质量对区域经济发展乃至中国经济的中长期增长至关重要已经成为共识。《国家新型城镇化规划》提出"优化城镇化布局和形态"，促进"城市规模结构更加完善"，"以城市群为主体形态，推动大中小城市和小城镇协调发展"，"使城市群成为推动区域协调发展的新的重要增长极"。在过去的30多年时间里，中国城市的数量、结构和形态在发生巨大的变化，从1978年至2010年，中国城市数量由193个增加到658个，百万人以上大城市从29个增加到140个，正在形成23个城市群（方创琳、姚士谋、刘盛和等，2011）。预计到2030年中国百万以上人口城市将增加到221个，全球最大的50个城市中，中国城市将占据24席[②]。可以说，城市的规模、形态和空间布局已然成为关注的焦点和影响经济发展的重要因素。

从现有的研究来看，国内关注区域经济发展的研究多数遵循新古典范式、发展经济学和区域经济学的视角，考察要素和制度等诸因素对区域发展的作用机理；同时，研究城市化进程的学者对以城市化率为主要表征变量的数量型城市化关注颇多，但是对城市化质量和结构关注度不够。另一方面，关心城市空间结构的研究主要是人文地理和城市规划领域学者，他们讨论的是城市空间结构、形态及其统计学规律，较少涉及结构区域经济特征的关联。作为城市的空间体系结构与区域发展和经济增长的关系还未引起国内研究者的足够重视。事实上，大中城市作为区域的核心和增长极，不仅基于其自身的发展对区域产生影响，区域内主要城市之间的此消彼长、竞争合作，乃至跨区域的城市群之间

---

① 本章的一个早期版本原发于《贵州财经大学学报》2019（4），作者毛丰付、王琦和潘加顺，并被《高等学校文科学术文摘》2019年第5期热点关注全文转载。

② 世界750座大城市未来的机遇与市场，http：//www.cssn.cn/jjx/jjx_dt/201405/t20140513_1157703.shtml。

的互动作用都会影响一个甚至多个区域的崛起与衰落。

中国是一个幅员广袤、特征多样的大国，不仅城市空间布局呈现多样性，而且区域政策和区域发展绩效也同时呈现多样性。在中国进入快速城镇化发展的后半阶段，不仅应当通过继续提高城镇化率，更应当对城镇化的规划布局进行统筹谋划，形成符合经济规律的城市体系结构。因此，探求城市体系结构与区域经济发展之间的规律，有助于发挥市场在经济中的决定性作用，也有助于为城市体系结构的安排与城镇化布局规划提供微观证据。

本章基于结构主义的视角从宏观层面对中国的城市体系结构做一总体性的分析，利用中国23个主要省域的地级市2005—2011年常住人口（而非户籍人口）数据，构造了衡量区域城市结构体系发展相对程度的人口集中率指标、区域城市体系绝对发展程度的城市首位度指标、区域城市体系竞争力程度的HHI指数以及衡量区域城市体系发展不平等指标的基尼系数和泰尔指数，并利用这些指标，对中国省际城市发展水平进行了分类。在此基础上，利用面板数据进一步分析了城市体系结构、产业结构以及人口融合结构等重要城市结构性指标对区域经济发展的影响机理与效应。

第一节
城市规模分布与区域发展的简要评述

自从奥尔巴克在1913年提出城市规模分布理论以来，学者们对城市人口规模分布进行了大量研究。研究的视角可以分为两个部分：第一，对城市规模分布规律的总结；第二，对城市规模分布的解释。

从城市规模分布规律研究的发展脉络来看，城市规模分布规律服从两个主要的定律：第一，齐夫定律（Zipf's Law），城市规模分布服从帕累托分布（Pareto Distribution），也作次序—规模分布；第二，吉布拉定律（Gibrat's Law），城市规模分布服从对数正态分布（Lognormal Distribution），或者双对数正态分布（Double Lognormal Distribution）。Beckmann（1958）有关城市人口规模分布的研究认为，城市规模与规模次序存在稳定的关系，城市次序—规模分布服从 $SR^a = A$，其中R是指城市人口规模分布的次序，S是指城市人口规模，A为一个常数，其中a是帕累托系数。Eeckhout（2004、2009）对区域内所有城市的研究表明,城市规模分布是服从对数正态分布的,而不是传统上的次序—规模分布。Levy(2009)对 Eeckhout(2004)的研究进行了分析,认为在高分位数上的城市规模分布,不符合对数正态分布,而是服从帕累托分布(次序—规模分布)。Loannides 和 Skouras(2013)关于城市规模分布规律的研究,认为城市规模分布是服从稳健帕累托分布的,即城市规模分布服从次序—规模的分布,但这只是在城市规模高分位数上存在的现象。

Anderson 和 Ge(2005)对中国城市规模分布的研究发现,中国城市体系的次序—规模分布并不是稳定的,通过分时段研究,改革开放和计划生育政策对于中国的城市体系结构具有显著影响。在改革开放之前,城市规模分布服从的次序—规模分布相当稳定,然而在改革开放之后却呈现出收敛增长型的模式。研究表明,中国城市规模分布更倾向于服从吉布拉定律(Gibrat's Law,即对数正态分布),而不是服从齐夫定律(Zipf's Law,即次序—规模分布)。关于城市规模分布规律的研究与争论仍在继续,研究结论会随着选择的国家样本(发达国家与发展中国家)与选择的城市样本(大城市群与中小城市)变化而呈现出截然不同的结论。总体来说,在成熟的城市体系中,高分位数的城市规模将服从帕累托分布规律;而对于全样本城市,城市规模分布服从对数正态分布规律。城市规模分布的研究也在试图将帕累托分布与对数正态分布融合起来。

大量的实证研究表明,在拥有成熟的城市体系的发达国家中,城市规模分布要么服从帕累托分布规律,要么服从对数正态分布。然而,对于发展中国家城市规模分布的研究发现,在发展中国家,城市规模更可能服从首位度规律,即在区域内特大城市统治整个区域内的城市体系的规模分布(Berry,1961;Parr,1985;Petrakos 和 Brada,1989)。这表明,城市规模分布可能会受到收入的影响,Willimson(1965)关于区域不平等与区域发展之间关系的假说,可能也适用于城市规模分布与区域经济发展之间的研究。在经济收入水平不高,但是经济增长率更高的发展中国家,其人口规模分布更可能服从首位度规律。对城市规模分布的研究表明,随着经济的增长,城市人口集中呈现先上升、后下降的趋势,即倒"U"形的变动趋势(El-shakh,1972;Alonso,1980;Wheaton 和 Shishido,1981;Junius,1999;Henderson,2000;Henderson,2003)。

从理论上来说,城市体系结构所代表的制度安排能够通过影响资源配置效率,进而影响区域经济发展。关于城市体系结构对于区域经济发展的研究最早可以追溯到 Berry（1961），对城市规模分布与经济发展之间关系的研究表明，发达国家与发展中国家的城市规模分布情况几乎相同，因此，城市规模分布对于经济发展的作用不显著。然而 Williamson（1965）提出在经济发展的早期阶段，一定程度的城市集中是必要的且有效的。基于 Friedmann（1969、1970）空间二元结构的核心—边缘理论，El-shakh（1972）的研究则表明，大都市集中度与经济发展呈倒"U"形变化。在发展的最初阶段，资源和权力由核心开始集中，首位度从比较低的水平增加；然而，在首位度比较高的水平，核心区域相对边缘区域开始丧失优势，中等城市开始发展。Wheaton 和 Shishido（1981）研究发现区域集中度与发展水平之间存在着倒"U"形的关系。Rosen 和 Resnick（1980）的研究则表明，城市集中与发展水平存在负相关关系。谢小平（2012）识别了城市规模分布演进影响整个城市体系的外部性进而影响经济增长的机制，研究发现首位城市的相对规模与经济增长存在倒"U"形的关系，更为均匀的城市规模分布有利于经济增长。

Hansen（1990）提出在经济发展的早期阶段，资本资源，特别是基础设施非常稀缺，很难有足够的公共基础设施，如高速公路、铁路与通信设施，来支持全区域范围内的集聚。因此，在经济发展的早期阶段，公共基础设施大部分投向少数高行政级别的城市，如中国的直辖市、省会城市与副省级城市，基础设施投资向高行政层级城市集中会导致劳动力迁移与工业发展不平衡，即劳动力向大城市迁移，工业化在大城市发展得更为迅速，在整个过程中，以城市集中为显著特征，包括人口集中、投资集中与工业集中等。城市集中对于早期经济发展是必要而有效的。发展中国家的城市集中的原因主要包括：基础设施投资集中与行政资源集中，后者主要包括政治集权与财政分权（Henderson，2002）。然而，随着经济的发展，城市集中机制下的大城市会面临着各种集聚成本，包括住房、交通与环境资源问题。城市集中的成本首先会影响到城市进一步的集中，其次，通过资源配置机制，有可能会对区域经济发展造成一定影响。

Henderson（2003）的研究表明城市集中会显著地削弱经济增长率。城市过度集中导致人力和物质资本投资的非效率，进而影响到区域经济发展。因此，城市体系结构事实上存在一个最优集中度。大城市生产标准化产品会面临着比中小城市更高的工资水平、土地成本与基础设施成本，因此，大城市很难在标准化产品领域持续吸纳外商直接投资，进而会在国际竞争中丧失比较优势。城市集中的各种成本会减缓城市集中的速度，进而有可能发生城市分散的现象。城市分散的主要因素包括：区域间基础设施投资、全球化和对外贸易、政治结构与制度（Henderson，2003；Davis 和 Henderson，2003；Ades 和 Glaeser，1995）等。

第二节
城市体系与区域发展关系的机理分析

城市体系是在一定区域范围内，以中心城市为核心，各种不同性质、规模和类型的城市相互联系、相互作用的城市群体组织，是一定地域范围内，相互关联、起各种职能作用的不同等级城镇的空间布局总况。城市体系是经济区的基本骨骼系统，是区域社会经济发展到一定阶段的产物，是城市带动区域的有效组织形式。

在区域经济发展的理论中，威廉姆森假说是指空间集聚在经济发展的初期能够显著促进经济效率的提高，但当空间集聚达到某一门槛值之后，其对于经济增长的促进作用变弱，甚至不利于经济增长，拥挤的外部性促使经济活动更倾向于分散的地理空间结构。汉森将威廉姆森假说应用于城市经济学的研究，认为在经济发展的早期阶段，资本资源，特别是基础设施非常稀缺，很难有足够的公共基础设施，如高速公路、铁路与通信设施，来支持全区域范围内的经济活动的集聚。在经济发展的早期阶段，公共基础设施大部分投向少数核心城市。基础设施投资在少数核心城市的高度集聚会提高核心城市产业投资的规模与比重，核心城市的工业化进程更为迅速；此外，伴随着核心城市产业投资的加速，劳动力向核心城市迁移，不断扩大核心城市的人口规模，形成大城市、特大城市与超级城市。

区域经济发展又可以从区域经济增长、区域经济发展质量、区域收入差距三个方面展开。

第一，区域经济增长。可以采用区域地区生产总值增长率或者地区生产总值来衡量区域经济增长，当地区生产总值水平越高、地区生产总值增长率越高，则表明区域经济持续增长，本章研究的重点是城市体系结构与地区生产总值的关系。本章预计城市体系结构集中化与中国地区生产总值存在正相关关系。

第二，区域经济发展质量。通常采用区域劳动生产率来衡量，区域经济发展质量的提高对于中国的区域经济发展具有十分重要的意义，在中国出现人口红利拐点之后，未来粗放地增加要素投入将变得越来越困难，并且经济成本将持续上升，因此只有提高区域经济发展质量，才能保障区域经济可持续发展。本章研究的重点是城市体系结构与劳动生产率的关系。本章预计城市体系结构集中化与中国地区劳动生产率亦存在着正相关关系。

第三，区域收入差距。通常采用区域人均地区生产总值来衡量。区域收入差距亦决定了区域经济发展的可持续性与健康程度。城镇化布局是否会影响区域间的收入差距，通过何种城镇化布局安排才能提高区域收入，亦是本章的研究重点。本章预计城市体系结构集中化与中国区域收入存在着正相关关系。

综上所述，本章预计城市体系结构集中化能够促进区域经济增长，提高区域劳动生产率，增加区域收入。在其他条件不变的情况下，通过科学合理的城市化布局，能够保障中国区域经济健康可持续发展。

从另外一个角度来看，区域经济发展各主体之间又存在显著关系，即地区生产总值等于劳动生产率乘以劳动力数量，等于人均地区生产总值乘以地区常住人口，三者呈现出既独立又相互联系的关系，刻画了区域经济社会发展的总体概况。

影响区域经济发展的因素还包括要素投入增加、人力资本水平提高与全要素生产率提高。其中，全要素生产率的变动是区域经济发展理论研究的重点，总体上认为，调整产业结构（升级）、提高技术水平、提高资源配置效率等方式可以提高区域的全要素生产率，并最终促进区域经济发展。从区域层面来看，产业与人口高度集中于核心城市的过程将直接作用于城市体系结构，促使城市体系结构发生变化，简单来说，这一过程将不断提高区域的城市集中度。从城市经济学中的规模经济和集聚经济角度出发：第一，城市集中允许人口、人力资本与物质资本更快的积累，有利于知识更加专门化和生产过程的专业化分工；第二，大城市内的各种运输成本一般比城市间的运输成本低，因此大城市的劳动生产率比较高；第三，大城市常常是交通运输网络中效益最好的地方，是革新的发源地，比乡村地区更能吸引投资。

城市体系结构作用于区域经济发展可以从以下两个方面展开：一方面，区域城市体系结构体现了生产要素在空间层面的分布多寡（本章研究的对象是以人口为表征的城市体系结构），对于经济发展处于起步阶段的国家而言，区域内城市人口集中能够通过信息溢出与知识集聚来促进区域全要素生产率的提高,进而促进区域经济发展。

另一方面,区域城市体系结构是城市人口集聚的结果,而城市人口集聚又可以归因于城市基础设施投资、城市产业投资、城市间人口流动与城市产业集聚。从投资的角度出发,基础设施投资与产业投资在核心城市集中,这有利于经济基础设施的节约。简单而言,就是集中资源发展经济,合理的区域城市体系结构能够通过节约区域经济发展所需要的要素投入,特别是节约资本要素,来促进区域经济发展。区域经济发展传导循环图如图1-1所示。

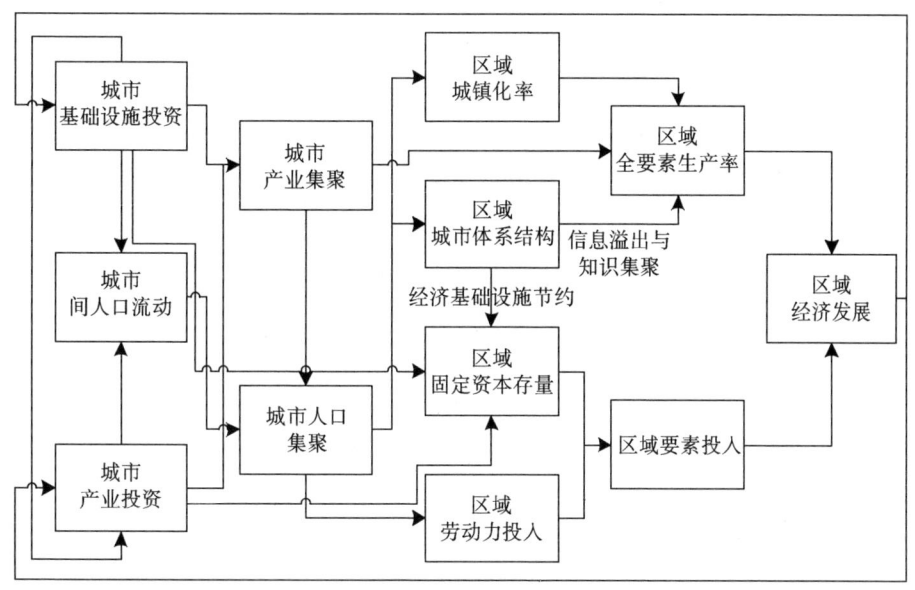

图1-1 区域经济发展传导循环示意图

从图1-1中可以直观地看出城市体系结构与区域经济发展之间的作用关系,城市体系结构主要通过"经济基础设施节约"和"信息溢出与知识集聚"这两条路径作用于区域经济发展。

总之,工业化与城市化过程中的人口空间集聚将节约经济发展基础设施,包括物质基础设施资本与行政管理资源。在经济处于信息匮乏的发展阶段,人口的空间集聚亦将增强信息溢出与知识集聚。这两条作用机制共同决定了城市体系结构与区域经济发展之间的关系。

随着经济的高速发展,区域经济有足够的资源来连接边缘城市的经济基础设施与知识资源,同时,产业人口高度集中的城市面临经济活动的高成本,包括住房、交通与环境资源问题,将有可能出现城市分散的现象。

第三节
城市体系结构表征指标及典型事实

一、城市体系结构指标选择

本章的研究单元是中国主要省份的城市体系结构,选择省域作为考察单元是因为中国主要的地域差异性和区域政策差异性多数是在省级层面展开的,本章所称的城市体系结构是指每个省域内部主要城市(副省级城市和地级市)之间的竞合关系问题。城市体系结构的研究指标主要包括:首位城市规模、首位度、城市指数、变差系数、偏态系数与城市基尼系数等(盛科荣等,2013;王颖等,2011)。本章根据实际研究对象,选择和设计了4种主要的城市体系结构度量指标。

(一)城市平均集中率指标

为了研究不同省份之间城市体系结构的绝对量差异,本章结合相关研究,设计了城市平均集中率指标如下:

$$V_{ij} = \frac{x_{ij}}{\sum_{i=1}^{n}\sum_{j=1}^{n_i} x_{ij}} \qquad (1-1)$$

其中,V_{ij}表示第i个省份第j个城市在所有城市中所占的份额;x_{ij}表示第i个省份第j个城市的总产出;n表示省份的总数量;n_i表示第i个省份的城市总数量。

$$V_i = \frac{\sum_{j=1}^{n_i} V_{ij}}{n_i} \qquad (1-2)$$

其中,V_i表示第i个省份的城市结构平均集中率;n_i表示第i个省份的城市数量。

(二) 城市首位度指标

城市首位度是指区域内最大城市人口规模与第二大城市人口规模的比例。该指标数值越大,表示第一大城市人口在区域中所占的比重越大。

$$FI_i = \frac{P_{i,max}}{P_{i,max-1}} \tag{1-3}$$

其中,FI_i 表示第 i 个省份的城市首位度指数;$P_{i,max}$ 表示第 i 个省份中人口数量最大的城市人口数量;$P_{i,max-1}$ 表示第 i 个省份中人口数量第二大的城市人口数量。

(三) 城市集中度指标

城市集中度采用赫芬达尔—赫希曼指数(Herfindahl - Hirschman Index, HHI),HHI 通常被用于产业集中度的研究,指一个行业中各市场竞争主体所占行业总收入或总资产百分比的平方和,用来计量市场份额的变化,即市场中厂商规模的离散度。本章将其应用于城市体系结构的研究,定义如下:

$$HHI_i = \sum_{j=1}^{n_i} (S_{ij})^2 \tag{1-4}$$

其中,HHI_i 表示第 i 个省份城市体系结构的赫芬达尔—赫希曼指数;S_{ij} 表示第 i 个省份第 j 个城市的产出在第 i 个省份所占的比重。

(四) 城市不平等指标

不平等指标主要包括基尼系数与泰尔指数。基尼系数(Gini Index)是 20 世纪初意大利经济学家基尼,根据洛伦茨曲线所定义的判断收入分配公平程度的指标。泰尔指数(Theil Index)是衡量个人之间或者地区间收入差距(或者称不平等度)的指标,本章将其用于衡量地区内部城市规模发展差距的指标。基尼系数的计算方法如下:

$$CK_i = \frac{2}{n} \sum_{i=1}^{n} j x_{ij} - \frac{n+1}{n} \tag{1-5}$$

其中,CK_i 表示第 i 个省份的城市人口规模基尼系数;x_{ij} 表示第 i 个省份从小到大排序的城市人口份额,$x_{ij} = \frac{y_{ij}}{\sum_{j=1}^{n_i} y_{ij}}$,$x_1 < x_2 < \cdots < x_{n_i}$,其中,$y_{ij}$ 表示第 i 个省份第 j 个城市的人口规模。

泰尔指数的计算方法如下：

$$GE_i = \frac{1}{n_i} \sum_{j=1}^{n} \log\left(\frac{\mu_i}{y_{ij}}\right) \qquad (1-6)$$

其中，y_{ij}表示第 i 个省份第 j 个城市的人口规模；μ_i表示第 i 个省份的平均人口规模；n_i表示第 i 个省份的城市数量。基尼系数与泰尔指数具有一定的互补性。其中，基尼系数对于中等城市人口规模的变化特别敏感，而泰尔指数则对于较大城市人口规模的变化很敏感。

二、城市体系结构研究数据说明

一般而言，研究城市经济学的数据主要来源于《中国城市统计年鉴》与《中国区域经济统计年鉴》。这两本年鉴可以满足大部分的经济数据需求，然而具体到城市体系结构的研究，这两本年鉴中的人口数据存在一定的问题，即它们统计的指标只有"城市年末人口数"，具体而言，城市年末人口数就是城市年末户籍人口数量。这显然与目前中国城市间存在着大量流动人口的现实相违背。很大比例的城市常住人口与户籍人口之间存在着非常显著的差异，如果采用户籍人口数据来反映城市体系结构，将存在相当大的偏差。因此，本章选取了城市常住人口数据来分析中国城市体系结构的变迁①。

（一）本章数据来源与调整

本章数据来源于 2005—2011 年各省份统计年鉴。具体包括河北、山西、内蒙古、辽宁、吉林、黑龙江、江苏、浙江、安徽、福建、江西、山东、河南、湖北、湖南、广东、广西、四川、贵州、云南、陕西、甘肃、宁夏共 23 个省（区）。因此，本章没有纳入研究的中国大陆省（区、直辖市）包括北京、上海、天津、重庆、海南、青海、新疆与西藏，四大直辖市是由于城市发展过于迅速，成为特大城市，无法研究其内部的城市体系结构，而海南、青海、新疆与西藏则是因为城市数量较少，城市发展阶段普遍落后，也无法研究其内部的城市体系结构。

---

① 从统计局的角度出发，明确要求各省份统计城市常住人口数据开始于 2005 年，同时根据本章数据的收集情况来看，除个别省份（如福建、湖南）之外，其他省份统计年鉴中，有关城市常住人口的数据同样最早可以追溯到 2005 年，甚至 2005—2007 年，部分省份的城市常住人口数据出现缺失情况。因此，本章的研究区间为 2005—2011 年。

数据相关问题主要包括：(1) 2005—2009 年山西的数据是户籍人口数据；(2) 2005—2011 年辽宁的数据是户籍人口数据；(3) 2005—2011 年吉林的数据是户籍人口数据；(4) 2005—2011 年黑龙江的数据是户籍人口数据；(5) 2005—2011 年江西的数据是户籍人口数据；(6) 2005 年湖北的数据是户籍人口数据；(7) 2005—2007 年广西的数据是户籍人口数据；(8) 2005—2007 年四川的数据是户籍人口数据；(9) 2005—2011 年云南的数据是户籍人口数据；(10) 2005—2011 年宁夏的数据是户籍人口数据。根据相关调整方法，本章通过获取这些省（区）2000 年与 2010 年的人口普查数据，根据时间序列调整法，校正了 10 个省（区）的城市常住人口数据。

（二）城市常住人口的统计范围

本章选取的城市常住人口采用的是全市常住人口，而不是市区常住人口。全国范围内提供城市市辖区常住人口数据的省（区）主要包括山西、福建、河南、湖北、湖南、广东、广西、贵州、陕西共 9 个省（区），其余省（区）的城市市辖区人口为户籍人口数据，鉴于城市户籍人口数据没有考虑流动人口的规模，因此如果仅仅研究这 9 个省（区），显然他们不足以代表全国的情况。另外一方面，随着交通基础设施投资的推进，各城市内部空间趋于融合，市辖区与所辖县级市的市场分割情况已经有较大的改善，因此以地级市全市人口数量来研究城市体系结构具有一定的可行性。最后，由于本章衡量区域经济发展状况的数据，是各省（区）的生产总值、劳动生产率与人均生产总值，而城市市辖区的人口数据只占区域总人口的 50% 左右，不足以反映出区域内城市人口规模分布与城市体系结构变动，此外各城市市辖区经常调整（扩张），城市市辖区常住人口这一统计指标有可能存在不可比的情况。综上所述，本章研究区域城市体系结构变动的数据来源于城市全市常住人口数据。

三、中国城市体系结构分析

（一）基本情况描述

根据上述筛选规则，本章选择对 23 个省（区）的城市体系结构进行分析，2005—2011 年中国主要省（区）城市数量如表 1-1 所示。

表1-1　　　　　　　　　中国主要省（区）城市数量

年度	2005	2006	2007	2008	2009	2010	2011
河北	11	11	11	11	11	11	11
山西	11	11	11	11	11	11	11
内蒙古	12	12	12	12	12	12	12
辽宁	14	14	14	14	14	14	14
吉林	9	9	9	9	9	9	9
黑龙江	13	13	13	13	13	13	13
江苏	13	13	13	13	13	13	13
浙江	11	11	11	11	11	11	11
安徽	17	17	17	17	17	17	16
福建	9	9	9	9	9	9	9
江西	11	11	11	11	11	11	11
山东	17	17	17	17	17	17	17
河南	18	18	18	18	18	18	18
湖北	13	13	13	13	13	13	13
湖南	14	14	14	14	14	14	14
广东	21	21	21	21	21	21	21
广西	14	14	14	14	14	14	14
四川	21	21	21	21	21	21	21
贵州	9	9	9	9	9	9	9
云南	16	16	16	16	16	16	16
陕西	11	11	11	11	11	11	11
甘肃	14	14	14	14	14	14	14
宁夏	5	5	5	5	5	5	5

根据表1-1中的城市数量，可以将中国各省（区）城市发展现状分为以下几个类型：第一，有10个城市以内的省（区）包括宁夏、贵州、吉林与福建；第二，有11—15个城市的省（区）则包括河北、山西、内蒙古、辽宁、黑龙江、江苏、浙江、江西、湖北、湖南、广西与甘肃；第三，有16—20个城市的省（区）包括安徽、山东、河南与云南；第四，有20个以上城市的省（区）包括广东与四川。因此，有10—15个城市的省（区）数量最多。

同时，有必要分析各省（区）最大城市的人口差异，2005—2011年中国主要省（区）最大城市人口数量如表1-2所示。

表 1-2　　　　　　　　中国主要省（区）最大城市人口数量

年度	2005	2006	2007	2008	2009	2010	2011
河北	1073.00	1080.00	1085.45	1092.35	1101.66	1120.81	1127.23
山西	498.76	501.68	504.60	507.05	509.50	513.48	516.68
内蒙古	439.30	438.53	437.66	435.10	432.80	433.84	431.93
辽宁	765.50	774.52	783.55	792.57	801.60	810.62	819.65
吉林	740.63	746.04	751.46	756.88	762.29	767.71	773.13
黑龙江	1002.47	1014.70	1026.92	1039.15	1051.37	1063.60	1075.83
江苏	882.54	876.48	882.12	912.65	936.95	1046.85	1051.87
浙江	777.70	780.20	790.10	870.50	881.80	913.50	914.30
安徽	847.00	844.00	836.00	836.00	832.00	761.40	761.92
福建	762.00	769.00	774.00	779.00	786.00	812.85	821.00
江西	788.27	797.98	807.70	817.41	827.13	836.84	846.56
山东	973.26	977.90	979.94	983.25	988.90	1005.56	1009.10
河南	1074.58	997.19	995.44	1004.21	1013.36	1027.22	1012.90
湖北	859.00	875.00	891.00	897.00	910.00	978.54	1002.00
湖南	739.70	746.39	749.60	754.09	764.14	714.84	716.60
广东	949.68	996.66	1053.01	1115.34	1186.97	1270.96	1275.14
广西	678.66	684.32	689.98	695.64	701.30	666.16	673.40
四川	1222.60	1238.60	1254.60	1270.60	1286.60	1404.80	1407.08
贵州	688.82	685.35	676.71	673.58	664.09	654.57	652.00
云南	610.67	617.17	623.68	630.19	636.69	643.20	649.71
陕西	806.81	822.52	830.54	837.52	843.46	847.41	851.34
甘肃	340.46	340.79	341.32	342.59	343.07	361.62	362.10
宁夏	158.54	166.69	174.85	183.00	191.16	199.31	207.47
低于500万数量	4	3	3	3	3	3	3
500万—1000万数量	15	17	17	15	15	13	12
高于1000万数量	4	3	3	5	5	7	8

从表1-2中最后3行可以发现，2005—2011年最大城市低于500万人口的省（区）有3个，2005—2011年最大城市处于500万—1000万人口的省（区）从2006年的17个逐渐下降至2011年的12个，最大城市人口数量高于1000万人口的省（区）从2006年的3个逐渐上升至2011年的8个。

(二) 中国主要省（区）城市体系结构变动幅度

根据上述数据和指标，本章分析了4类5种中国主要省（区）城市结构体系指数，限于篇幅，本章整理2005—2011年表征中国主要省（区）城市布局与城市体系结构变动如表1-3所示。

表1-3　2005—2011年中国主要省（区）城市体系结构变动幅度（%）

省份	集中率	首位度	集中度	基尼系数	泰尔指数
河北	2.57	-1.79	0.09	0.43	1.18
山西	3.85	-1.74	-0.20	1.48	-1.34
内蒙古	0.99	-2.97	-2.28	-4.11	-7.63
辽宁	0.00	-0.48	2.86	2.68	8.92
吉林	-1.73	5.40	1.92	2.71	6.23
黑龙江	0.32	6.15	2.99	2.28	5.21
江苏	2.68	8.42	2.63	13.27	29.65
浙江	8.15	0.99	3.47	8.19	16.86
安徽	-5.37	-26.56	4.08	-3.37	-6.84
福建	1.99	-0.33	1.92	5.65	10.36
江西	2.77	1.55	0.50	1.00	1.86
山东	1.14	-1.29	0.14	0.57	0.89
河南	-6.74	12.74	-2.68	-5.76	-10.82
湖北	-1.11	25.97	3.75	4.28	12.17
湖南	-4.06	-2.00	1.00	4.16	8.33
广东	10.87	6.18	6.68	12.50	29.08
广西	-4.01	-1.65	0.58	1.74	1.84
四川	-2.78	13.91	7.62	5.10	13.61
贵州	-9.78	5.46	0.24	4.35	3.43
云南	1.60	2.18	0.35	0.37	0.50
陕西	-2.22	8.82	1.34	0.55	0.99
甘肃	-4.07	2.28	0.22	0.07	-2.67
宁夏	6.00	52.87	3.09	9.54	27.09

根据表1-3的数据，第一列集中率表示该省（区）主要城市规模在全国主要城市规模中的发展情况，大于0表示该省（区）主要城市发展快于全国

主要城市的发展速度,小于 0 表示慢于全国其他城市的速度,反映的是各省(区)城市在全国范围内的竞争态势;第二列和第三列都表示该省(区)的城市,特别是省(区)内大城市在省(区)内份额的增加程度和省(区)内城市之间的竞争态势。我们根据各省(区)城市体系在全国的竞争力情况和在省(区)内的竞争力表现将全国主要省(区)分为4类,如表1-4所示[①]。

表 1-4　　　　　　　　　全国主要省(区)分类

大大型(Ⅰ)	大小型(Ⅱ)	小大型(Ⅲ)	小小型(Ⅳ)
广东、江苏、浙江、黑龙江、宁夏、江西、云南	河北、山西、内蒙古、山东、福建	吉林、河南、湖北、四川、贵州、山西、甘肃	安徽、湖南、广西、辽宁

Ⅰ型省(区)区域城市化增速快于全国,区域城市整体竞争力较强,不仅在全国的竞争中处于前列,其本省(区)的大城市发展速度也超过其他城市;Ⅱ型省(区)城市化增速比率超过全国,但是其省(区)内主要城市竞争活力在衰落;Ⅲ型省(区)区域城市化增速小于全国,但是省(区)内主要城市竞争力在增强,有可能发展为局域中心城市;Ⅳ型区域城市化增速小于(或等于)全国,省(区)内大城市发展也相对衰落。进一步结合基尼系数和泰尔指数可以发现,安徽、内蒙古和山西的首位城市在整个区域城市群中处于衰落状态,内蒙古和安徽的主要城市之间差距在缩小,河南除了最大城市之外,其他城市的差距在缩小。此外,多数省(区)的主要城市之间的差距在逐渐拉大,区域城市体系结构中人口向大城市集中的趋势愈发明显。

第四节

城市体系结构与区域经济发展

为进一步确定城市体系结构与区域经济发展之间的关系,我们采用计量模型进行分析。

---

① 宁夏的原因比较特殊,其城市集中率基数比其他省(区)小一个数量级。辽宁集中率变动为0。

一、计量模型与变量说明

国内外有关区域经济发展的研究大致可以分为以下三个发展方向：第一，区域经济增长，以区域的国内生产总值（GDP）表征区域的经济增长，研究影响经济总量的主要影响因素，通常从生产要素投入与全要素生产率两个方面展开；第二，区域劳动生产率，以区域的劳均生产总值（地区生产总值除以总劳动人数）表征区域劳动生产率，来识别区域劳动生产率的主要影响因素，这类研究侧重于考察资本深化，即劳均资本的持续增长对于区域劳动生产率的作用，也通常以此来考察区域经济发展质量；第三，区域人均生产总值，从居民的角度出发，研究人均生产总值的主要影响因素，以此来考察区域间居民收入差距。

本章的计量经济模型，从区域经济生产函数出发，通过对模型的转换，演化出三个主要的区域经济发展模型。

（一）区域经济生产函数模型

本章首先假定区域经济生产函数的构成如式（1-7）所示：

$$Y_i = A(\cdot)f(K_i, E_i, L_i) \quad (1-7)$$

其中，Y_i 表示第 i 个省份的产出；$A(\cdot)$ 表示第 i 个省份的全要素生产率函数；$f(K_i, E_i, L_i)$ 表示第 i 个省份的要素投入产出函数，其中 K_i 表示第 i 个省份的资本投入；E_i 表示第 i 个省份的人力资本水平；L_i 表示第 i 个省份的劳动力投入。

本章将城市体系结构作为影响区域全要素生产率的变量引入区域经济生产函数，可以得到以下的公式：

$$Y_i = A(CS_i, X_i)f(K_i, E_i, L_i) \quad (1-8)$$

其中，CS_i 表示第 i 个省份的城市体系结构变量；X_i 表示其他影响第 i 个省份全要素生产率的因素。

为了便于对模型进行分析，需要对区域经济生产函数进行具体化，本章假定全要素生产率的函数式以指数形式引入，而要素投入部分则是以柯布—道格拉斯生产函数的形式引入。那么，公式（1-8）演变为：

$$Y_i = A_i e^{(a_1 \ln CS_i + a_2 \ln X_i)} K_i^{\alpha} (E_i L_i)^{\beta} \quad (1-9)$$

其中 A_i 表示第 i 个省份的全要素生产率的固定值；a_1 表示城市体系结构

的弹性；a_2 表示其他影响全要素生产率因素的弹性；α 表示资本的产出弹性；β 表示有效劳动力的产出弹性。需要指出的是，本章通过估算有效劳动力，即人均受教育水平乘以劳动力投入，以对人力资本与劳动力进行处理。此外，本章通过假定 $\alpha + \beta = \lambda$，以研究要素投入的规模报酬问题：$\lambda < 1$ 表示要素投入规模报酬递减；$\lambda > 1$ 则表示要素投入规模报酬递增（毛丰付、潘加顺，2012）。

在研究区域经济发展的文献中，除了对经济增长（产出）进行分析，还可以从劳动生产率与人均生产总值两个角度展开：前者强调的是经济发展的质量问题，劳动生产率越高，表明经济发展的质量越高，反之，劳动生产率越低，表明经济发展的质量不高；后者则主要反映的是区域经济收入的差距问题，能够在一定程度上解释区域间收入差距问题。

（二）区域劳动生产率模型

为了分析区域经济的劳动生产率，或者说经济发展的质量，本章根据公式（1-9），将公式两边同时除以劳动投入数量，以得到区域经济的劳均生产率如下：

$$Y_i/L_i = A_i e^{\ln(a_1 \ln CS_i + a_2 \ln X_i)} K_i^{\alpha} (E_i L_i)^{\beta}/L_i \qquad (1-10)$$

其中，Y_i/L_i 表示第 i 个省份的劳均生产率，通过对等式右边进行变形，公式（1-10）转变为，

$$Y_i/L_i = A_i e^{\ln(a_1 \ln CS_i + a_2 \ln X_i)} E_i^{\lambda - \alpha} (K_i/L_i)^{\alpha} L_i^{\lambda - 1} \qquad (1-11)$$

其中，K_i/L_i 表示第 i 个省份的劳均资本存量，表明第 i 个省份的资本深化程度，根据现有经济学发展文献，资本深化对劳动生产率有显著的影响，本章亦将研究资本深化对于区域经济发展质量的作用。此外，本章关注的重点仍然是城市体系结构对于区域经济发展的作用，在公式（1-11）中，本章可以对城市体系结构（CS_i）与劳动生产率之间的关系进行分析。

（三）区域人均收入模型

为了分析区域经济的人均收入问题，或者说经济发展过程中的收入差距，本章根据公式（1-9），将公式两边同时除以区域总人口数量，以得到区域人均收入模型如下：

$$Y_i/N_i = A_i e^{\ln(a_1 \ln CS_i + a_2 \ln X_i)} K_i^{\alpha} (E_i L_i)^{\beta}/N_i \qquad (1-12)$$

其中，Y_i/N_i 表示第 i 个省份的人均收入，通过对等式右边进行变形，公

式（1-12）转变为：

$$Y_i/N_i = A_i e^{\ln(a_1 \ln CS_i + a_2 \ln X_i)} E_i^{\lambda-\alpha} (K_i/N_i)^{\alpha} (L_i/N_i)^{\beta} N_i^{-\lambda-1} \qquad (1-13)$$

其中，K_i/N_i 表示人均资本存量；L_i/N_i 表示劳动参与率，现有文献通常很少分析人均资本存量与劳动参与率对于人均收入的影响，本章将对这两个因素进行考察。此外，本章关注的重点是城市体系结构对于区域经济发展的影响，在公式（1-13）中，本章可以考察城市体系结构对于区域人均收入的影响。

（四）面板计量模型

本章将时间维度引入公式（1-9）、公式（1-11）与公式（1-13），可以得到以下三个面板模型：

第一，经济增长（产出）的面板模型：

$$\ln Y_{it} = \ln A_{it} + a_1 \ln CS_{it} + a_2 \ln X_{it} + \alpha \ln K_{it} + \beta \ln(EL)_{it} \qquad (1-14)$$

第二，经济劳动生产率的面板模型：

$$\ln(Y/L)_{it} = \ln A_{it} + a_1 \ln CS_{it} + a_2 \ln X_{it} + (\lambda-\alpha)\ln E_i \\ + \alpha \ln(K/L)_{it} + (\lambda-1)\ln L_i \qquad (1-15)$$

第三，经济人均收入的面板模型：

$$\ln(Y/N)_{it} = \ln A_{it} + a_1 \ln CS_{it} + a_2 \ln X_{it} + (\lambda-\alpha)\ln E_i \\ + \alpha \ln(K/N)_{it} + (\lambda-\alpha)\ln(L/N)_{it} - (\lambda+1)\ln N_{it} \qquad (1-16)$$

二、变量说明与数据来源

（一）被解释变量

本章的被解释变量主要包括国内生产总值、劳动生产率与人均生产总值。

国内生产总值（Gross Domestic Production，GDP）是指在一定时期内（一个季度或一年），一个国家或地区的经济中所生产出的全部最终产品和劳务的价值。本章将分析中国主要省（区）的国内生产总值的变动情况，数据来源于 2006—2012 年《中国统计年鉴》，在获得主要省（区）的名义 GDP 之后，本章根据各个省（区）的 GDP 指数（不变价），将各省（区）的 GDP 折算为以 2000 年为基期的实际 GDP。

劳动生产率是指国内生产总值除以劳动力数量。劳动力数量采用中国主要省（区）的全社会从业人员数量表征，数据来源于2006—2012年《中国统计年鉴》。

人均生产总值是指国内生产总值除以总人口数量。总人口数量采用中国省（区）的常住人口数量来表征。在区域经济发展的研究中，通常采用的是年末人口数，表示中国主要省（区）的户籍人口数量。根据上文的分析，在存在大量流动人口的情况下，户籍人口数量并不能真实反映省（区）的总人口数量，因此，本章采用省（区）常住人口数量来研究人均生产总值，数据来源于2006—2012年《中国统计年鉴》。

（二）解释变量

本章最核心的解释变量为城市体系结构。根据前文分析，城市体系结构的变量主要包括区域城市的平均集中率、首位度、集中度与不平等指数。数据来源于2006—2012年《中国统计年鉴》，指标设计与测算方法此处不再赘述。

全要素生产率的其他变量主要包括产业结构、市场化指数、外商直接投资等。

产业结构采用的是第二产业占非农产业的比重，根据毛丰付与潘加顺（2012）的研究，产业结构可以采用"工业化"倾向来定义，并且可以同时分析"工业化倾向"与"服务业化倾向"对于区域经济发展的影响，数据来源于2006—2012年《中国统计年鉴》。

外商直接投资采用的是中国主要省（区）的实际外商直接投资变量。数据来源于2006—2012年《中国统计年鉴》。

要素投入函数的变量主要包括资本存量、劳动力人数、人力资本水平。

资本存量采用永续盘存法来估算，本章对于基期资本存量、固定资产投资价格指数与折旧率的定义参照单豪杰（2008）的方法，将其数据拓展至2011年。数据主要来源于《新中国统计60年》，以及2006—2012年《中国统计年鉴》。

劳动力数量采用的是全社会从业人员数量，数据来源于2006—2012年《中国统计年鉴》。

人力资本水平采用的是中国主要省（区）的平均受教育程度。具体而言，人均受教育程度表征的是区域接受教育的程度，按照小学6年、初中3年、高中3年、大学及以上4年，结合主要省（区）抽样得到的受教育水平，可以测算得到其平均受教育年限，即平均受教育程度。

城镇化率采用主要省（区）各年度的城镇人口数据除以常住人口总量获得，数据来源于2006—2012年《中国统计年鉴》。

城市人口融合度，即户籍人口占常住人口比重，采用的是各省（区）的户籍人口总量除以常住人口总量，数据来源于2006—2012年《中国统计年鉴》。

各变量符号说明如表1-5所示。

表1-5　　　　　　　　　　变量符号说明

类型	变量名称	变量符号	数据处理	单位
被解释变量	地区生产总值	GDP	—	以2000年为基期 亿元
	劳动生产率	LGDP	GDP/LABOR	万元/人
	人均地区生产总值	PGDP	GDP/POP	万元/人
解释变量	城市体系结构	CS		
	集中率	CS_V	公式（4-2）	结构指标
	首位度	CS_PRI	公式（4-3）	结构指标
	集中度	CS_HHI	公式（4-4）	结构指标
	基尼系数	CS_GINI	公式（4-5）	结构指标
	泰尔指数	CS_GE	公式（4-6）	结构指标
	劳动力数量	LABOR	—	万人
	常住人口数量	POP	—	万人
	人力资本	HUMC	平均受教育年限	年
	有效劳动力数量	ELABOR	LABOR·HUMC	万人·年
	固定资本存量	K	永续盘存法 单豪杰（2008）	以2000年为基期 亿元
	劳均固定资本存量	KL	K/LABOR	万元/人
	人均固定资本存量	KP	K/POP	万元/人
	城镇化率	CITYRATE	省（区）城镇人口/常住人口	结构指标
	产业结构	RY2	第二产业占二、三产业比重	结构指标
	外商直接投资	FDI	各省（区）外商直接投资额	按各年度汇率折算（万元）
	户籍人口占比	RHC	省（区）户籍人口/常住人口	结构指标

注：在模型中对变量取对数的标识为LN，如对地区生产总值取对数，则为LNGDP。

由于中国主要省（区）之间各变量的差别较大，采用简单的统计性描述来分析，并没有多大的意义，因此，本章未给出变量的统计性描述分析。

三、城市体系结构与区域经济增长实证结果

本节内容主要实证研究城市体系结构与区域经济增长的问题，被解释变量分别为中国主要省（区）的实际 GDP、劳动生产率和区域人均生产总值。本章标准城市结构体系的指标分别为城市人口集中率、城市首位度、城市赫芬达尔—赫希曼指数、城市人口分布基尼系数与城市人口分布泰尔指数。人口数据采用调整后的城市常住人口。在实证方法的选择上，本章采用的是面板数据模型，根据建议，采用固定效应面板模型，实证结果如表 1-6 至表 1-8 所示①。

表 1-6　　　　　　　城市体系结构与区域经济增长

LNPGDP	模型1 (FE) 集中率 CS_V	模型2 (FE) 两城市法 CS_PRI	模型3 (FE) 最大城市人口占比 CS_PRI	模型4 (FE) 集中度 CS_HHI	模型5 (FE) 基尼系数 CS_GINI	模型6 (FE) 泰尔指数 CS_GE
LNLABOR	0.251***	0.292***	0.244***	0.256***	0.219**	0.229***
	(2.73)	(3.29)	(2.84)	(2.91)	(2.57)	(2.73)
LNK	0.557***	0.554***	0.558***	0.552***	0.554***	0.548***
	(23.65)	(23.77)	(24.56)	(23.82)	(24.80)	(24.64)
CS	3.652	0.052	31.976***	4.937*	2.195***	2.281***
	(0.90)	(1.17)	(2.96)	(1.76)	(3.63)	(3.92)
CITYRATE	0.811***	0.730***	0.662***	0.805***	0.727***	0.827***
	(3.61)	(3.06)	(2.95)	(3.62)	(3.37)	(3.89)
RY2	-0.325**	-0.303*	-0.312**	-0.319**	-0.247	-0.268*
	(-2.04)	(-1.88)	(-2.02)	(-2.02)	(-1.60)	(-1.76)
LNFDI	0.019*	0.018*	0.018*	0.017*	0.019**	0.016*
	(1.97)	(1.84)	(1.88)	(1.78)	(2.01)	(1.75)
RHC	-0.315	-0.462***	-0.142	-0.425**	-0.241	-0.217
	(-1.36)	(-2.66)	(-0.71)	(-2.46)	(-1.37)	(-1.24)
CONSTANT	0.659	0.558	0.578	0.434	0.494	0.726
	(0.86)	(0.72)	(0.78)	(0.56)	(0.67)	(1.00)

---

① 限于篇幅，实证检验过程从略。

续表

LNPGDP	模型1 (FE) 集中率 CS_V	模型2 (FE) 两城市法 CS_PRI	模型3 (FE) 最大城市人口占比 CS_PRI	模型4 (FE) 集中度 CS_HHI	模型5 (FE) 基尼系数 CS_GINI	模型6 (FE) 泰尔指数 CS_GE
OBSERVATIONS	161	161	161	161	161	161
R-SQUARED	0.986	0.987	0.987	0.987	0.988	0.988
模型F值/CHI² 值	116.18 (0.000)	116.58 (0.000)	123.29 (0.000)	105.65 (0.000)	105.60 (0.000)	111.63 (0.000)
豪斯曼检验CHI² 值	25.34 (0.0014)	29.54 (0.0003)	23.57 (0.0014)	31.61 (0.001)	40.73 (0.0000)	39.40 (0.0000)

注：*** $p<0.01$，** $p<0.05$，* $p<0.1$。最后两行括号中为假设检验的P值。

表1－7　　城市体系结构与区域劳动生产率

LNLGDP	模型7 (FE) 集中率 CS_V	模型8 (FE) 两城市法 CS_PRI	模型9 (FE) 最大城市人口占比 CS_PRI	模型10 (FE) 集中度 CS_HHI	模型11 (FE) 基尼系数 CS_GINI	模型12 (FE) 泰尔指数 CS_GE
LNKL	0.564*** (23.76)	0.559*** (23.75)	0.561*** (24.39)	0.557*** (23.78)	0.557*** (24.60)	0.551*** (24.39)
LNHUMC	0.445*** (3.10)	0.445*** (3.09)	0.342** (2.33)	0.412*** (2.84)	0.323** (2.25)	0.330** (2.34)
LNLABOR	-0.383*** (-2.84)	-0.301** (-2.25)	-0.282** (-2.22)	-0.330** (-2.59)	-0.315** (-2.55)	-0.310** (-2.53)
CS	4.800 (1.18)	0.038 (0.85)	29.366** (2.61)	4.386 (1.55)	2.076*** (3.35)	2.174*** (3.66)
CITYRATE	0.702*** (3.04)	0.673*** (2.79)	0.626*** (2.74)	0.727*** (3.18)	0.680*** (3.07)	0.776*** (3.53)
RY2	-0.350** (-2.20)	-0.333** (-2.06)	-0.327** (-2.10)	-0.342** (-2.16)	-0.266* (-1.71)	-0.284* (-1.85)
LNFDID	0.019** (1.99)	0.018* (1.84)	0.018* (1.87)	0.017* (1.78)	0.018** (1.99)	0.016* (1.75)
RHC	-0.381 (-1.64)	-0.546*** (-2.97)	-0.219 (-1.00)	-0.512*** (-2.78)	-0.307 (-1.61)	-0.282 (-1.48)
CONSTANT	1.814* (1.79)	1.524 (1.43)	1.146 (1.12)	1.368 (1.31)	1.094 (1.09)	1.302 (1.33)

续表

LNLGDP	模型7 (FE) 集中率 CS_V	模型8 (FE) 两城市法 CS_PRI	模型9 (FE) 最大城市人口占比 CS_PRI	模型10 (FE) 集中度 CS_HHI	模型11 (FE) 基尼系数 CS_GINI	模型12 (FE) 泰尔指数 CS_GE
OBS	161	161	161	161	161	161
R-SQUARED	0.982	0.982	0.983	0.982	0.983	0.984
固定效应	116.01	113.71	120.85	101.96	104.3	109.99
模型显著性	(0.000)	(0.000)	(0.000)	(0.000)	(0.000)	(0.000)
随机效应	317.99	310.74	315.21	311.62	282.75	297.62
模型显著性	(0.000)	(0.000)	(0.000)	(0.000)	(0.000)	(0.000)
豪斯曼检验	27.95	31.89	23.24	34.32	40.63	38.77
	(0.0010)	(0.0002)	(0.0031)	(0.0001)	(0.000)	(0.000)

注：$^{***}p<0.01$，$^{**}p<0.05$，$^{*}p<0.1$；最后三行括号中为假设检验的P值。

表1-8   城市体系结构与区域人均生产总值

LNPGDP	模型13 (FE) 集中率 CS_V	模型14 (FE) 两城市法 CS_PRI	模型15 (FE) 最大城市人口占比 CS_PRI	模型16 (FE) 集中度 CS_HHI	模型17 (FE) 基尼系数 CS_GINI	模型18 (FE) 泰尔指数 CS_GE
LNKP	0.566***	0.564***	0.567***	0.561***	0.563***	0.557***
	(21.30)	(21.74)	(22.14)	(21.72)	(22.40)	(22.15)
LNPROPOP	-0.796**	-0.738***	-0.781***	-0.746***	-0.781***	-0.769***
	(-2.60)	(-2.63)	(-2.81)	(-2.67)	(-2.87)	(-2.83)
LNHUMC	0.339**	0.322*	0.210	0.298*	0.204	0.219
	(2.00)	(1.92)	(1.21)	(1.76)	(1.21)	(1.32)
LP	0.282	0.447	0.447	0.301	0.328	0.347
	(1.00)	(1.57)	(1.63)	(1.11)	(1.24)	(1.31)
CS	3.097	0.078	32.627**	5.892*	2.319***	2.305***
	(0.64)	(1.50)	(2.48)	(1.83)	(3.26)	(3.37)
CITYRATE	0.897***	0.796***	0.819***	0.890***	0.858***	0.957***
	(3.11)	(2.71)	(2.89)	(3.12)	(3.09)	(3.45)
RY2	-0.346*	-0.296	-0.310*	-0.338*	-0.255	-0.279
	(-1.87)	(-1.58)	(-1.70)	(-1.84)	(-1.41)	(-1.56)
LNFDID	0.023**	0.021*	0.021*	0.021*	0.022**	0.020*

续表

LNPGDP	模型13 (FE) 集中率 CS_V	模型14 (FE) 两城市法 CS_PRI	模型15 (FE) 最大城市人口占比 CS_PRI	模型16 (FE) 集中度 CS_HHI	模型17 (FE) 基尼系数 CS_GINI	模型18 (FE) 泰尔指数 CS_GE
	(2.03)	(1.91)	(1.94)	(1.87)	(2.07)	(1.84)
RHC	-0.907***	-1.047***	-0.722**	-0.945***	-0.769**	-0.750**
	(-2.79)	(-3.41)	(-2.28)	(-3.12)	(-2.55)	(-2.49)
CONSTANT	5.797**	5.452**	5.612**	5.032*	5.264**	5.435**
	(2.14)	(2.11)	(2.20)	(1.95)	(2.10)	(2.17)
OBS	161	161	161	161	161	161
R-SQUARED	0.981	0.981	0.982	0.981	0.982	0.982
固定效应 模型显著性	168.97 (0.0000)	161.06 (0.0000)	180.45 (0.0000)	177.63 (0.0000)	180.28 (0.0000)	184.18 (0.000)
随机效应 模型显著性	387.83 (0.0000)	362.68 (0.0000)	376.52 (0.0000)	382.03 (0.0000)	387.81 (0.0000)	386.54 (0.000)
豪斯曼检验	20.66 (0.0142)	24.80 (0.0032)	21.30 (0.0114)	22.34 (0.0079)	23.59 (0.0050)	23.47 (0.0052)

注：*** $p<0.01$，** $p<0.05$，* $p<0.1$；最后三行括号中为假设检验的P值。

本节实证研究了城市体系结构与区域经济发展几个主要变量之间的关系。研究发现，城市体系结构的大部分变量对于区域经济增长具有显著的正向影响，主要包括：城市首位度（最大城市人口占比）、城市体系结构的赫芬达尔—赫希曼指数、城市体系结构的基尼系数以及城市体系结构的泰尔指数。上述实证研究从多个维度证明了城市体系结构集中对于区域经济增长具有正的显著影响。

第五节 主要结论

本章研究了城市体系结构的变动情况及其对于区域经济发展的影响。无论是理论分析，还是相关实证检验都表明，发展中国家在快速工业化与城市化的过程中，伴随着人口从农村向城镇转移的过程，还呈现出人口从中小城市向大城市快速集中，大城市具有更高的人口增长率的典型事实。发展中国家城市的人口流动在城市集中的循环累积机制下，表现出更高的首位度提高速度，更加不平衡的城市发展速度，在空间上形成了不平衡的城市等级体系。

本章根据2005—2011年中国23个主要省（区）的经济社会数据及各省（区）内部分城市的常住人口数据，综合分析了中国主要省（区）城市体系结构的变动情况。本章构建了能够反映区域城市体系结构的6个指标：城市人口集中率指标、"两城市法"城市首位度指标、最大城市人口占常住人口比重城市首位度指标、赫芬达尔—赫希曼城市人口集中度指标、城市体系结构的基尼系数、城市体系结构的泰尔指数。本章考察发现，中国主要省（区）城市发展路径呈现差异化格局，多数省（区）的主要城市之间的差距在逐渐拉大，区域城市体系结构中人口向大城市集中的趋势愈发明显。城市首位度增加的省（区）数量占研究样本的61%，城市人口集中度增加的省（区）数量占研究样本的87%，城市人口不平等指数（基尼系数）增加的省（区）数量占研究样本的87%，城市人口不平等指数（泰尔指数）增加的省（区）占研究样本的78%。城市人口集中成为中国区域经济发展的典型事实。

本章从地区生产总值、地区劳动生产率与地区人均生产总值三个维度来界定区域经济发展。通过构建中国区域经济发展的计量经济模型分析表明，区域城市体系结构确实与区域竞争增长之间存在高度正相关关系。首位度越大、集中度越高、人口分布越不平等，越能够促进区域经济发展。

此外我们的研究还发现，在区域经济增长模型中，已经出现"要素投入规模报酬递减"的现象，"工业化"倾向的产业结构对于中国区域经济发展具有负的显著的作用。这说明在促进区域发展的作用动力中，工业化的影响在逐渐减弱，城市化的作用慢慢凸显。

我们的研究同时还发现，以"户籍人口占常住人口比重"的城市人口融合度对于区域经济发展具有负向影响。这表明更开放包容的城市人口政策，不仅有助于实现社会稳定和社会公平，最终也会促进区域经济发展。

第二章
资本深化、产业结构与中国城市劳动生产率

得益于新兴工业体,特别是中国经济的崛起,全球正在成为一个城市世界(Glaser,2011)。中国工业化和城市化的规模是世界上第一个工业化和城市化国家英国的100倍,发展速度是其10倍(MGI,2012),中国已经进入由工业化主导发展转向城市化主导发展的城市化发展中期。中国在过去的20年中城市化进程十分迅速,城市的空间形态和产业结构发生了巨大的变化,浓缩了西方发达国家上百年的城市变迁历程。认真总结这二十几年中国城市化发展的经验和规律,不仅对中国应对当前国际国内的经济形势,进一步推进和提升城市化质量有促进作用,而且有助于为理论上探索城市化发展规律提供中国经验和案例。

目前一些被广为引用的国外城市经济研究文献,考察的对象多数是发达国家工业化和城市化进入平稳期的城市,比如在城市劳动生产率的研究中很少从宏观上考察城市资本存量和产业结构等因素的作用,这与发达国家城市的产业结构和城市形态等长期处于稳态现实有关。然而在研究中国城市产出效率时如果不考虑资本存量和产业结构等因素的影响可能是不合适的。

毕竟,目前处于波澜壮阔的城市变迁中期的中国城市与国外发达国家已经进入平稳期的城市存在显著的差异,通过国外城市发展历史和中国城市发展现实的比较研究可以发现,城市发展的不同阶段,其主导力量和影响因素存在很大差异。资本、劳动、产业结构等因素在城市成长的不同历史时期,其作用和影响是极为不同的(吕政等,2005;金碚等,2011)。如果在城市总量函数的分析中包含这些因素将更有利于研究我国城市发展质量的变化规律和城市生产率水平变迁的影响因素,这一点却被不少国内相关研究所忽视。

提高城市化质量和劳动产出效率是中国未来经济发展的必然选择。然而目前关于城市劳动生产率的研究思路大多是基于发达城市平稳期假定做出的,这

与中国当前发展情境不符。本章首先讨论了国内外关于城市产出问题基本假定条件的差异，然后选择了包含资本存量的城市总量生产函数，并在模型中引入了产业结构和集聚程度变量，利用该模型对城市劳动生产率的影响和变动情况进行分析。随后，我们借鉴单豪杰（2008）等的研究方法估算了中国1995—2010年城市资本存量。在此基础上，本章综合利用中国1995—2010年地级以上城市市辖区数据，从时间、区域和行政层级等方面估算了城市规模报酬、资本存量和产业结构等因素对城市劳动生产率的影响。我们的分析表明，劳均资本存量、产业结构和城市规模等因素对中国城市劳动生产率的提升有显著的作用，并且呈现阶段性和趋势性特征。总体上看，资本深化的作用最大但呈缓慢下降态势，产业结构和城市规模的作用为正且呈现倒"U"形变动，人口集聚呈现"规模报酬递增"而要素投入呈现"规模报酬递减"现象。

第一节
城市劳动生产率及其影响因素

国外对城市生产效率的研究大致可以分成四个发展方向：一是从城市经济总量角度考察城市生产率的提升，重点放在城市规模或经济活动密度对产出的影响；二是产业层面的研究，主要利用产业或企业层面数据，验证城市产业结构和企业集聚活动对城市产出效率的影响；三是从劳动力特别是人力资本角度的研究，把城市劳动生产率的提高归因于人力资本质量的提升；四是从贸易活动的角度研究城市生产率的提高机理。当然以上几个方向也在互相影响、彼此渗透。比如城市经济总量层面的研究和产业层面的研究可以相互印证，产业层面和劳动力层面的效率提升都可以归因于分享、学习和匹配等（Durantou 和 Puga，2004），对新经济地理学理论的验证也多数是通过产业层面展开的。

国内关于城市产出效率的研究基本上遵循了国外相关研究的思路，多数研究是基于新经济地理学框架利用国内产业和企业层面（特别是制造业）数据的研究（范剑勇、李方文，2011）。利用城市经济总量研究城市产出效率的文章，主要是从城市劳动生产率和城市全要素生产率两个方向展开的，前者多使用总量生产函数和计量方法分析，后者多不设定具体函数形式，采用 DEA 方法分析（邵军、徐康宁，2010）。从现有的文献看，此类研究存在一些比较突出的问题,比如模型和变量的设计以及数据匹配等(刘修岩,2009)。特别值得注意的是,一些关键变量,比如城市资本存量等,由于无法直接获得或者估算较复杂(金相郁,2006),往往在一些研究中被回避。

在利用总量函数研究城市产出效率的问题上,国内多数文章都是以 Ciccone 和 Hall(1996)所构建的关于城市经济密度的城市劳动生产率模型为基础的(范剑勇,2006;刘修岩,2007等)。Ciccone 和 Hall 的模型有一个关键假定:资本需求与城市产出间存在一个固定比例,因此可以将城市资本存量从生产函数中消去。如上文所述,该模型的这一假定是基于国外发达国家城市发展平稳期的现实做出的,在中国当前城市快速发展变迁的环境下,这一假定是值得商榷的。本章回到 Henderson(1974)、Sveikauskas(1975)等早期的建模传统,这些研究很多是针对发达国家城市快速发展时期的问题展开的,在不假定城市生产函数规模报酬不变的情况下构建城市生产函数。

城市生产函数可以采用产出关于资本存量与劳动力的双要素投入函数表示如下:

$$Y_i = A(\cdot)f(K_i, L_i) \tag{2-1}$$

其中,Y_i 表示第 i 个城市的产出;K_i、L_i 分别表示相应的资本与劳动的直接投入;$A(\cdot)$ 则表示城市全要素生产率。至于城市全要素生产率 $A(\cdot)$ 的决定因素,本章着重考虑如下两个方面的影响:

第一,在研究城市人均产出的文献中,Handerson(1986)和 Hanson(2005)等将城市规模变量引入 $A(\cdot)$ 函数,以研究城市规模外部性对于全要素生产率的作用。也有文献从城市人口与产业集聚的角度出发,将人口(经济)密度引入 $A(\cdot)$ 函数来研究集聚对于城市全要素生产率的作用。当城市行政面积不变的情况下,城市规模与经济密度的变化趋势应当趋于一致。但是中国在 21 世纪初期曾有不少城市行政区面积有了较大调整,因此从中国的现实看,城市人口数量是衡量集聚更合适的指标。

第二,国内关于城市全要素生产率的研究,不少文献认为第三产业作用最显著,有的假定城市劳动生产率为第三产业占比的单调函数(曹吉云,2007)。实际上在我国城市化的过程中,工业化的贡献不可或缺,城市主要的技术进步发生在工业,而不是发生在服务业(李钢等,2011)。在工业化先于城市化发展的阶段,对城市全要素生产率的影响,选用工业化水平比第三产业比重更符合实际。这说明在城市发展过程中,产业结构确实可能是全要素生产率的重要影响因素。因此本章在全要素生产函数中引入产业结构变量。

我们将城市规模和产业结构引入城市全要素生产率函数，式（2-1）可以转化为：

$$Y_i = A(IS_i, N_i) f(K_i, L_i) \quad (2-2)$$

其中，IS_i 表示第 i 个城市的产业结构；N_i 表示第 i 个城市的人口规模。本章用这两个变量来表征城市全要素生产率。

为便于分析，假设式（2-2）右边 $f(K_i, L_i)$ 函数以 C-D 函数的形式出现，函数 $A(IS_i, N_i)$ 以幂指数的形式出现，则式（2-2）可以具体表述为：

$$Y_i = A_i e^{(a_1 \ln IS_i + a_2 \ln N_i)} K_i^{\alpha} L_i^{\beta} \quad (2-3)$$

式中，A_i 表示其他影响第 i 个城市全要素生产率的因素；α、β 分别表示资本与劳动投入的产出弹性。现有文献在研究城市经济的问题上，通常通过假定城市规模报酬递增，即 $\alpha + \beta > 1$，来解释城市的集聚现象。然而，规模报酬递增在我国是否真的存在呢？从现有文献来看，很少有研究对城市规模报酬情况进行检验。在这种情况下，本章并不强制限定 $\alpha + \beta = 1$，而是通过实证检验研究城市产出增长中是否有规模报酬递增的情况，因此本章假定 $\alpha + \beta = \lambda$。

由于城市间规模差异较大，产出效率人均值的比较才有意义，因此目前多数研究均采用劳均产出，即城市的劳动生产率，作为城市产出效率的度量指标。为了研究城市劳动生产率，将式（2-3）等价地变形为：

$$Y_i / L_i = A_i e^{(a_1 \ln IS_i + a_2 \ln N_i)} K_i^{\alpha} L_i^{\beta} / L_i \quad (2-4)$$

进一步简化为：

$$Y_i / L_i = A_i e^{(a_1 \ln IS_i + a_2 \ln N_i)} (K_i / L_i)^{\alpha} L_i^{\lambda - 1} \quad (2-5)$$

式（2-5）表明第 i 个城市的劳动生产率的大小不仅受到劳均资本存量投入与劳动力投入的影响，还受到产业结构和城市规模的影响。将时间维度引入式（2-5），并取对数后得到面板计量模型如下：

$$\ln(Y/L)_{it} = \ln A_{it} + a_1 \ln IS_{it} + a_2 \ln N_{it} + \alpha \ln(K/L)_{it} + (\lambda - 1) \ln L_{it} \quad (2-6)$$

式（2-6）表明影响城市劳动生产率的因素包括：以劳均资本存量表征的资本深化、以总劳动力人数弹性表征的要素规模报酬以及全要素生产率。其中，全要素生产率又包括产业结构与城市规模。

新经济地理学关于产业集聚的解释是建立在规模报酬递增与垄断竞争的框架之下。相关的实证研究的重点在于人口在一个地区的集中，即采用经济密度来衡量集聚的外部性，却很少进行城市经济要素投入规模报酬递增的实证检验。如果采用城市产出分析的框架，我们难以探讨城市经济是否存在要素投入规模报酬递增的现象。然而采用劳均生产率模型（式2-6），只需关注总劳动力人数系数的正负号与显著性,我们就可以判别出城市经济是否存在要素投入规模报酬递增的现象。当 L_{it} 的系数不显著的时候,说明城市存在要素投入规模报酬不变的特征;当系数显著的时候,又分为两种情况,$\lambda-1>0$ 表明城市存在要素投入规模报酬递增的情况,$\lambda-1<0$ 表明城市存在要素投入规模报酬递减的情况。

第二节 中国城市主要总量数据的趋势性描述

本章没有特别说明的数据均取自《中国城市统计年鉴》(1996—2011 年)。需要特别注意的是 1995—2010 年,我们城市数据统计口径进行过两次重大调整。一次是 1998 年对"就业人员数量"的口径进行了调整,从"全部职工年平均人数"调整为"全部从业人员平均人数",其劳动力的涵盖范围大为缩小。另一次是 2003 年城市行业分类数据进行过一次调整,因此利用分行业数据的研究一般只能从 2003 年开始(李金滟、宋德勇,2008)。早期的城市经验研究较多采用地区全域数据,既包括城市市辖区数据,也包括所辖县市与乡镇数据。然而城市一般被定义为人口密度超过某一临界值的区域,而地区全域数据相比于城市市辖区数据,无疑不符合城市的定义。使用地区全域数据将低估城市集聚对于城市劳动生产率的作用。因此本章所有城市数据的统计口径均指城市市辖区数据。

与西方城市发展不同,中国城市一直以来首先是地方政治中心和行政管理功能载体,然后才是区域经济中心和商业聚集地(赵冈,2006)。城市的行政层级在再分配资源上起到举足轻重的作用(蔡昉、都阳,2003;Henderson,2007;陆铭等,2011)。城市行政层级是城市行政体制的典型特征。不同行政级别城市的行政控制能力、资源获取能力以及在政治结构中与决策者的距离和谈判能力是有差异的,这种差异对政府决策和城市自身发展有显著影响。本章在描述时,除了总量指标,还按照行政层级分组给出了数据描述。地级以上城市的行政级别主要是直辖市、副省级城市和地级市三级,由于省会城市的特殊性,我们也把非副省级城市的地级省会城市列出,共分成四级。

一、城市人口规模

人口规模是刻画城市的一个重要指标。经典的城市经济学实证研究通常采用人口规模来衡量城市的集聚程度，城市人口规模越大，则表明其集聚程度越强。20世纪90年代中期以来，我国城市化发展速度十分迅速（如图2-1所示），1995年全国城市平均人口为95.6万人，2010年达到135.9万人。其中东部城市平均人口从117.15万人增加到186.09万人，平均增长率为59%；中部城市平均人口从79.84万人增加到107.42万人，增长率为35%；西部城市平均人口从92.93万人增加到121.60万人，增长率为31%。相对而言，东部的发展速度最快，中部次之，西部的发展相对缓慢。按不同行政层级来刻画中国城市人口规模（如图2-2所示），15年当中，直辖市平均人口规模从707.67万人增加到1220.07万人，平均增长率为72%；副省级市从176.36万人增加到293.74万人，增长率为67%；省会城市从104.11万人增加到179.41万人，增长率为72%；其他地级市从84.2万人增加到115.29万人，增长率为37%。这表明，在城市化过程中，直辖市与省会城市的发展速度最快，副省级市次之，而其他地级市的增长速度大约只有直辖市与省会城市的一半。从图2-2中还可以很直观地发现，中国城市结构体系扁平化特征十分突出（王小鲁，2010；范剑勇、李方文，2011），缺少400万—1200万人规模的城市。

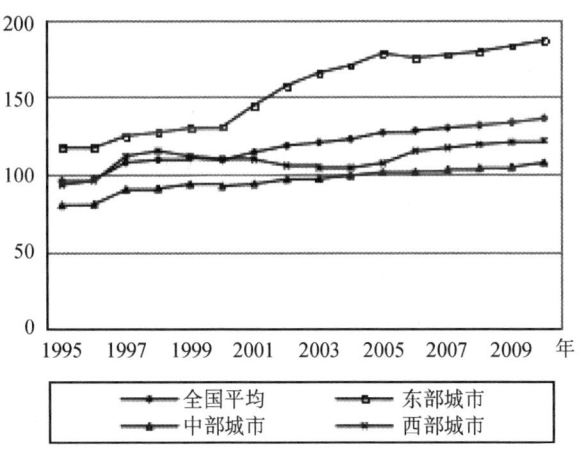

图2-1 我国城市人口变动趋势（万人）

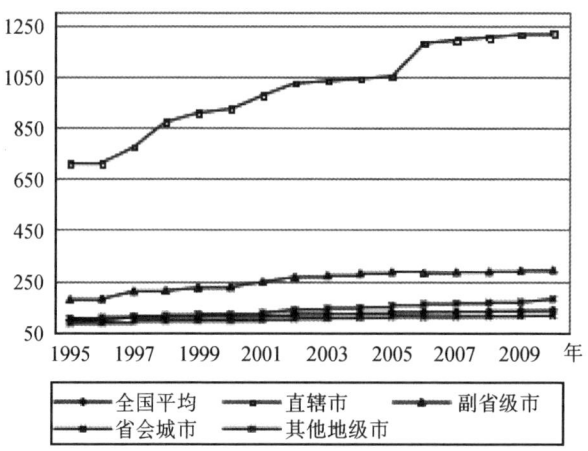

图 2-2 按行政层级分城市规模变动趋势（万人）

二、劳动力数量

本章使用的城市总劳动力人口数量既包括单位从业人员，也包括城镇私营企业与个体从业者。这是因为在国内研究城市劳动力数量的文献中，经常使用单位从业人员数量作为城市劳动力数量的衡量指标。该统计口径不包括城镇私营企业与个体从业者。应当注意到（如图 2-3 所示），随着中国市场经济的发展，城市劳动力结构也发生相当大的变化。我国单位从业人员和城镇私营企业与个体从业者在总劳动力人数中所占比重 1995 年分别约为 95% 和 5%，到 2010 年则分别约为 55% 和 45%，从原来的单位从业人员占主导地位，逐渐转化为单位从业人员和城镇私营与个体从业者并重的现状。因此在研究城市劳动生产率问题上，2000 年之后采用单位从业人员和"按行业分组的单位从业人员"数据来替代城市总劳动力数量将存在较大偏差。

从图 2-4 中可以看到 1995—2010 年，我国城市总劳动人口数量也有较大的增长。考虑到 1998 年的统计口径调整，倘若以 1998 年为基期，那么全国、直辖市、副省级市、省会城市与其他地级市的平均总劳动力人口数分别增加了 49%、81%、80%、50% 和 42%。特别是进入 2000 年后，城市劳动力数量有较大幅度的提升，大城市和特大城市的表现尤其突出。

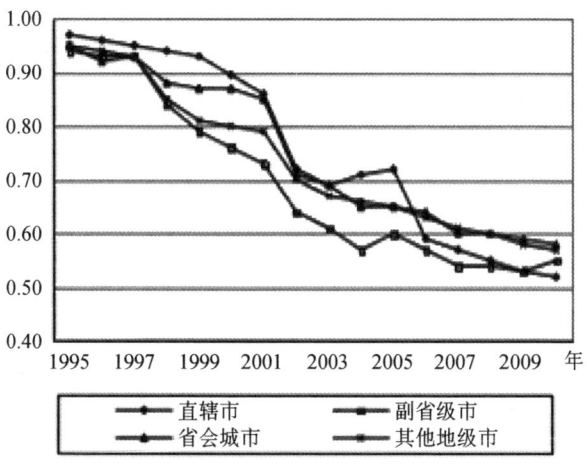

图 2-3　单位从业人员占比变动趋势（%）

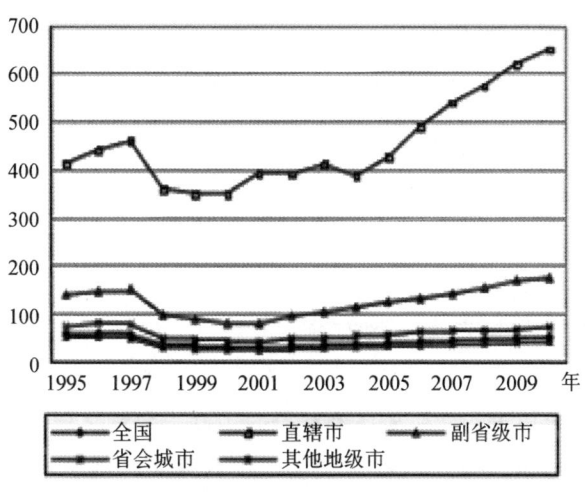

图 2-4　我国城市劳动力人口变动趋势（万人）

三、城市劳均生产率

劳均生产率为城市实际国内生产总值除以城市总劳动力数量。由于缺乏城市价格指数的数据，城市实际国内生产总值由城市名义国内生产总值根据所在省份的价格指数折算为 2000 年价格。如图 2-5 所示，采用城市市辖区口径的城市劳动生产率呈现大幅度上升的趋势。全国平均城市劳均产出从1995年的1.4万元上升至2010年的15.97万元，增加10.45倍；直辖市从2.54万元上升至17.92万元，增加6.04倍；副省级市从1.91万元上升至16.79万元，增加7.79倍；省会城市从1.68万元上升至15.14万元，增加8.04倍；其他地级市从1.35万元上升至16.02万元，增加10.88倍。即使以1998年为基期，全国、直辖市、副省级市、省会城市与其他地级市劳均产出也分别增加了2.85、3.12、1.8、2.56和2.87倍。

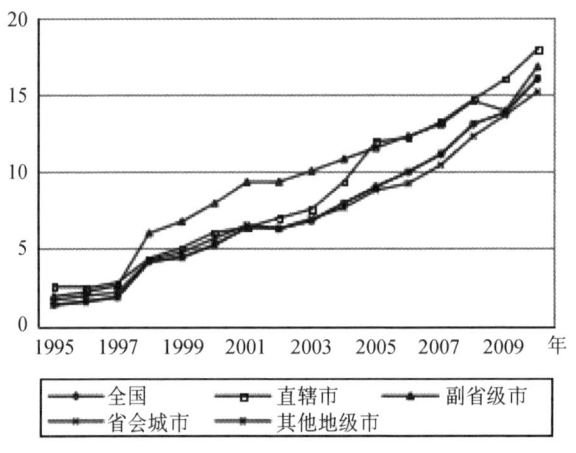

图2-5　城市劳动生产率变动趋势（万元）

四、资本存量与劳均资本存量

劳均资本存量以城市实际资本存量与总劳动力数量之比来衡量。由于我国没有统计城市实际资本存量，本章采用永续盘存法，借鉴单豪杰（2008）采用10.96%的折旧率，采用以支出法衡量的国内生产总值中的固定资本形成来衡量每一年度的投资增量，数据来源于《中国国内生产总值核算历史资料（1952—2004）》与《中国统计年鉴》（2005—2011）。首先估计出省市自治区的实际资本存量（以1952年为基期），然后采用《中国统计年鉴》中各省市自治区的固定资本形成数据。首先折算为1952年基期的固定资本形成数据，然后将1952年基期的资本存量数据拓展至2010年。接下来，对资本存量数据进行价格指数变换，将资本存量换算成2000年基期的数据，得到2000年基期的各省市自治区1995—2010年实际固定资本存量数据。然后再以城市市辖区实际国内生产总值占全省市自治区实际国内生产总值的比重,乘以省市自治区2000年计价的实际固定资本存量作为城市市辖区实际固定资本存量数据。最后将城市市辖区实际固定资本存量除以城市总劳动人口数得到劳均资本存量数据[①]。

本章给出以2000年为基期的调整后城市劳均固定资本存量变化趋势,如图2-6所示。从图2-6中可以清楚看出,1995—2010年,我国城市劳均资本存量大幅上升。其中,全国城市劳均资本存量从2.17万元上升至27.2万元,增加了11.54倍;直辖市劳均资本存量从7.18万元上升至41.79万元,增加了4.82倍;副省级市劳均资本存量从2.81万元上升至26.35万元,增加了8.39倍;省会城市劳均资本存量从2.68万元上升至26.55万元,增加了8.92倍;其他地级市劳均资本存量从2.03万元上升至27.03万元。即使去除统计口径调整前的1995—1997年3年数据,以1998年为基期,全国、直辖市、副省级城市、省会城市与其他地级市劳资本存量也分别增加了3.12倍、2.25倍、1.83倍、3.04倍和3.17倍。

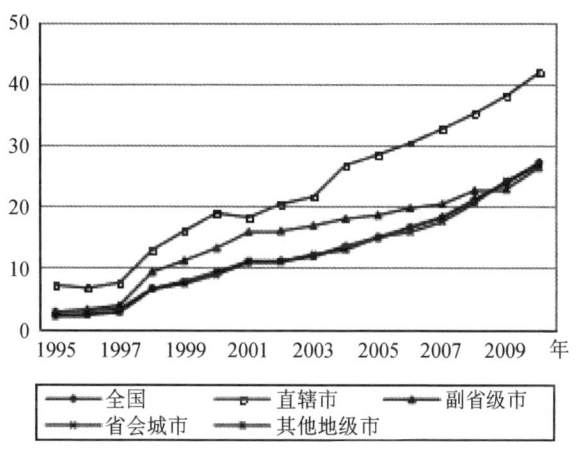

图2-6 城市劳均资本存量趋势图(万元)

五、产业结构与工业化水平

国内多数学者在研究产业结构对经济增长的作用时,通常采用非农产出占

[①] 具体推导和计算结果可向作者索取。

总产出比重来衡量。随着我国可能进入工业化后期，城市市辖区的农业产出比重越来越小，因此统一采用非农产出占总产出的比重来衡量产业结构，并不能很好地反映产业结构对于城市间劳动生产率差异的贡献程度。干春晖等（2011）采用服务业产出占第二、三产业产出之和的比重作为产业"服务化"倾向变量，来衡量产业结构"服务化"对于经济增长的作用。本章认为，在给定农业产出基本平稳的情况下，考察产业结构对于劳动生产率的影响，就应该考虑非农产出的结构问题。因此，本章分别研究第二产业产出占非农产业产出比重的"工业化"水平与第三产业占非农产业产出比重的"服务业化"水平来衡量产业结构，以研究1995—2010年"工业化"与"服务业化"对于城市劳动生产率的影响。

从图2-7中可以看出，城市"工业化"指标变动方向频繁，其中其他地级市的工业化最高，全国平均次之，然后是副省级市，再然后是直辖市，省会城市的工业化倾向最弱。由于工业化与服务化是一对完全负相关的变量，因此本章没有给出服务业化的变化趋势图。

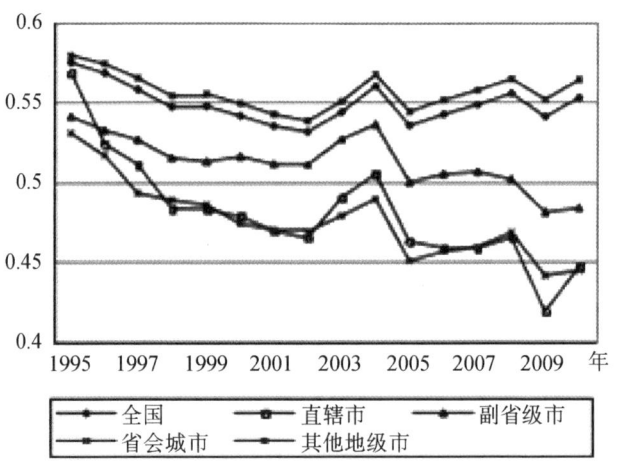

图2-7 城市工业化水平变动趋势

通过对城市主要经济变量的统计性描述，本章发现城市市辖区劳动生产率成倍上升，在劳动力数量增长约束下（大概50%），城市劳动生产率大幅提高则应归因于城市劳均资本存量的大幅增加与全要素生产率的提高。这再次表明，增加城市劳均资本存量对于提高城市劳动生产率有着十分重要的作用。

第三节 城市劳动生产率的经验研究

本部分利用式（2-6）对中国城市市辖区劳动生产率进行估计。如无特殊说明，下文被解释变量均指城市劳均生产率对数（Lnlrgdp），解释变量包括城市劳均资本存量对数（Lnlcityk）、城市总劳动力人数对数（Lnlabor）、城市产业结构工业化倾向（G22）与城市人口规模的对数（Lnpop）。行政层级虚拟变量包括：直辖市（Zxs）、副省级市（Fsjs）、省会城市（Shcs）。地区虚拟变量包括：东部城市（East）与中部城市（Middle）。本章对城市样本进行分类：第一，研究全国层面的城市数据；第二，研究东中西部的城市数据；第三，研究分年度的城市数据。

一、全国层面的城市数据分析

本章首先采用全国层面的城市数据来分析城市市辖区劳动生产率。城市数据根据研究方法的不同又可以分为混合数据模型与面板数据模型，前者大多采用稳健混合 OLS 估计，而后者采用的估计方式则比较多，但大多采用固定效应模型与随机效应模型，并辅之以面板数据检验，然后对面板模型作出相应调整。

（一）混合数据模型

为了便于比较，首先采用 OLS 估计城市劳动生差率模型。模型（1）、模型（2）、模型（3）与模型（4）为稳健 OLS 估计。模型（1）和模型（2）分别引入城市总劳动力人数与城市规模，模型（3）则同时引入城市总劳动力人数与城市规模两个变量，模型（4）在模型（3）的基础上加入城市虚拟变量的解释变量，以在混合数据中控制城市的个体效应。估计结果如表 2-1 所示。

表 2-1　　　　　　　　全国混合数据稳健 OLS 估计

Lnlrgdp	模型 1（稳健 OLS）	模型 2（稳健 OLS）	模型 3（稳健 OLS）	模型 4（稳健 LSDV）
Lnlcityk	0.841*** (176.88)	0.838*** (180.39)	0.838*** (149.32)	0.843*** (310.31)
Lnlabor	0.006 (1.29)		0.001 (0.13)	-0.101*** (-22.13)
G22	0.166*** (5.12)	0.177*** (5.67)	0.175*** (4.99)	0.027 (1.04)
Lnpop		0.009 (1.62)	0.008 (0.85)	0.089*** (10.79)
Zxs	-0.360*** (-5.65)	-0.363*** (-5.76)	-0.364*** (-5.71)	-1.218*** (-46.64)
Fsjs	0.076*** (7.59)	0.077*** (8.11)	0.077*** (7.58)	-0.012 (-0.51)
Shcs	0.006 (0.44)	0.008 (0.58)	0.008 (0.53)	-0.011 (-0.40)
Constant	-0.307*** (-13.18)	-0.329*** (-10.78)	-0.328*** (-10.05)	-0.203*** (-4.97)
Observations	4283	4282	4282	4282
R-squared	0.918	0.918	0.918	0.993

注：括号中为稳健的统计量。*** $p<0.01$，** $p<0.05$，* $p<0.1$，下同。

在 4 个模型中，回归拟合系数都在 0.91 以上，其中 LSDV 模型更是高达 0.99，说明我们的模型是显著的。在 4 个模型中，我国城市劳动生产率的城市劳均资本存量弹性系数十分显著，在 0.84 左右，高于国内大多数研究的估计值。出现这种情况其原因可能在于：不同研究对于城市资本存量的处理不同，有些研究直接采用分年度流量数据城市固定资产投资额，流量数据的使用将会大大低估城市资本存量及其对城市劳动生产率的作用；另外一些研究，则在资本存量价格上没有仔细处理，没有将以 1952 年为基期的固定资本存量换算成以 2000 年为基期的固定资本存量，也会低估参数估计值。模型（1）与模型（2）的估计结果大概一致，这说明在对资本存量和产业结构分析上，城市劳动力和人口规模的共线性问题影响不大。考虑城市个体效应的模型（4）与模型（3）相比较，原本不显著的城市总劳动力弹性与城市规模弹性对于城市劳动生产率的作用变成显著，其中城市呈现出要素投入规模报酬显著递减与城市规模弹性显著为正的现象。

（二）面板数据模型

对于面板数据的估计方法而言，应当进行面板模型的检验：面板变截距固定效应模型与面板变截距随机效应模型是否优于混合 OLS 模型，以及判断固定效应模型与随机效应模型的优劣。模型（5）—模型（7）给出固定效应模型、随机效应模型与考虑时间效应的双向固定效应模型的估计结果和相关的检验结果。估计结果如表 2-2 所示。

固定效应模型（5）的 F 检验表明固定效应模型要优于混合 OLS 模型，模型存在显著的固定效应；随机效应模型（6）的 LM chi（2）检验表明随机效应模型要优于混合 OLS 模型；固定效应模型与随机效应模型的豪斯曼检验表明固定效应模型要优于随机效应模型。模型（7）既考虑了个体固定效应，也考虑了时间固定效应，构成双向固定效应（TW-FE），F 检验强烈拒绝"无时间效应"的原假设，因此在模型中应当包括时间效应。限于篇幅，本章没有给出双向固定效应中时间虚拟变量的系数估计值与 t 值。从结果来看时间效应的符号均为负，但是有些年度显著，而有些则不显著，由于时间虚拟变量的情况比较复杂，可能存在一些相互抵充的趋势性变化（比如倒"U"形）不容易通过面板数据反映出来。在后文中，我们采用分年度稳健 OLS 来估计城市劳动生产率，以达到控制时间固定效应并研究解释变量的变化趋势的目的。

从解释变量估计结果来看，模型（5）—模型（7）与模型（1）—模型（3）的劳均资本存量弹性并没有太大变化，表明我国城市劳动生产率的提升主要是城市劳均资本存量投入的结果，其系数估计值约为 0.84，差别在于其方差减少了，面板估计结果比 OLS 更有效。

表 2-2   全国面板数据估计结果

Lnlrgdp	模型 5（面板稳健 FE）	模型 6（面板稳健 RE）	模型 7（面板稳健 TW-FE）
Lnlcityk	0.843*** (151.05)	0.844*** (152.39)	0.850*** (43.17)
Lnlabor	-0.101*** (-11.09)	-0.098*** (-10.88)	-0.102*** (-5.03)
G22	0.027 (0.59)	0.036 (0.80)	-0.008 (-0.18)
Lnpop	0.089*** (6.62)	0.088*** (6.70)	0.083*** (5.31)
Constant	-0.288*** (-5.37)	-0.303*** (-5.99)	-0.216*** (-3.30)
Observations	4282	4282	4282
R-squared	0.992		0.993
Number of city	286	286	286
模型显著性检验	F test = 168.57 Hausman chi2 (5) = 98.72	LM chi2 (1) = 22738.09	Ttest F: 45.12

模型（4）—模型（6）都表明我国城市存在显著的要素投入规模报酬递减的情况，这与国内不少研究直接假设城市规模报酬递增，来解释集聚以及城市的产出不同，值得特别引起注意。

在面板模型中，城市产业结构"工业化"倾向对于提高城市劳动生产率有着正向的作用，但是不显著，甚至在考虑时间固定效应趋势时，该系数为负数。

与前文混合 OLS 模型的估计结果不一样，面板模型的城市规模弹性显著为正，表明城市规模的提高能够显著增加城市劳动生产率，城市规模提高 1%，城市劳动生产率将提高 0.09% 左右，换句话说，城市规模提高 1 倍，城市劳动生产率将提高 9%。这与 Sveikauskas（1975）的 6%、Segal（1976）的 8% 和 Ciccone 和 Hall（1996）的 8% 的结果比较接近。

综合上述分析表明，我国城市产出增长如果存在"规模报酬递增"也主要是源于人口规模增加的集聚效应带来的，至于城市本身要素投入的生产函数则是"规模报酬递减"的。我国城市经济发展大多是通过生产要素的大规模投入获得的，因此对城市劳动生产率而言，过度依赖于要素投入的发展模式，会降低要素的产出效率，比如近年来我国即出现资本回报率逐年下降的趋势。提升城市劳动生产率可以从改进城市要素投入效率和提升城市规模两方面着手。

由于我国地域广阔，城市之间的土地矿产能源等资源初始条件和经济文化水平等方面存在较大差异，这可能造成面板数据自身存在一系列的问题，主要包括：组间异方差、组内自相关与组间截面相关等问题。为了使得估计结果更加有效稳健，本章对上述问题进行了检验，检验结果如表 2-3 所示。

表 2-3　　　　　　　　面板模型稳健性检验方法与结果

	辅助回归	检验方法	检验结果
组间异方差	xtreg Lnlrgdp Lnlcityk Lnlabor G22 Lnpop, fe	面板似然比检验（LR）	LR chi2（286）= 13284.06，组间异方差显著存在
组内自相关	xtserial Lnlrgdp Lnlcityk Lnlabor G22 Lnpop	面板 Wald 检验（t 或 F 检验）	F 统计值 = 388.339，组内自相关显著存在
组间截面相关	xtreg Lnlrgdp Lnlcityk lnlabor G22 Lnpop, fe	Pesaran（2004）检验（正态分布） Friedman（1937）检验（卡方分布） Frees（1995，2004）检验	Pesaran's test = 75.429；Friedman's test = 73.821；Frees' test = 72.84，组间截面相关显著存在

从表 2-3 中看出，我国城市市辖区劳动生产率模型中，面板数据存在着组间异方差、组内自相关与组间截面相关等问题，因此有必要对面板模型进行

调整。对于面板数据存在组间异方差，本章采用面板 FGLS 模型与面板迭代 FGLS 模型进行估计，结果如模型（8）与模型（9）所示。对于面板存在组内自相关，本章则采用 Bhargava、Franzini 和 Narendranathan（1982）的方法进行调整，结果如模型（10）所示。对于同时存在组间异方差－序列相关，通常在面板固定效应模型中，加入稳健标准误差的约束，估计结果如模型（5）所示，此处不再赘述。对于同时存在"组间异方差—组内序列相关—组间截面相关"，本章采用 Driscoll 和 Kraay（1998）的方法对面板模型进行调整，结果如模型（11）所示。具体调整结果如表 2－4 所示。

表 2－4　　　　　　　　　面板数据调整模型估计结果

Lnlrgdp	模型 8 (FGLS)	模型 9 (迭代 FGLS)	模型 10 (面板 FE AR1)	模型 11 (面板 DK FE)
Lnlcityk	0.870*** (394.22)	0.888*** (479.33)	0.921*** (191.56)	0.843*** (66.87)
Lnlabor	−0.004 (−1.01)	−0.006** (−2.19)	−0.071*** (−12.91)	−0.101*** (−6.43)
G22	0.089*** (5.63)	0.032** (2.37)	0.057*** (3.01)	0.027 (0.77)
Lnpop	−0.000 (−0.10)	0.015*** (4.16)	0.045*** (7.91)	0.089*** (4.14)
Constant	−0.287*** (−19.51)	−0.341*** (−28.00)	0.054*** (7.67)	−0.288*** (−3.81)
Observations	4282	4282	3996	4282
Number of city group	286	286	286	286

模型（8）在考虑组间异方差存在的情况下，采用 FGLS 进行估计，结果表明劳均资本存量弹性显著为正，城市要素投入规模报酬不变，同时城市规模弹性不显著，城市产业结构"工业化"倾向对于提高劳动生产率有着显著的促进作用。

模型（9）是模型（8）的扩展，即采用迭代 FGLS 模型来估计城市劳动生产率，与模型（8）相比，几乎可以完全消除截面异方差的情况，因此有着更好的估计结果。此时，城市呈现规模报酬递减的情况，而城市劳动生产率的城市规模弹性则显著为正，产业结构"工业化"倾向对城市劳动生产率有着显著的正向促进作用，但是系数值略微下降。

模型（10）则考虑组内自相关的问题，通过引入时间虚拟变量，以去除城市时间固定效应，回归检验值 Baltagi－Wu LBI ＝ 0.7475，模型确实存在组内自相关，在考虑数据组内自相关的情况下，劳均资本存量弹性有所上升。在消除了组内自相关的情况后，城市劳动生产率的影响因素都变得显著。

模型（11）获得的是 Driscoll 和 Kraay（1998）"异方差—序列相关—截面相关"稳健性标准误，与模型（5）的固定效应稳健标准误模型相比较，前者比后者的方差要小，系数估计值相对更有效，但是其系数估计值相同。因此，采用稳健估计的面板固定模型基本上能够得到满意的结果，下文分析以面板固定效应模型为准。

二、东中西部城市数据研究

大多数研究中国城市劳动生产率的问题都会将我国划分为东中西部三个地区，以研究城市劳动生产率影响因素的地区差异。

模型（12）—模型（14）分别为东部、中部与西部城市劳动生产率模型的回归结果。如果采用面板固定效应模型，行政层级作用会被归纳到城市个体效应，但是为了研究城市行政层级对于城市劳动生产率的影响，本章选取与面板固定效应模型估计结果大概一致的方法，即采用虚拟变量法（本章采用的是个体－时间 LSDV），然后采用稳健 OLS 估计，估计结果如表 2－5 所示。

表 2－5　　　　全国东中西部面板固定效应模型稳健估计结果

Lnlrgdp	模型 12（东部）	模型 13（中部）	模型 14（西部）
Lnlcityk	0.884*** (92.59)	0.821*** (129.96)	0.834*** (74.54)
Lnlabor	－0.051*** (－3.56)	－0.157*** (－13.24)	－0.108*** (－6.68)
G22	0.012 (0.12)	0.098* (1.92)	0.022 (0.32)
Lnpop	0.051** (2.63)	0.076*** (4.29)	0.045 (1.44)
Constant	－0.270*** (－3.60)	0.013 (0.17)	－0.308** (－2.35)
Observations	1416	1824	1042
R－squared	0.991	0.993	0.994
Number of city	90	121	75

估计结果表明，东中西部劳均资本弹性分别为 0.884、0.821 与 0.834，西部劳均资本弹性比中部更高。在城市要素投入规模报酬方面，东中西部同时表现出要素投入规模报酬递减，其中中部的规模报酬递减最大。就产业结构而言，东部与西部的产业结构"工业化"倾向不利于提高城市劳动生产率，而中部产业结构"工业化"倾向则能够显著地提高城市劳动生产率。在城市规模弹性方面，东中西部城市都表现出显著的正向作用。

三、年度城市数据研究

由于城市劳动生产率模型存在明显的时间效应，因此可以使用 Fama - MacBeth（1973）两步估计法：（1）在各年度分别针对所有样本城市执行稳健 OLS（截面）回归，得到分年度系数估计值；（2）计算上述 T 次回归的平均系数，得到全样本的系数估计值与标准误差。估计结果如表 2 - 6 所示。

表 2 - 6　　　　　　　　年度 Fama - MacBeth 估计结果

Lnlrgdp	模型 15（FM 两步估计法）	模型 16（FM 两步估计法）	模型 17（FM 两步估计法）
Lnlcityk	0.776*** (51.19)	0.776*** (48.40)	0.765*** (47.25)
Lnlabor	-0.014*** (-4.50)		-0.026*** (-3.18)
G22	0.188*** (6.55)	0.177*** (6.52)	0.228*** (7.47)
Lnpop		0.000 (0.07)	0.024** (2.18)
East	0.316*** (40.38)	0.312*** (40.19)	0.321*** (38.94)
Middle	0.266*** (37.33)	0.261*** (40.15)	0.267*** (38.06)
Zxs	-0.284*** (-14.67)	-0.325*** (-17.67)	-0.292*** (-15.82)
Fsjs	0.049*** (5.45)	0.032*** (3.58)	0.051*** (6.00)
Shcs	0.037** (2.54)	0.025 (1.72)	0.044*** (3.17)
Constant	-0.302*** (-6.24)	-0.334*** (-7.89)	-0.379*** (-9.14)
Observations	4283	4282	4282
Number of groups	16	16	16
R - squared	0.827	0.827	0.828

其中，模型（15）与模型（16）分别引入城市总劳动力人数与城市规模；模型（17）则同时引入两者。从估计结果来看，FM 两步估计法得出的基本结论与前文一致，差别在于考虑东中西部与行政层级的情况下：城市劳均资本回报率弹性降低约 0.06；城市产业结构则对城市劳动生产率有着显著的促进作用；以西部作为基准，东部中部虚拟变量的系数为正，且东部系数值大于中部，这表明东部城市平均劳动生产率高于中部城市平均劳动生产率，而两者都高于西部城市平均劳动生产率；行政层级层面，其基准是普通地级市，直辖市的系数为负，表明在其他条件不变的情况下，直辖市平均劳动生产率要低于普通地级市平均劳动生产率，副省级市与省会城市的平均劳动生产率要高于普通地级市平均劳动生产率。

利用模型（17）检验关键变量系数的年度变化趋势如图2-8所示。

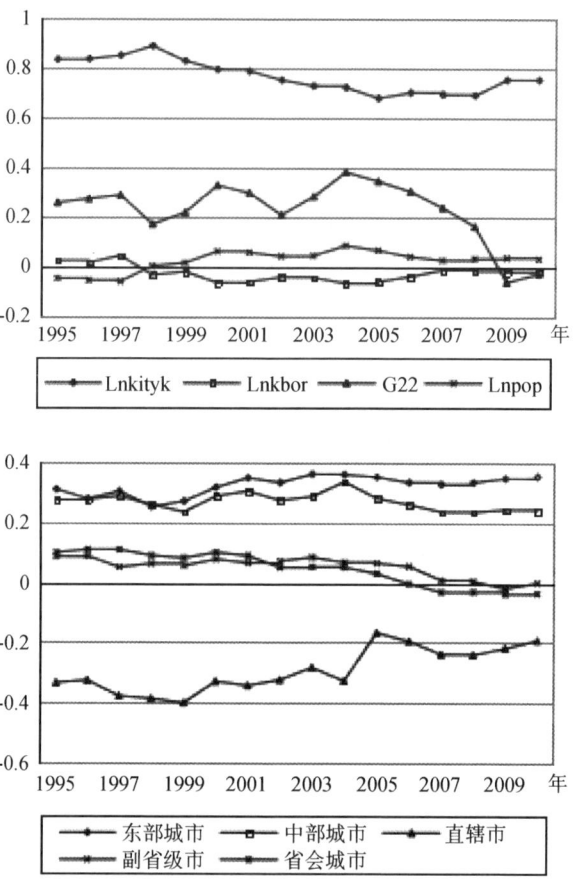

图2-8 分年度城市劳动生产率影响因素变化情况

从图2-8中可以看出，我国城市劳均资本存量对于城市劳动生产率的作用逐渐呈现下降趋势，其中在1998—2008年逐年下降，由于2008年底，我国实施积极的财政政策，使得劳均资本存量弹性在2009—2010年有所增加，但是从整体上来看，劳均资本存量对于城市劳动生产率的作用在逐年下降。

综合考虑两次统计口径的问题，产业结构"工业化"倾向对于城市劳动生产率的影响呈现倒"U"形的趋势，顶点在2004年。这种情况可能与我国重工业投资趋势有关，也是大约在2004—2005年，我国重工业投资的贡献水平达到顶点，此后一路下滑。特别是最近几年，城市产业结构"工业化"倾向对城市劳动生产率的作用变得很小。

城市规模集聚弹性也随时间呈现出近似倒"U"形的波动趋势，顶点也在

2004年。城市集聚效应在2004年之后由强走弱并不符合一般的城市发展规律，一个可能的解释是2004—2005年之后我国城市土地和住房价格的暴涨大幅度提高了外来人口在城市的居住成本，极大抑制了由人口规模增加带来的集聚效应。

城市的要素投入规模报酬虽然一直处于递减阶段，但是在最近几年我国城市要素投入已经接近规模报酬不变乃至递增的水平，这表明我国城市要素配置效率正在好转，城市的技术效率缓慢提高。

此外分年度的城市劳动生产率模型表明，东部与中部城市的劳动生产率比西部城市高三至四成。但是与西部城市相比，中部城市的劳动生产率相对优势正在下降，东部城市却有略微上升，这反映出落后地区追赶先发地区的现象在我国城市之间并不明显，我国东部地区和中西部地区城市劳动生产率差距正趋于更加不平衡。

从行政层级来看，与地级市相比，直辖市对劳动生产率的不利影响正在降低；副省级城市与省会城市和普通地级市之间的劳动生产率差距正在缩小，是前者相对效率下降还是后者的追赶效应显现，尚有待于进一步研究。

第四节　结论与进一步探讨

无论是从世界城市发展趋势的历史视野，还是从中国面临的国际国内现实境况出发，转变中国城市发展模式，提高城市化水平和城市质量，都是中国未来发展的首要选择和希望所在。然而目前关于城市劳动生产率的研究思路大多是基于发达城市平稳期假定作出的，这与中国急速推进的城市化发展进程的现实情境不相符。本章在城市产出总量函数中引入了资本存量和产业结构变量，考察快速城市化时期的资本存量、劳动投入、产业结构和城市规模等关键经济变量对城市劳动生产率的影响。基于中国1995—2010年中国地级以上城市市辖区数据，本章发现资本存量、产业结构和城市规模等因素对中国城市劳动生产率的提升有显著的作用，并且呈现阶段性和趋势性特征。总体上看，资本深化在劳动生产率提升中的作用最大但呈现出缓慢下降态势，产业结构和城市规模的作用为正且呈现倒"U"形变动，而城市产出效率提升则同时呈现人口的

"规模报酬递增"和要素投入的"规模报酬递减"现象。当然，在不同区域和不同行政层级的城市，上述要素变动规律也呈现不同的特点。

第一，本章发现城市劳均资本存量对城市劳均产出水平有着显著作用，资本产出弹性系数约为0.84。这表明中国城市劳动生产率的提高很大程度上是来源于城市劳均资本存量的增加，资本深化对于提高我国城市劳动生产率有着十分重要的作用。但是分年度的分析表明，中国城市劳均资本存量的产出弹性呈现逐渐下降趋势，因此依靠增加资本投入的发展方式效率越来越低，必须转变。当然由于城市发展阶段的差异性，依靠增加投资在一些地区仍然能够显著提高城市劳动生产率。因此从改善资本投入规模与投入方向角度着眼，把资金投向中部地区城市和行政层级低的城市，能够比投向东部和西部地区城市和大城市有更好的产出效率。

第二，以城市非农产业工业化水平表示的城市产业结构变动分析表明，工业化水平对中国城市的产出效率有正向影响。分东中西部考察结果表明，只有中部产业结构"工业化"倾向提高能够显著提高城市劳动生产率，东部与西部的产业结构"工业化"倾向已经相对较高，因此没有太大的提升空间，东部与西部的产业结构"服务化"倾向能够有效提高城市劳动生产率。分年度分析表明，工业化水平对城市效率的提升作用趋势呈倒"U"形。2004年之后，城市工业化水平对城市产出效率的作用在迅速衰减，特别是近几年，提升工业化水平对城市产出效率的作用非常小。

城市工业化水平产出效率弹性的这种变动趋势，与中国工业化发展阶段密切相关。从总体上看，中国即将进入工业化的后期①，2005年，表征重工业进程的粗钢产量增速达到顶点，此后一路走低。这实际上表明我国一些城市，特别是东部大城市已经进入重工业化后期。城市产业结构"工业化"倾向是否应该提高应该区别对待，部分因工业比重过高而抑制城市劳动生产率提高的城市应该降低第二产业比重，相应地，我国还有一些城市，特别是中部地区城市有提高工业化水平的空间。东部地区城市去工业化和中部地区推进工业化应该并行不悖。

第三，对城市人口规模的分析表明，城市集聚能够提高城市劳动生产率，城市规模每提高1倍，城市劳动生产率提高9%左右。不过城市规模集聚弹性也呈现出近似倒"U"形变动，在2004年之后，城市的集聚效应也在逐渐下

---

① 《中国进入工业化中后期阶段》，http://finance.ifeng.com/roll/20100301/1869272.shtml。

降。对城市要素投入规模报酬的检验则表明，中国城市要素投入总体是规模报酬递减的，而分年度检验结果表明中国城市要素投入规模报酬有改善的趋势。综合而言，中国城市产出增长如果存在"规模报酬递增"也主要是源于人口规模增加的集聚效应带来的，至于城市本身要素投入的生产函数则是"规模报酬递减"的。这说明在目前情况下，提高城市人口规模仍然能够显著提高城市劳动生产率，因此，应该更进一步推动我国城市化发展进程，特别要进一步降低阻碍人口向城市集聚的成本。另一方面也需要反思，在城市化进程尚未达到50%的2004—2005年即出现了城市规模效率的拐点，说明中国在推进城市化过程中过早进入了高成本区段。联系"土地财政"和房地产市场发展不难看出，过度追求"土地城市化"，推高了产业成本，影响了产业活力和城市经济增长（中国经济增长与宏观稳定课题组，2009）。综合起来看，劳动力和土地等要素市场扭曲已经极大妨碍了城市能够发挥的带动经济和提升效率的经济引擎作用，给要素市场"松绑"，释放"制度红利"对城市效率的提升必将有积极的作用。

第四，从区域角度看，以中国西部城市为基准，东部城市和中部城市的平均劳动生产率要比西部城市高出三成左右；但是从2004年之后，中部城市的劳动生产率有向西部城市靠拢的倾向，东部城市的劳动生产率则渐渐与中西部城市拉开差距，落后地区追赶先发地区的现象在中国城市发展中并不显著。这表明中国地区间城市发展水平差距将会进一步拉大。东中西部城市的区际差异既有历史和政策的原因，也有地理区位的原因，比如区际本地市场规模差异。从国际比较的视野看，一国区际差异会呈现先扩大再缩小的条件收敛。因此弄清中国区际城市差异变动规律的机制和约束条件，有助于决断在城市化发展道路问题上选择差异化发展战略还是平衡发展战略。

第五，从行政层级的角度看，直辖市、副省级市与省会城市的平均城市劳动生产率要低于普通地级市的平均城市劳动生产率；分东中西部考察结果表明，东中西部副省级市的平均劳动生产率高于普通城市的平均劳动生产率；东部中部省会城市的平均劳动生产率高于普通城市的平均劳动生产率，然而西部省会城市的平均劳动生产率则低于普通地级市的平均劳动生产率，这说明存在一些制约中国大城市发挥其生产效率的因素，较高的行政层级有助于城市获取更多的资源，却不一定能实现资源的有效利用。从这个意义上看，打破行政层级壁垒、弱化行政层级等体制因素对城市发展的束缚，在现有的地级城市中培育一批较大规模的城市，也应该是未来城市发展政策的重要考量。

第三章
城市基础设施与人力资本提升[①]

改革开放以来,中国的城镇化率以平均每年1%的水平增加,到2017年底中国城镇化水平已经达到58%。城镇化发展的速度和成绩有目共睹,同时快速城镇化发展中也存在巨大的不平衡和内在矛盾。在中国过去经济的增长模式中,城市的发展很大程度上依靠城市投资,尤其是基础设施投资。随着城市化的进程加快,基础设施投资占GDP的比率也不断上升,从20世纪80年代的4.4%增长到现在的8%。尽管投入了大量城市建设资金,中国城镇化质量依旧不高,城市各项基础建设及公共事业的发展都还跟不上,许多公共品或准公共品仍然处于严重短缺的状态,距离新型城镇化要求还有很大提升空间,可以预见的是今后城市的发展仍然需要依靠城市基础设施的大量投资。虽然城市基础设施投资会给城市发展带来数量上的增长,但是基础设施投资结构上的不同则会给城市带来质量上的差异,这一点却较少得到重视。

对高速发展的城镇化道路进行反思会发现存在同一个问题,即忽视了人的主体性和人的存在(方辉振和黄科,2013)。在传统的城镇化过程中出现了人们的生产成本和生活成本提高、城镇的包容性差、外来人口无法融入城市等偏离了以人为本的城镇化问题,使得人才流失严重,城镇产业得不到人才支撑。为克服传统城镇化带来的问题,谋求城镇化从数量型增长向质量型提升的改变,必须回归"以人为本"的新型城镇化。以往的经济实践证明,经济结构调整的最主要障碍不是自然资源禀赋,也不是物质资本的条件,而是人力资本及其结构(李福柱和李忠双,2008)。城镇化的过程当中,不仅需要物质资本的投入,更需要实现人力资本水平的提升。美国经济学家格莱泽和马雷

[①] 本章作者为毛丰付、黄征和王琦。

(2001)利用大城市的数据库发现不同城市的工人获得的工资水平不尽相同,城市越大工人的工资水平越高;长期居住在某个城市的工人离开他们所在的城市时,原来所居住的城市越大,这些工人在新城市所拥有的工资就越高。面对这种城市为工人带来高工资的现象,格莱泽将其产生的原因部分归结于大城市拥有更好城市基础设施,使得交通方便,信息通达,有利于城市工人的创新和技术积累(格莱泽,2013)。可见,良好的城市基础设施投入对人力资本积累和增长并非是排斥的,而是包容和促进的。目前学者对城市基础设施的建设关注较多,而在城市基础设施对人力资本的影响方面鲜有关注。本章拟以人口城镇化为背景,探讨城镇基础设施投资对城市人力资本水平的影响机制和效应,为城市政府的公共投资决策提供参考性意见。

本章在人力资本理论框架下,对城市基础设施和人力资本的关系进行分析。由于城市基础设施覆盖面广,包含内容多,如何建立一个全面又具有操作性的城市基础设施评价体系是一件难事。已有学者对城市基础设施的研究对其分类方法繁多,本章根据对人力资本影响路径的不同将城市基础设施分为"软""硬"系统,从而建立城市基础设施评价体系。学者们对人力资本的估算方法的讨论也是仁者见仁,智者见智。考虑到城市人力资本的特征和数据的可得性,本章参考朱平芳和徐大丰(2007)的城市人力资本估算方法[①]。在经验研究方面,大多现有研究是从省级层面数据出发讨论人力资本的影响因素,本章从城市的角度出发研究城市基础设施水平的高低是否导致了人力资本的差异,并根据区域差异将城市分成东、中、西三部分,以探讨不同区域的城市基础设施对人力资本水平的影响是否不同。在实证方法的选择上,选择系统 GMM 方法以克服模型可能存在的内生性问题。本章研究结果表明,城市基础设施对人力资本水平的提升作用明显,"硬"系统对人力资本水平的提升作用大于"软"系统对人力资本水平的提升作用。城市发展应注重区域协调发展,加大对中西部落后地区城市基础设施的投入,尤其是对"软"系统的建设。

---

① 此方法中有较多的限制假设,因此在估算上存在一定的不足,可能会带来人力资本的估算不准确的问题。但就已有文献来看,此方法是基于城市特征的最适合城市人力资本估算的方法。

第一节
文献回顾与理论探析

一、人力资本与经济增长理论

国内外学者对人力资本形成的分析框架一般是从"成本—收益"角度着手，在此基础之上形成人力资本的途径主要包括明塞尔的教育决策模型、贝克尔的在职培训模型、博拉斯的人力资本生命周期模型。在这些模型中，人力资本投资的收益是"人"未来工资的贴现值，而成本则是接受教育所需要的费用以及因教育而失去的机会成本。国内学者对人力资本的研究多集中在跨国公司在东道国的资金投入增多、开放贸易程度扩大、人与人之间的信任水平提高、子女赡养式养老机制可以刺激人力资本投资从而促进人力资本的积累（徐大丰，2009；余官胜，2009；郭庆旺，2007；林灵等，2015）。

人力资本与经济增长相关关系的研究视角一般从微观和宏观两个角度切入，微观角度通过测算人力资本投入的收益来考察整个社会的产出增长（贝克尔和明赛尔的思路）；宏观角度则一般选择建立增长模型来研究人力资本对促进经济的作用，人力资本被视为增长模型中最重要的内生变量，并且通过对单个国家、地区的数据实证，研究两者之间的关系（索洛的思路）。学者在此基础上拓展了一系列适用于不同指标的人力资本模型，如宇泽模型、卢卡斯模型以及罗默的知识溢出和驱动模型等。20世纪末期，经济学家们对经济增长的研究已不满足于单纯的理论研究，从而转向更关注经验含义的实证研究。在众多的人力资本与经济增长相关关系的实证研究中，经济学家们将更多的注意力放在人力资本对经济的促进作用和教育投资是否影响经济增长方面，选用的经验数据多为国家层面或者是国家省级层面数据，试图探索教育投资或者人力资本是否真正促进经济增长的问题。

虽然众多学者在理论研究中对人力资本对经济的促进作用已经达成共识，认同人力资本对经济增长有正向的影响（梁润等，2015），忽视人力资本比较优势，收入分配出现严重的两极分化（马小强，2015）。但在探索实证方面的研究时却各执己见，最大分歧莫过于人力资本的测量方法。国内的经济学者们通过选取不同的经济度量指标，采用各省级的数据来研究人力资本和经济增长之间的关系（王宇，2005）。目前被大多经济学家认可的方法主要有根据人力资本培养时投入量的积累程度来估算人力资本的投资（成本）法（Engel，1883；Schulz 和 Berker，1976；沈利生和朱运法，1999；钱雪亚和刘杰，2004），将人力资本概念界定为只能通过教育这个唯一途径获得的知识和技能，运用成人识字率、劳动人口所获得的教育年数等指标衡量人力资本的教育指标法（Romer，1990；Arriagada，1986；蔡龙，2004），以及运用劳动收入来衡量人力资本收入的收入法（petty，1960；Jorgenson 和 Fraumeni，1989；朱平芳和徐大丰，2007）。

二、城市基础设施与经济增长

城市基础设施是基础设施的延伸，"城市"限定了其空间范围，"基础设施"限定了其功能属性。城市基础设施和其他事物一样，有其自身的运行规律，这种规律反映出城市基础设施固有的性质和特点，包括其兼有生产服务和社会生活服务的双重性、经济效益的直接性和间接性以及运转的超前性和同步性。

世界各国历来对基础设施与经济发展的关系高度重视，研究范围涵盖基础设施的最佳发展模式，基础设施的结构与规模等问题。学者们一致认为基础设施水平与经济增长有正向相关关系。国外更多的研究聚焦于基础建设，并发现其对经济增长的推动作用。在此之前的索洛模型、拉姆齐—卡斯—库普曼增长模型都没有将基础设施或者公共支出纳入经济增长模型当中。20 世纪 80 年代随着新增长理论的兴起，以巴罗、卢卡斯、罗默为代表的经济学家研究发现，以劳动力教育、R&D 投资、高速公路总量为主的政府公共投资可以提高劳动生产率，随着西方国家城市的进一步发展，公路、机场、电力设施等基础设施对经济增长的作用受到了越来越多的关注，相关学术研究也逐渐增多。Aschauer（1989）第一个基于实证研究考察政府支出与经济增长的关系，他提出了美国经济的衰退与公共投资的关系，认为公共投资的减少是美国在 1950—1970 年经济衰退的重要原因之一，也为经济增长的研究提供了一个新的视角。Mschaauer（1989）研究发现，公共基础设施如交通、能源、水对地区的经济发展影响重大，他认为美国七八十年代的生产率的下降可以从公共资本存量的恶化中得到解释。Hiehl 在 1986 年给欧共体的报告中通过对发展中国家的研究也证实了基础设施对区域经济的正向促进作用。

国内学者对基础设施的研究集中在基础设施对地区经济发展的影响,学者认为改革开放以来基础设施服务的供给不足(顾小云和卢佳宁,2014)。大多数学者认为基础设施会对区域收入差距带来较大的影响(李泊溪和刘德顺,1995),无论是大中城市还是小城市的基础设施,道路设施、环境基础设施、医疗基础设施等都对经济增长有着明显的影响(林明华和杨永忠,2006;陈国辉和李湛,2007;张汉江等,2012),但基础设施建设拉动经济增长的同时也对东西部差距逐渐拉大起到了一定的影响作用(王国定和吕丽桃,2001),对城市竞争力也有不可忽视的作用(倪鹏飞,2002)。

三、城市基础设施对人力资本水平的提升

基于基础设施对人力资本影响的不同的作用机理,我们尝试将基础设施分为提供交通、通信等服务的"硬"设施和提供教育、医疗、文化服务的"软"设施两类。"硬设施"促进产业集聚(Merano,1973)、人口集聚(伊万诺维奇,1997年),降低交易成本(赫尔斯里和斯特兰奇,1990年),增加知识的溢出(马歇尔,1920;格莱泽1992年),吸引外资投入(郭英和陈飞翔,2005),提升城市居民的创新能力,同时畅通信息可以增加劳动力和企业双方的匹配度,增加受雇员工与岗位的匹配度,增加匹配率,提升干中学的效率。而"软"设施如高校可以提供教育场所,提高居民的知识水平,医疗机构的存在提高城市居民的健康人力资本水平,从而保障人力资本在生活、工作中的有效积累。

第二节 数据与模型

本章拟从城市基础设施"软""硬"两个系统入手,通过2003—2011年中国281个城市的面板数据,着力研究城市基础设施对人力资本水平的影响程度。在"软""硬"两类城市基础设施的指标选择以及测算方法上,考虑到实证研究的数据需求,从数据可获得性的角度出发,在《城市统计年鉴》中选取在样本年间具有相对完整数据记录的城市基础设施指标来构建城市基础设施

指标体系。"软"基础设施所采用的指标包括人均藏书、人均床位数、单位面积学校数量、单位面积剧场影院数量。"硬"基础设施选取的指标包括人均邮政业务量、每百人公交车占有量、人均道路面积、人均绿化面积。城市基础设施的多维性，要求其评价需采用多指标综合评价方法，关键是对各项单项指标的加工合成技术及各指标影响人力资本增长的相对权重，采用熵权法获取每个指标的权重，根据所得的权重得到城市基础设施评价体系及相关指标的权重如表3-1所示。

表3-1 城市基础设施评价体系

	权重	指标	熵权	备注
"硬"系统基础设施	0.51	人均绿地面积（平方米/人）	0.11	市辖区公园绿地面积/市辖区人口
		每万人拥有公共汽车数（辆/万人）	0.12	公交车存量/市辖区人口
		人均城市道路面积（平方米/人）	0.14	道路面积/市辖区人口
		人均邮电业务量（亿元/人）	0.14	邮电业务总量/市辖区人口
"软"系统基础设施	0.49	万人学校数量（所/万人）	0.14	学校数量/市辖区人口
		每百人公共图书馆藏书（本/百人）	0.13	图书馆藏书量/市辖区人口
		万人剧院、影院数量（家/万人）	0.12	剧院、影院数量/市辖区人口
		每万人医院、卫生院床位数（张/万人）	0.11	床位数/市辖区人口

本章首先检验城市基础设施总体水平对城市人均人力资本水平的影响，分别对城市基础设施指标加入控制变量进行回归，继而进一步检验城市基础设施水平"软""硬"两个系统对城市人均人力资本水平的影响程度，探究城市基

础设施不同的组成部分对人力资本影响程度的不同。被解释变量为全国各城市人均人力资本水平（Hum），核心解释变量为城市基础设施总体水平（Ifrus）以及"软"系统基础设施水平（Soft）和"硬"系统基础设施水平（Hard）。控制变量选取了政府人均教育支出（Pedu）、政府人均科技支出（Psci）、人均GDP（Lnpgdp）、城市规模（Popu）、城市面积（Area）。

本章参照王小鲁（2010）的度量方法，使用各地市辖区年末总人口来衡量城市规模这一指标。笔者通过各城市统计年鉴中各城市政府教育支出除以市辖区人口数得到人均教育支出（Pedu），城市科技支出除以城市市辖区人口得到人均科技支出（Psci）。城市面积采用市辖区面积。所有数据均采用城市市辖区的数据，不包含各城市所辖县，是纯粹意义上的城市[1]。所有变量的描述统计如表3-2所示。

表3-2　　　　　　　　主要变量的统计特征描述

变量	样本数	均值	标准差	最小值	最大值
Hum	2529	98.75	36.38	21.63	283.51
Infras	2529	10.97	5.60	1.03	56.51
Hard	2529	6.51	3.79	0.40	41.22
Soft	2529	4.46	2.60	0.20	29.51
Edu	2529	601.12	545.61	1.32	7345.76
Sci	2529	67.04	183.30	0.02	3842.02
lngdp	2529	10.10	0.75	4.11	12.44
Popu	2529	126.31	142.81	14.08	1350.6
Area	2529	2057.94	2091.28	50	19576

---

[1] 估算城市人力资本时用到的省市固定资本存量来源于"中国经济增长与宏观稳定课题组"测算的数据，政府财政教育、科技支出、人口规模、市辖区面积、城市基础设施数据来源于《中国城市统计年鉴》，其他社会经济数据来源于国泰安数据库，涉及当年价格的比例指标不作定基调整，教育支出、科技支出、人均GDP等人民币当年价格均调整为以2003年为基期的可比价格。

第三节
模型设定及解释

一、静态面板模型

$$LnHum_{it} = \alpha + \gamma_1 LnHard_{it} + \gamma_2 LnSoft_{it} + \delta_1 LnEdu_{it} + \delta_2 LnSci_{it} + \delta_3 LnPgdp_{it}$$
$$+ \delta_4 LnPopu_{it} + \delta_5 LnArea_{it} + \varepsilon_{it} \qquad (3-1)$$
$$LnHum_{it} = \alpha + \gamma LnInfras_{it} + \delta_1 LnEdu_{it} + \delta_2 LnSci_{it} + \delta_3 LnPgdp_{it} + \delta_4 LnPopu_{it}$$
$$+ \delta_5 LnArea_{it} + \varepsilon_{it} \qquad (3-2)$$

主要城市基础设施水平对城市人均人力资本水平的影响程度见回归方程（3-1），将城市基础设施分成"软""硬"系统后，分别对城市人均人力资本影响程度的大小见回归方程（3-2）。在回归时对所有变量取对数。ε 是残差项，式中 it 代表第 i 个城市第 t 年。γ 和 δ 表示系数。考虑到横截面个体相对较多而时间序列较短，差异主要体现在横截面个体之间，时间因素影响相对较小。因此本章采用变截距的方法对模型进行估计。

二、动态面板模型

人力资本理论认为，人力资本形成过程中存在显着的外部性（Lucas，1988），人力资本的现有存量可能会对未来的人力资本的大小存在显著的影响，部分学者在研究影响人力资本的因素时将人力资本水平的滞后一期纳入计量模型中（徐大丰，2009）。基于人力资本理论的实证研究基础，本章认为滞后期的人力资本水平会影响当期的人力资本水平，因此本章将人力资本水平的一阶滞后项放入方程的解释变量中，得到带有人力资本滞后一期的估计模型，原有的面板模型变为以下的动态面板模型：

$$LnHum_t = \alpha + \beta LnHum_{t-1} + \gamma LnInfras_{it} + \delta_1 LnEdu_{it} + \delta_2 LnSci_{it} + \delta_3 LnPgdp_{it}$$
$$+ \delta_4 LnPopu_{it} + \delta_5 LnArea_{it} + \mu_i + \varepsilon_{it} \qquad (3-3)$$
$$LnHum_t = \alpha + \beta LnHum_{t-1} + \gamma_1 LnInHard_{it} + \gamma_2 LnSoft_{it} + \delta_1 LnEdu_{it} + \delta_2 LnSci_{it}$$

$$+ \delta_3 \text{LnPgdp}_{it} + \delta_4 \text{LnPopu}_{it} + \delta_5 \text{LnArea}_{it} + \varepsilon_{it} \qquad (3-4)$$

第四节 实证结果分析

一、静态面板数据结果

本章利用 Husman 检验结果鉴定为固定效应模型,在此基础上使用 GLS 方法减少各地区的异方差性。基础设施总体水平和拆分后"软""硬"系统的回归结果如表 3-3 和表 3-4 所示。

表 3-3　　　　　　　　基础设施总体水平对人力资本回归

	(1) LnHum	(2) LnHum	(3) LnHum	(4) LnHum	(5) LnHum	(6) LnHum
LnInfras	0.685***	0.219***	0.183***	0.181***	0.208***	0.207***
	(37.22)	(9.71)	(8.23)	(7.93)	(8.63)	(8.60)
LnEdu		0.226***	0.141***	0.139***	0.130***	0.130***
		(28.83)	(12.62)	(11.32)	(10.44)	(10.46)
LnSci			0.052***	0.052***	0.051***	0.050***
			(10.52)	(10.27)	(10.03)	(9.96)
LnPgdp				0.039***	0.029***	0.013**
				(11.99)	(10.86)	(10.85)
LnPopu					0.138***	0.197***
					(3.43)	(4.05)
LnArea						-0.046*
						(-2.15)
_cons	2.975***	2.652***	3.105***	3.057***	2.491***	2.557***
	(70.96)	(70.68)	(54.94)	(26.83)	(12.44)	(12.63)
N	2529	2529	2529	2529	2529	2529
R^2	0.344	0.479	0.480	0.511	0.518	0.521
F 值	1179.47	1033.70	690.29	586.64	482.59	406.26
Husman	132.50	35.02	37.20	67.85	97.33	109.02
P 值	0.0000	0.0000	0.0000	0.0000	0.0000	0.0000

注:括号内为回归系数的 t 统计量值,***、** 和 * 分别为 1%、5%、10% 的显著性水平,Hausman 检验用来确定固定效应还是随机效应模型。

第三章 城市基础设施与人力资本提升

从表3-3和表3-4的回归结果可以看出，无论是基础设施总体水平还是细分的"软""硬"系统水平的提升都有助于提高城市平均人力资本水平。但通过比较"软""硬"系统基础设施后发现，"硬"系统的弹性系数为0.178，高于"软"系统的弹性系数0.0812，虽然两者都对提升人力资本水平作用显著，但人力资本理论告诉我们，提高人力资本最有效的途径是学校教育、医疗健康投入。直观意义上人们一般认为"软"系统的系数会高于"硬"系统，但通过计量回归结果发现并不使然。原因可能归结为现实中政绩考核一般以GDP为标准且城市基础设施建设过程具有阶段性，一般先注重对"硬"基础设施的投资，在"硬"基础设施达到一定水平后，再加快对"软"基础设施的投资速度，导致城市基础设施的"硬"系统水平超过了"软"系统水平。在城市维护建设资金规模有限的前提条件下，过多的"硬"设施的投入势必挤占了"软"设施的投入，"软"基础设施作用的发挥依赖于良好的"硬"基础设施。

表3-4　　　　"软""硬"基础设施对人力资本回归结果表

	(7) LnHum	(8) LnHum	(9) LnHum	(10) LnHum	(11) LnHum
LnHard	0.612***	0.178***			0.165***
	(36.40)	(8.33)			(7.62)
LnSoft			0.462***	0.0812***	0.0587
			(25.57)	(4.80)	(1.06)
LnEdu		0.133***		0.150***	0.127***
		(10.74)		(12.23)	(10.16)
LnSci		0.0496***		0.0542***	0.0490***
		(9.81)		(10.69)	(9.70)
LnPgdp		0.0467***		0.0203***	0.0105***
		(10.57)		(13.12)	(10.43)
LnPopu		0.192***		0.122*	0.208***
		(3.94)		(2.54)	(4.28)
LnArea		-0.0466*		-0.0473*	-0.0457*
		(-2.18)		(-2.19)	(-2.14)
_cons	3.477***	2.695***	3.909***	2.936***	2.653***
	(119.31)	(13.53)	(158.74)	(14.83)	(13.33)
N	2529	2529	2529	2529	2529

续表

	(7)	(8)	(9)	(10)	(11)
R^2	0.2915	0.5220	0.2202	0.5050	0.5234
F 值	924.52	408.04	634.41	381.27	351.59
Husman	120.09	106.44	59.89	68.31	112.19
P 值	0.0000	0.0000	0.0000	0.0000	0.0000

注：括号内为回归系数的 t 统计量值，***、**和*分别为1%、5%、10%的显著性水平，Hausman 检验用来确定固定效应还是随机效应模型。

二、动态面板数据结果

本章对281个样本城市的基础设施水平对人力资本的影响进行 GMM 估计。同时为了加强估计结果的可信度，采用自回归（AR）检验和 Sargan 检验验证模型的合理性以及工具变量的有效性，分别进行了全样本分析和区分东中西部之后的样本分析，借以更全面地了解城市基础设施对人力资本水平的影响效果，回归结果分别为表3-5、表3-6和表3-7。

（一）全样本分析

表3-5更为准确地检验了城市基础设施指标、教育投入、科技投入、人均 GDP、城市面积、城市规模对城市人力资本的影响，模型中的工具变量选取合理有效。与静态模型回归结果相比较，各样本组群的解释变量的显著性略有下降，且各系数水平变低，这可能恰恰说明了变量之间的内生性问题。通过 GMM 方法调整后，减弱了变量之间内生性的影响，使得模型的估计更为准确。估计结果中，人力资本已有的存量会对未来人力资本水平的提高产生显著的影响，印证了人力资本存量的外部性（Lucas，1988）。

表3-5　　　　　　　　　　全样本回归结果表

	(1) LnHum	(2) LnHum	(3) LnHum	(4) LnHum	(5) LnHum	(6) LnHum	(7) LnHum
L.LnHum	0.839***	0.609***	0.839***	0.647***	0.906***	0.659***	0.632***
	(23.07)	(8.96)	(21.74)	(18.43)	(34.11)	(19.44)	(17.89)
LnInfras	0.173***	0.128**					
	(4.37)	(3.17)					

续表

	(1)	(2)	(3)	(4)	(5)	(6)	(7)
LnHard			0.166***	0.107***			0.0931***
			(3.84)	(3.94)			(3.39)
LnSoft					0.0768**	0.0565**	0.0452**
					(2.93)	(3.19)	(2.34)
LnEdu		0.0435*		0.0437**		0.0449**	0.0356**
		(1.93)		(2.96)		(2.88)	(2.40)
LnSci		0.0229*		0.0208		0.0261*	0.0232*
		(1.57)		(1.47)		(1.31)	(1.58)
LnArea		-0.00960		-0.00393		-0.00361	-0.00164
		(-0.38)		(-0.23)		(-0.20)	(-0.10)
LnPopu		0.188**		0.144***		0.124**	0.158***
		(2.21)		(3.03)		(2.64)	(3.41)
LnPgdp		0.0165**		0.0182**		0.0175**	0.0192**
		(2.31)		(2.36)		(2.58)	(2.30)
_cons	0.394***	0.575*	0.500***	0.686***	0.388***	0.810***	0.694***
	(3.84)	(2.07)	(4.32)	(3.38)	(3.91)	(3.96)	(3.32)
N	2529	2529	2529	2529	2529	2529	2529
AR(1)	0.053	0.058	0.060	0.060	0.000	0.000	0.000
AR(2)	0.421	0.395	0.584	0.584	0.498	0.144	0.279
Sargan 检验	0.450	0.836	0.444	0.444	0.357	0.438	0.328

城市基础设施社会总体水平对人力资本水平影响效果显著,将城市基础设施分为"软""硬"系统后放入模型,通过 GMM 方法的模型估计消除内生性进行回归发现,"软""硬"系统对人力资本水平影响的效果与静态回归的结果不同,系数有所变小。具体看,"硬"系统变量的系数大于城市基础设施总体水平的系数,城市基础设施变量的系数大于"软"系统的系数,验证本章的猜想。

表 3-6　　　　　　城市基础设施对城市人力资本回归结果表

	全国 LnHum	东部 LnHum	中部 LnHum	西部 LnHum
L.LnHum	0.637***	0.590***	0.375***	0.196***
	(17.73)	(15.05)	(9.50)	(9.67)
LnInfras	0.128***	0.184***	0.126**	0.087
	(3.17)	(3.53)	(2.74)	(1.08)

续表

	全国 LnHum	东部 LnHum	中部 LnHum	西部 LnHum
LnEdu	0.0435*	0.0475	0.103***	0.330***
	(2.35)	(1.92)	(5.42)	(9.37)
LnSci	0.0229*	0.0295***	0.0263*	0.0194
	(1.57)	(4.91)	(2.18)	(1.47)
LnArea	−0.00960	−0.00617	−0.00108	−0.155*
	(−0.18)	(−0.31)	(−0.04)	(−1.84)
LnPopu	0.188**	0.241***	0.149***	0.0703
	(3.28)	(2.91)	(2.70)	(0.80)
LnPgdp	0.0165**	0.0135***	0.0258**	0.0913***
	(2.31)	(3.27)	(2.55)	(3.65)
_cons	0.624**	1.076***	0.933*	1.991***
	(2.98)	(4.31)	(2.32)	(4.53)
N	2529	1017	1008	504
AR(1)	0.0000	0.0012	0.0000	0.0208
AR(2)	0.6330	0.4479	0.2900	0.7746
Sargan 检验	0.3482	0.4602	0.3878	0.5314

控制变量的实证结果验证了教育水平的提高能增加劳动者的知识和技能，增加劳动者对既定资源的最优化配置，从而提高劳动者的生产效率，是人力资本提升的最主要来源。城市人力资本投资除了政府投资以外，自身投资也是一个非常重要的渠道。人均收入越高，劳动者对人力资本的投入就会越多，增加个人的文化消费、健康消费，提升自身人力资本水平。人口规模的增加将提高城市人口密度，加速信息的分享和传播，使得知识的溢出效应发挥得更加明显，提高城市人力资本平均水平。对于一定的城市基础设施水平，城市面积的变大无疑降低了城市基础设施的密度，弱化了城市基础设施对人力资本的正向促进作用，城市面积越大，将越会降低人力资本水平。

（二）东中西部城市差异分析

表3－7　　　　东中西部城市基础设施对人力资本水平回归结果

	全国 LnHum	东部 LnHum	中部 LnHum	西部 LnHum
L.LnHum	0.632***	0.588***	0.364***	0.184***
	(17.89)	(15.06)	(8.82)	(9.01)

续表

	全国	东部	中部	西部
	LnHum	LnHum	LnHum	LnHum
LnSoft	0.0452*	0.155**	0.0308*	0.0097
	(2.34)	(3.08)	(1.66)	(1.3)
LnHard	0.0931***	0.102***	0.106***	0.0626*
	(3.39)	(3.62)	(2.96)	(2.18)
LnEdu	0.0356*	0.0584**	0.108***	0.336***
	(2.40)	(2.28)	(5.56)	(9.94)
LnSci	0.0232*	0.0275*	0.0276	0.0199*
	(4.67)	(4.54)	(0.82)	(1.14)
LnArea	-0.00164	-0.00347	-0.0165	-0.122
	(-0.10)	(-0.17)	(-0.62)	(-1.91)
LnPopu	0.158**	0.229**	0.103*	0.108
	(2.41)	(3.41)	(2.47)	(1.08)
PnPgdp	0.0192*	0.0168*	0.0236*	0.158***
	(2.10)	(2.80)	(1.47)	(4.04)
_cons	0.694***	1.170***	0.915*	2.507***
	(3.32)	(4.65)	(2.29)	(5.56)
N	2529	1017	1008	504
AR (1)	0.0000	0.0013	0.0000	0.0120
AR (2)	0.6330	0.5089	0.2939	0.0120
Sargan 检验	0.3450	0.4564	0.3872	0.4143

基于中国区域发展不平衡的现状，考虑到不同区域城市的经济水平差异会影响城市基础设施结构，导致城市基础设施以及"软""硬"系统对城市人力资本影响程度不同，本章基于国家统计局2003年发布的标准将中国城市划分成东、中、西三个地区，分地区建立回归模型进行估计，以发现不同地区的城市基础设施对人力资本的影响程度有何不同。基础设施总体水平以及"软""硬"系统回归结果如表3-6和3-7所示。

对比分析表3-6和表3-7可以发现，东部城市基础设施对人力资本水平的促进作用最大，城市基础设施的系数为0.184，高于全国平均水平和中西部城市基础设施对人力资本的促进作用，中部次之，西部处于最后。这与东中西部城市基础设施的水平差异是分不开的。东部城市由于经济起步较早，城市基础设施建设资金融资渠道发达，城市基础设施的建设领先于全国，逐步形成城市基础设施的规模效应，对人力资本水平的促进作用开始凸显，同时良好的城市基础设施吸引了大量优质企业和高水平人力资本向东部城市迁移，使东部城市成为全国范围内的人才高地。

将城市基础设施分为"软""硬"系统后对模型进行回归,发现东部城市"软"系统的弹性系数为0.155,高于"硬"系统的弹性系数0.102。虽然东部城市的"软"系统水平低于"硬"系统水平,但"软"系统对人力资本的促进作用却要大于"硬"系统,这一现象与东部城市在近年来的经济发展过程中逐渐重视对城市基础设施"软"系统如学校、医院的建设是分不开的,"软"基础设施逐步发挥对城市人力资本的促进作用,虽然整体水平仍低于"硬"系统,但对人力资本的促进作用大于"硬"系统,说明"软"系统提高城市人力资本水平的效率更高,这一点也与人力资本理论认为教育投资、健康投资是形成人力资本的最主要途径的观点相吻合。中西部城市基础设施"硬"系统对人力资本发挥促进作用,中部城市高于全国水平,西部城市低于全国水平,这与近年来国家支持中西部城市开发的政策有关,城市基础设施"硬"系统对人力资本促进效果显现。但中西部城市往往更着眼于相比较更能促进城市经济发展的城市基础设施"硬"系统,从而忽略"软"系统的建设,"软"系统设施的薄弱导致城市基础设施"软"系统对城市人力资本的提升作用还没有发挥,在计量结果上显现为变量系数不显著。中西部城市在经济建设的同时,更应注重对城市基础设施"软"系统的建设,扩大"软"系统规模,这样才能有效培养人才,留住人才。

观察其他控制变量,政府教育支出对人力资本起到促进作用,应继续加大对中西部地区的教育投入。通过比较,本章发现,人均GDP的系数存在自东向西递增的现象,人均收入对于人力资本的提升起着重要作用,尤其是中西部地区。人均收入很大程度上决定了人均人力资本投资,由于中西部地区经济欠发达,人均收入较低,收入增长对人力资本提升的边际效用逐渐增大。

第五节 简要的结论与政策建议

在经济全球化和知识经济一体化大背景下,城市作为经济增长的引擎在经济发展过程中主体地位逐渐显现，城市对于资源和市场的争夺日益激烈。随着城市化进程的加速，城市竞争日益成为新的研究方向。影响竞争力的软要素人力资本的质量和结构决定了城市的竞争力。从提升城市竞争力的角度出发，如何提高城市人力资本这个问题得到了广泛的关注。本章从影响人力资本形成的路径差异出发，将城市基础设施分成"软""硬"系统，阐述了城市基础设施对人力资本的微观机制，并用全国281个城市2003—2011年的数据构建动态面板数据，分析城市基础设施以及"软""硬"系统对城市人力资本水平的影响。本章主要结论如下：

第一，通过对全国281个城市人力资本估算，发现中国平均人力资本水平呈上升趋势，但各地区表现出不平衡，城市人均人力资本水平在东中西部地区呈现梯度递减。第二，中国城市基础设施总体水平呈现提高趋势，但总体水平仍然较低，城市间水平差异较大，且城市基础设施"硬"系统水平高于"软"系统。城市基础设施分布情况与城市人力资本水平分布大致相同，呈现自东向西的递减趋势。第三，城市基础设施对人力资本水平提升作用显著，将城市基础设施分为"软""硬"系统后发现，就全国城市而言，"硬"系统对人力资本的促进作用要高于"软"系统。第四，将全国城市按东、中、西划分成不同区域城市进行面板回归的结果显示，东部地区城市基础设施"软"系统水平低于"硬"系统，但对人力资本的促进作用却大于"硬"系统，而中西部城市的"硬"系统对人力资本的促进作用高于"软"系统对人力资本的促进作用。

结合实证分析结果，本章提出以下几点建议：首先，注重区域协调发展，加大对中西部落后地区城市基础设施的投入。中国城市基础设施建设存在着较大的不平衡性，尽管在西部大开发之后有所改善，但中西部地区与东部发达地区仍有较大差距，这种不平衡的区域经济限制了城市的发展。其次，重视城市基础设施建设，尤其是对"软"系统的建设。中国人均城市基础设施水平较低，城市市政公用设施投资占GDP比例较小。随着城市化的进一步推进，大量人口涌入城市，势必对城市基础设施的承受能力带来重大考验。大城市基础设施不够完善，城市综合功能和承载能力低下，尤其是城市教育、医疗、文化等设施数量少、标准低的现状亟待改变。城市培养人才并且留住人才需要城市基础设施的支持，特别是教育、医疗这样的"软"设施的配套。再次，改变政府考核思维，增加城市基础设施的有效供给，促进政府职能改变。中国城市基础设施总体水平低下的同时也往往伴随着无效供给，有效供给相对不足。改变政府考核指标,将民生项目纳入考核范围,促进政府由经济建设的角色向服务的角色转变,才能更为有效地维持城市经济发展,提高城市经济效率。最后,改革城市基础设施供给体制,增加城市基础设施提供效率。城市基础设施的建设迫切需要市场化改革,应通过制度设计积极支持社会组织和民营经济介入城市基础设施的供给。市场机制的引入,不仅可以盘活资源,提高稀缺资源的利用效率,还可以减少寻租和腐败的机会,提高城市基础设施投资运营的效率。

第四章
对外开放与中国城市人口集中[①]

城镇化是中国未来经济增长的发动机。随着城镇化进程,每年将有大量的人口转移到城市地区,通过城市规模收益递增与集聚经济的机制,将会提高城市的劳动生产率(范剑勇,2006;毛丰付、潘加顺,2012)。城市人口集中主要体现为人口向大城市、特大城市,或者行政层级高的城市(如直辖市、省会省市与副省级市)集中。因此,研究城市人口集中可以从城市人口规模变动的角度入手。城市人口规模作为城市竞争力的一个重要因素,能够通过增加劳动力,交通成本节约以及规模外部性对城市经济发展起到关键性作用。城市如果面临持续的人口流入,将显著提高当地经济发展水平;反之,如果城市面临着持续的人口流出,那么将降低当地经济发展的能力,并且弱化当地经济可持续发展的能力。

伴随着中国城市人口集中的过程,中国的对外贸易与外商直接投资也取得了显著的成就。中国外贸活动与区域增长之间的关系得到研究者的重视。然而,却很少有研究从对外开放的角度来研究城市人口规模变动的问题。那么对外开放与城市人口规模变动有着什么样的关系,其作用机制是什么?厘清一国开放政策对于城市人口集中的作用机制,能够为提高城市竞争力、为城镇化中长期规划提供有效的政策工具。基于此,本章将在对城市集中相关研究文献进行充分分析的基础上,研究对外开放和城市人口规模变动之间的关系,并进行深入分析,构建面板计量模型,利用浙江省城市层面的数据对模型进行检验,以厘清城市人口规模变动的决定因素,以期能够为合理规划区域内城市人口分布,提高城市竞争力与缩小城市间发展差距提供一定的政策启示。

[①] 本章作者为毛丰付和潘加顺。

第一节
文献回顾及评述

对城市人口集中的认识可以大致分为三个主要阶段。第一阶段,经济发展阶段与城市人口集中。威廉姆森在关于区域经济发展水平与区域发展差异的研究中,提出了著名的威廉姆森假说,即区域发展不平衡随着区域经济发展水平的提高,呈现先上升后下降的趋势。如果将城市人口集中视为区域发展不平衡的一种表现形式,那么可以认为,在经济发展的早期阶段,城市人口规模在空间的不平衡分布会增强,随着经济发展水平的提高,城市集中会降低,出现城市人口空间分布不平衡的收敛。基于 Friedmann's(1969,1970)空间二元结构的核心—边缘理论,El-shakhs(1972)的研究则表明,大都市集中度与经济发展呈倒"U"形变化。Rosen 与 Resnick(1980)和 Wheaton 与 Shishido(1981)的研究也发现区域集中度与发展水平之间存在着倒"U"形的关系,同时城市集中与国家总人口存在着负向关系。经济发展阶段作用于城市人口集中的机制在于,在发展的最初阶段,资源和权力在核心城市开始集中,城市集中度从比较低的水平增加,同时城市首位度的增长幅度更加明显。然而,在城市首位度比较高的水平,核心城市相对于其他城市面临着更高的生产生活成本,其吸引人口集中的优势逐渐消失,开始发生部分劳动力密集型产业向中小城市转移,同时导致了人口向中小城市转移的现象,即城市首位度将降低,人口不再大幅度地集中于大城市,出现城市人口分散的现象,中小城市因其较低的生产生活成本而吸引部分产业的迁入,城市人口规模开始增长。

城市人口集中研究的第二阶段重点关注政府在城市人口集中过程中的作用。在经济发展的最初阶段,为什么制造业与人口集中于少数核心城市,即行政层级比较高的城市,如中国的直辖市、省会城市与副省级市?Hansen(1990)提出在经济发展的早期阶段,发展中国家面临着资本要素,特别是基础设施投资非常稀缺的情况,很难有足够的公共基础设施,如高速公路、铁路与通信设施,来支持全区域范围内的经济发展。因此,在经济发展的早期阶段,公共基础设施投资基本集中于少数核心城市,或者说行政级别比较高的城市,并且资源的集中是必要的,而且有效率的。Henderson(2002)讨论了发展中国家城市人口大规模集中于少数几个核心城市的原因，认为大城市内部大规模的基础设施投资，行政资源集中在大城市都是大城市人口集中的重要原因。这两个原因都离不开政府的作用。因此，在这一阶段，学者们大多认为政府公共基础设施投资与行政资源在空间层面的不均衡分布导致了城市人口集中的出现与强化。具体来说，在政府政策向核心城市倾斜的作用下，区域内的生产要素，包括资本与劳动力，不断地被吸引到核心城市，城市人口集中不断强化，最终出现发展中国家出现高度的城市集中现象，即发展中国家出现了大城市、特大城市，甚至于出现了超级城市。

城市人口集中研究的第三阶段则主要从市场层面研究城市人口集中的原因。以新经济地理学的理论为代表，主要关注在垄断竞争与交通成本存在的前提条件下，从产业纵向联系（Krugaman 和 Elizondo，1996）的角度来讨论城市人口集中的原因。在封闭经济的条件下，制造商为了更好地利用国内市场（本土市场），也称本土市场潜能，而将产业、劳动力与人口高度集中于大城市，进而产生很强的纵向联系，这种纵向联系又会通过新经济地理学中循环累积的机制，促使区域内的制造商更加集中于大城市，城市人口集中现象得到不断强化。然而，在考虑了贸易政策的情况下，他们发现贸易开放政策会削弱这样一种纵向联系。贸易倾向越高的区域，其城市集中现象没有那么明显。具体来说，贸易自由化对于城市集中负向作用的机制表现在，制造商集中于大城市是为了更好地利用本地市场、节约交通运输成本，而国际贸易的出现，使得制造商没有必要集中于大城市，因为出口商面临的是国际市场。此外，大城市比较高的土地租金、劳动力工资与通勤成本使得在大城市进行生产的成本是非常高的，这也会促使出口制造商向中小城市转移。对墨西哥20世纪80年代的案例研究表明，贸易自由化使得出口商由墨西哥城转移至更加靠近美国的北部地区，同时使得人口向北部转移，即发生城市人口分散的现象（Krugaman 和 Elizondo，1996）。因此，发展中国家的大城市人口集中是进口替代产业发展与本土市场发展的产物，然而发展中国家的贸易自由化政策会削弱城市集中的能力。基于 Krugman 和 Elizondo（1996）的研究，Ades 和 Glaeser（1995）利用85个国家的横截面数据研究大城市人口集中的现象，结果表明，国际贸易占GDP比重越高的国家，其城市集中的现象越不明显。他们还讨论了贸易壁垒、区域内部贸易成本、政治集权对于城市集中的作用程度。总之，有关城市人口集中的第三阶段主要从市场结构来展开，将市场区分为国内市场与国际市场，认为国内市场的本土市场效应会促进城市人口集中，而国际市场的出现与实行对外开放的贸易自由化政策将削弱产业对于本土市场的依赖，在一定程度上抑制城市人口集中度的继续增加。

上述研究从理论上基本解释了对外贸易与城市人口集中之间的关系。然而中国对外开放的情况与国外研究有所不同。第一是大国现象，中国的贸易规模远非墨西哥等拉美国家的出口规模可比，中国的城市化规模和总量也远超其他国家。第二，以往的研究主要关注国外市场和产品贸易对城市人口集中的影响，中国的对外开放还伴随着大量的外商直接投资，现有文献也较少涉及外商直接投资对于城市人口集中的研究。因此，本章利用中国对外贸易和外商投资的数据来研究其对于城市人口集中的作用，有助于深化对外开放对城市人口集中的理解。第三，本章在构建计量模型的过程中，注意到对外开放与经济发展水平存在着重复计算的问题，具体来说，对外贸易与外商直接投资原本就包含在城市生产总值中，因此应该通过扣除的方法，对城市生产总值进行校正，以保证估计的有效性。第四，不少相关研究采用横截面的数据，无法体现出区域内城市人口集中的动态变化情况，亦无法研究对外开放政策对于城市人口集中的动态影响，因此，本章构建了面板计量模型进行研究分析，分别采用面板随机效应模型与面板固定效应模型进行实证检验。

第一节
计量模型设定及变量数据说明

研究城市人口集中的文献利用许多种方法来衡量城市集中，其中主要包括城市首位度与城市集中度，后者主要采用赫芬达尔—赫希曼指数（Henderson，2002），主要适用于跨国或者区域内跨省份的研究（谢小平，2012）。然而，由于数据的限制，也有部分研究采用的是最大城市人口规模的变量来衡量城市集中（Ades 和 Glaeser，1995；Henderson，2002）。在实际研究中，采用何种指标应当十分谨慎。本章研究的对象是沿海省份内部的城市集中现象，其现实层面是在区域内部，城市人口向少数几个城市集中。因而，如果假定全省的人口固定不变，那么城市人口规模即可以表示城市集中的现象，在全省人口不变的情况下，城市人口规模增加表示该城市发生了人口集中的现象，反之，如果城市人口规模减小则表示该城市发生了人口分散的现象。然而，在过去的10

第四章 对外开放与中国城市人口集中

年中,中国沿海省份的人口增加幅度较大,以浙江省为例,2004年全省年末总人口为4577万人,而2011年全省年末总人口则达到4747万人,增加170万人。因此,在全省人口变动的情况下,采用城市人口规模来衡量城市集中可能是有偏的。从指标设计的角度出发,使用城市人口占区域全部人口的比重比较合适。城市人口规模占区域(省份)全部人口比重增加,则说明城市出现人口集中的现象;反之,如果城市人口规模占区域(省份)全部人口比重减少,则表明城市出现人口分散的现象。因此,本章的被解释变量采用城市人口规模占比,如式(4-1)所示。

$$\text{Rpop}_{it} = \frac{N_{it}}{N_{st}} \tag{4-1}$$

其中,Rpop_{it}表示第t期第i个城市人口占全省人口比重;N_{it}表示第i个城市第t期的年末人口数量;N_{st}表示第t期省份的全部人口数量。

一、模型设定

为了研究对外开放和城市人口规模之间的关系,本章构建计量模型如下:

$$\text{LnRpop}_{it} = \alpha + \beta_1 \text{Open}_{it} + \sum_{j=1}^{j=n} \gamma_j X_{it}^j \tag{4-2}$$

其中,Open_{it}表示第i个城市第t期的对外开放变量;X_{it}^j表示第i个城市第t期的城市人口规模的其他相关解释变量。本章关注的重点是,对外开放对于城市人口规模的作用,对外开放变量具体形式如下:

$$\text{Open}_{it} = \begin{cases} \text{Export}_{it} \\ \text{Fdi}_{it} \\ \text{NetTrade}_{it} \\ \text{Trade}_{it}/\text{Gdp}_{it} \end{cases} \tag{4-3}$$

其中,Export_{it}表示城市出口总额,以研究国际市场变动对于城市人口规模的作用;Fdi_{it}为外商直接投资实际额;NetTrade_{it}表示对外贸易净额,即出口总额减去进口总额;$\text{Trade}_{it}/\text{Gdp}_{it}$为对外贸易总额占城市GDP的比重,以研究城市外贸依存度对于城市人口规模的影响。本章没有将这4个变量同时代入模型(4-2)中,是因为变量之间的相关性比较强,一起放入容易出现多重共线性的问题。

为了更好地研究城市人口规模的变动规律,可以将式(4-1)代入式

(4-2) 得到:

$$\text{Ln} \frac{N_{it}}{N_{st}} = \alpha + \beta_1 \text{Open}_{it} + \sum_{j=1}^{j=n} \gamma_j X_{it}^j \qquad (4-4)$$

对公式 (4-4) 的左边变形, 可以得到:

$$\text{Ln} N_{it} = \alpha + \beta_1 \text{Open}_{it} + \sum_{j=1}^{j=n} \gamma_j X_{it}^j + \text{Ln} N_{st} \qquad (4-5)$$

为了研究全省人口增加对于城市人口集中的作用, 通过在等式 (4-5) 的右边增加表征全省人口规模的变量如下:

$$\text{Ln} N_{it} = \alpha + \beta_1 \text{Open}_{it} + \sum_{j=1}^{j=n} \gamma_j X_{it}^j + \text{Ln} N_{st} + \beta_2 N_{st} \qquad (4-6)$$

对全省总人口变量进行整理可以得到:

$$\text{Ln} N_{it} = \alpha + \beta_1 \text{Open}_{it} + \sum_{j=1}^{j=n} \gamma_j X_{it}^j + (\beta_2 + 1) \text{Ln} N_{st} \qquad (4-7)$$

对于公式 (4-7), 全省人口变量的参数估计值的含义有以下三种情况: 第一, 如果该系数值等于1, 表明全省人口对于城市人口集中没有影响; 第二, 如果该系数值显著大于1, 表明全省人口规模增加对于城市人口集中有着正向的促进作用; 第三, 如果该系数值显著小于1, 表明全省人口规模增加会显著削弱城市人口集中。从这个层面来看, 采用城市人口集中 (城市人口规模占比) 还是城市人口规模作为被解释变量, 并不影响本章的讨论, 因此, 在下文的分析中, 如果没有特殊说明, 本章的被解释变量为城市人口规模。

模型中的主要控制变量包括:(1) 城市土地面积, 用以控制各个城市面临的环境资源约束, 并可以在一定程度上考察中国土地城镇化对于城市人口规模的影响;(2) 城市非农人口比重, 即考察期内城市非农人口除以城市总人口, 用以考察非农人口比重对于城市人口规模的贡献程度;(3) 城市生产总值, 在现有研究中, 通常采用城市人均产出, 从公式 (4-7) 来看, 采用城市人均产出与城市生产总值, 对于讨论对外开放与城市人口集中并没有太大的影响, 此外, 采用城市生产总值, 可以对对外开放的经济变量进行校正。城市生产产出已经包含了对外开放相关变量, 如果再引入相关变量, 则会出现重复计算的问题, 因此在城市生产总值中扣除对应的对外开放经济变量, 可以避免重复计算的问题。

二、数据说明

本章研究的数据根据 2004—2012 年, 浙江省各年度的统计年鉴整理而成,分析对象为浙江省11个地级市，具体的城市包括：杭州市、宁波市、温州市、嘉兴市、湖州市、绍兴市、金华市、衢州市、舟山市、台州市与丽水市。变量的描述性统计如表4-1所示。

表4-1　　　　　　　　　　　变量描述性统计

变量名称	符号	平均值	标准差	最小值	最大值
城市人口规模（万人）	Pop	425.02	198.16	96.58	798.36
城市土地面积（平方千米）	Area	9450.55	4601.41	1440.00	17298.00
国内生产总值GDP（亿元）	Gdp	1849.77	1446.45	212.04	7019.06
人均GDP（元）	Pgdp	40580.02	20261.51	10582.00	105000.00
非农人口占总人口比重	Rnapop	0.29	0.10	0.16	0.54
全省总人口（万人）	Spop	4675.18	67.17	4577.23	4781.31
出口总额（亿美元）	Export	119.12	126.52	2.37	608.32
进口总额（亿美元）	Import	47.92	70.48	0.22	373.55
进出口总额（亿美元）	Trade	167.04	195.00	3.51	981.87
进出口总额占GDP比重	Rtrade	0.07	0.04	0.01	0.17
外商直接投资（万美元）	Fdi	88153.81	105000.00	1926.00	472000.00

从表4-1可以看出，2004—2011年浙江省的平均人口为425万人，其中最小值为97万人，而最大值则达到798万人，城市人口规模呈现出比较大的差异。本章所关注的进出口总额方面，2004—2011年，浙江省的平均进出口总额为167亿美元，其中最小值为3.51亿美元，而最大值达到981.87亿美元；从进出口贸易的占比来看，其平均值在7%左右，最小值为1%，而最大值达到17%，这是在不考虑汇率的情况下。从解释变量的角度来看，人均GDP和进出口总额、进出口总额占GDP比重可能存在一定的相关性，因此分析变量之间的相关性是有必要的，变量之间的相关系数矩阵如表4-2所示。

表4-2　　　　　　　　　　　变量相关系数矩阵

	Pop	Area	Gdp	Pgdp	Rnapop	Spop	Export	Import	Trade	Rtrade	Fdi
Pop	1.0000										
Area	0.5188	1.0000									
Gdp	0.7058	0.3416	1.0000								
Pgdp	0.2155	-0.1069	0.7811	1.0000							
Rnapop	0.0535	-0.1900	0.5614	0.7346	1.0000						

续表

	Pop	Area	Gdp	Pgdp	Rnapop	Spop	Export	Import	Trade	Rtrade	Fdi
Spop	0.0308	0.0027	0.3993	0.6332	0.1493	1.0000					
Export	0.5601	0.2099	0.9326	0.8000	0.5631	0.3457	1.0000				
Import	0.4114	0.1664	0.8496	0.7859	0.5987	0.2617	0.9560	1.0000			
Trade	0.5121	0.1963	0.9122	0.8031	0.5818	0.3189	0.9944	0.9817	1.0000		
Rtrade	0.2004	-0.2778	0.5625	0.7563	0.6585	0.2352	0.7275	0.7329	0.7369	1.0000	
Fdi	0.4422	0.2263	0.8377	0.7011	0.7722	0.1205	0.8118	0.8122	0.8203	0.5728	1.0000

从表4-2可以看出，与城市人口规模相关性较高的变量包括城市GDP、出口总额、进口总额与进出口总额。从表征城市开放程度的变量相关性来看，进出口总额和进出口总额占GDP比重、外商直接投资的相关性程度比较高，分别达到0.74和0.82，因此在具体模型中，应当分步纳入解释变量，而不是一次性全部纳入。

第三节 实证检验与结果分析

衡量一国对外开放程度有许多方法，本章拟从国际市场、外商直接投资、对外贸易净额、外贸依存度四个层面展开分析。就具体采用的方法而言，既可以采用混合数据模型，也可以采用面板数据模型。其中，混合数据模型采用稳健OLS估计，而面板模型则分别采用随机效应估计与固定效应估计，然后进行相关统计性检验。检验的内容主要包括三个层面：第一，检验随机效应模型是否优于混合数据模型；第二，检验固定效应模型是否优于混合数据模型；第三，就面板数据而言，随机效应模型与固定效应的相对优劣。

一、国际市场与城市人口规模

本章首先采用各城市的出口总额来衡量国际市场与城市人口规模之间的关系，分为混合最小二乘（Optimal Least Square, OLS）估计、面板随机效应（Random Effect, RE）估计、固定效应（Fixed Effect, FE）估计与对生产总值校正后的面板 FE 估计。具体结果如表 4-3 所示。

表 4-3　　　　　　　　　国际市场与城市人口规模

城市人口规模 Lnpop	模型(1) 混合 OLS 估计	模型(2) 面板 RE 估计	模型(3) 面板 FE 估计	模型(4) 面板 FE 估计(校正)
Lnarea	0.079***	0.523***	0.125	0.140
	(3.30)	(7.11)	(1.17)	(1.37)
Lnpropop	-15.729***	-0.389	1.550***	1.841***
	(-24.72)	(-0.56)	(4.08)	(8.10)
Rnapop	-1.866***	-0.060	-0.087	-0.080
	(-18.82)	(-0.56)	(-1.59)	(-1.56)
Lngdp	1.124***	0.086**	-0.005	-0.018**
	(18.01)	(2.13)	(-0.24)	(-2.15)
Lnexport	-0.268***	-0.027**	-0.020***	-0.021***
	(-7.79)	(-2.22)	(-3.18)	(-4.98)
Constant	132.188***	4.070	-8.118**	-10.631***
	(24.60)	(0.69)	(-2.44)	(-5.10)
Observations	88	88	88	88
R-squared	0.983		0.816	0.827
N		11	11	11
F 值/Chi² 值		Chi² = 140.76	F = 1180.97	F = 9918
豪斯曼检验	Chi² = 62.27 P 值 = 0.0000			

注：***、**、* 分别表示在 1%、5% 和 10% 水平上显著；OLS 估计采用的是稳健最小二乘估计，面板 RE 估计采用的是面板随机效应模型，面板 FE 估计采用的是面板固定效应模型。

模型(1)对应的是混合数据模型 OLS 估计，结果显示，各解释变量与城市人口规模之间都存在显著的关系。首先，城市土地面积与城市生产总值对城市人口规模有正的显著作用，城市土地面积每增加 1%，城市人口规模增加 0.08% 左右，城市生产总值每增加 1%，城市人口规模增加 1.12%；其次，全省人口规模与非农人口规模对城市人口规模具有负的显著作用；最后，城市出口贸易对于城市人口规模具有负的显著作用，城市出口贸易每增加 1%，城市人口规模相应减少 0.27% 左右。然而，采用混合数据模型的前提是每个城市是同质的，即不存在个体效应，由于各个城市的文化背景、环境情况、要素情况与经济结构存在显著的不同，假定城市不存在个体效应显然是不合适的。采用面板数据模型，就可以控制城市的个体效应，因此本章模型（2）—模型（4）采用面板模型来分析国际市场对于城市人口规模的作用。

模型（2）采用的是面板随机效应模型，模型显著性检验显示 Chi^2 值为140.76，表明面板随机效应模型要优于混合数据模型。模型（3）采用的是面板固定效应模型，模型显著性检验显示 F 值为1180.97，表明面板固定效应模型要优于混合数据模型。通过对模型（2）与模型（3）进行豪斯曼检验显示 Chi^2 值为62.27，表明面板固定效应模型要优于面板随机效应模型。因此，本章的分析主要以面板固定效应模型为准。根据模型（3），本章发现，在考虑了城市个体固定效应的情况下，对城市人口规模有显著作用的变量只有2个，但模型的解释能力达到0.816：第一，全省总人口对于城市人口规模有显著的促进作用，结合前文的分析，本章发现全省人口每增加1%，城市人口规模将增加1.55%，城市人口集中将增加0.55%；第二，城市出口贸易总额对城市人口规模具有负的显著作用，城市出口规模每增加1%，城市人口规模降低0.02%，与模型（1）的结果相比，出口贸易的作用从0.27%降低为0.02%，作用程度大幅降低，因此混合数据模型估计的有偏需要引起注意。

模型（4）考虑到在解释变量中既包括城市生产总值，也包括城市出口总额，会存在重复计算的问题，因此根据城市出口规模对城市生产总值进行校正，即从城市生产总值中扣除城市出口规模。结果表明，国际市场的发展对于城市人口规模的影响程度与模型（3）相近，即国际市场的发展对于城市人口规模有显著作用，但是影响程度不高。

二、外商直接投资、对外贸易净额、外贸依存度与城市人口规模

本章进而考察外商直接投资、对外贸易净额（出口总额减去进口总额）与外贸依存度（对外贸易总额占 GDP 比重）与城市人口规模之间的关系。根据前文的分析，城市存在显著的个体效应，且采用面板固定效应模型要优于面板随机效应模型，因此，本章接下来的研究以面板固定效应模型，具体的估计结果如表4-4所示。

模型（5）与模型（6）考察了外商直接投资与城市人口规模之间的关系，模型（6）对模型（5）中的城市生产总值进行了校正，模型显著检验表明面板固定效应模型要优于混合数据模型，且面板固定效应模型要优于面板随机效应模型，限于篇幅限制，本章没有报告面板随机效应的估计结果，如有需要，

表4-4　　　　　　　　对外贸易净额与城市人口集中

城市人口规模 Lnpop	外商直接投资		对外贸易净额		对外贸易依存度	
	(5) 未校正	(6) 校正	(7) 未校正	(8) 校正	(9) 未校正	(10) 校正
Lnarea	0.154	0.133	0.168	0.161	0.201**	0.211**
	(1.37)	(1.17)	(1.49)	(1.39)	(2.09)	(2.23)
Lnpropop	1.615***	0.864***	2.063***	1.742***	1.403***	1.422***
	(2.94)	(3.32)	(5.64)	(4.99)	(4.17)	(7.92)
Rnapop	0.012	0.045	-0.016	-0.004	-0.080*	-0.074
	(0.21)	(0.80)	(-0.30)	(-0.08)	(-1.70)	(-1.60)
Lngdp	-0.036	-0.005	-0.055***	-0.034***	-0.014	-0.015*
	(-1.58)	(-0.43)	(-3.55)	(-2.78)	(-0.92)	(-1.96)
Lnfdi	-0.003	-0.007**				
	(-1.12)	(-2.58)				
Lntrade			0.001	-0.008*		
			(0.36)	(-1.83)		
Rtrade					-0.287***	-0.303***
					(-5.22)	(-6.52)
Constant	-8.812*	-2.475	-12.631***	-9.977***	-7.604**	-7.846***
	(-1.86)	(-1.02)	(-3.94)	(-3.22)	(-2.62)	(-4.55)
Observations	88	88	88	88	88	88
R-squared	0.794	0.787	0.790	0.778	0.848	0.854
N	11	11	11	11	11	11
F值	F=1705.83	F=1775.95	F=1737.24	F=1459.17	F=1315.85	F=1965.58
豪斯曼检验	Chi²=52.08		Chi²=54.71		Chi²=62.54	

注：***、**、*分别表示在1%、5%和10%水平上显著；参数估计全部采用面板固定效应模型来估计。

请向作者索取。校正后的模型（6）显示，全省总人口能显著增加城市人口规模，外商直接投资对于城市人口规模有显著的负向影响，外商直接投资每增加1%，城市人口规模降低0.007%，即外商直接投资对于城市人口规模的作用程度比较低，结合前文分析的出口贸易对城市人口规模的负向作用，这可以归因于外商直接投资的高度出口导向。

模型（7）与模型（8）考察了对外贸易净额与城市人口规模之间的关系，模型检验结果同样表明应当采用面板固定效应模型。模型（8）对城市生产总值进行校正，扣除了对外贸易净额。结果表明对外贸易净额对城市人口规模有显著的负向作用，然而其影响程度有限。

模型（9）与模型（10）分析了外贸依存度对于城市人口规模的作用，模型检验结果同样表明面板固定效应模型要优于混合数据模型与面板随机效应模型，模型的解释能力达到 0.85 左右，模型（10）同样对城市生产总值进行了校正。结果表明，城市存在显著的个体固定效应，全省人口规模对于城市人口规模有显著的促进作用，全省人口每增加 1%，城市人口规模增加 1.422%，城市平均集中度增加 0.422。城市外贸依存度对于城市人口规模有显著的作用，城市外贸依存度每增加 1%，城市人口规模将减少 0.287%—0.303%，这与 Ades 和 Glaeser（1995）的估计一致，不同的是，我们采用了面板数据模型，并且控制了城市显著的个体固定效应。总之，城市外贸依存度的增加会降低城市人口规模，进而降低城市人口集中。

第四节　结论与政策建议

本章研究了对外开放政策对于城市集中，即城市人口规模的作用。基于浙江省 2004—2011 年的城市面板数据，在控制了城市土地面积、城市非农人口占比、全省总人口与城市 GDP 的基础上，着重分别考察了国际市场、外商直接投资、对外贸易净额与外贸依存度与城市人口规模之间的关系。

结果表明，出口总额、外商直接投资与对外贸易净额对于城市人口规模有显著的负向作用，在对变量取对数，对城市生产总值进行校正后，采用面板固定效应模型分析，其参数估计值分别为 -0.021%、-0.007% 和 -0.008%。这表明对外开放总量层面的指标对于城市人口规模的影响有限。进一步，本章采用了对外开放的相对指标，即对外贸易依存度，来考察对外开放对于城市人口规模的作用，结果发现，对外贸易依存度增加会显著降低城市的人口规模，在其他条件不变的情况下，如果城市面临不断上升的外贸依存度，那么城市人口规模将相应减少，降低城市竞争力。因此，对于经济发展水平较高的城市，应该控制其外贸依存度。

此外，在控制了城市个体固定效应之后，本章发现全省总人口会增加城市人口规模，而人均 GDP 对于城市人口规模的影响显著为负，但影响程度非常微弱。这可能是因为不同城市处于不同的发展阶段，相应地，城市人口规模的影响系数也应当有所差别。但是由于数据的限制，难以对不同发展阶段的城市进行分组研究，有待未来进一步研究。

总之，讨论对外开放与城市人口规模的关系，不仅应当结合客观的自然资源、省份总人口数，还应当结合具体城市的发展阶段。对不同发展阶段的城市来说，应当采取不同的政策倾向。对于需要较高经济发展速度的不发达地区（城市）而言，可以通过贸易自由化来吸引外商直接投资，促进对外贸易，提高进出口总额，以增加城市产出与城市人均产出，促进城市人口集中，同时应该控制对外贸易占 GDP 的比重，即控制进出口总额占 GDP 的比重。然而，对于经济发展水平较高的城市而言，为了保持高度的城市人口集中，应当注意避免继续提高对外贸易占 GDP 的比重，即降低外贸依赖倾向，而是更多地关注潜力非常大的本土市场，通过开发城市的内部需求，来保持或者促进城市人口规模与人口集中。在未来中国城市体系结构的人口规划中，应当十分注重经济政策规划配套，施行差别化的发展路径，具体来说，可以通过产业结构调整来实现城市间人口的合理分布，对于经济发展水平比较高的城市，施行出口产业结构升级，向技术、资本密集型产业调整，同时更加强调发达城市的本土市场经济效应；而对于经济发展水平一般的城市，应当提高城市生产技术水平，承接由发达城市转移来的标准化产品出口产业，以促进城市经济发展，提高城市人均产出。伴随着中国城镇化的有序推进，在合理规划城市体系结构分布，特别是城市人口分布的前提下，必然伴随着城市产业分工的调整，在产业分工调整的过程中，具体城市应当明确自身的优势，及早作出相应的经济发展规划，以提高城市竞争力，进而缩小区域间城市发展差距。

第五章
城市化进程中的收入不平等与健康

中国过去20多年的城镇化速度和规模是世界上绝无仅有的。自20世纪90年代开始,中国城镇化率快速攀升,从1991年的26.37%提高到2012年底的52.57%,城镇人口数量由2.98亿人增加到7.6亿人,走出一条独特的城镇化发展道路(宋启林,2013)。中国快速城镇化进程也产生了很多独特而复杂的问题,"胖中国"的出现就是其中之一。"胖中国"是指伴随城镇化进程而来的中国肥胖人口数量和肥胖程度均与日俱增的现象。中国人曾经被认为是世界上体型最苗条的人群之一,但是现在中国人的肥胖有迅速赶超西方国家的趋势,并且这种转变在一个很短的时间段内就发生了[1]。

过去的数十年间,发达国家的肥胖率在社会公众和政策制定者的密切关注下仍然有了戏剧性的增长。根据世界卫生组织(WHO)定义的体重指数(Body Mass Index,BMI),美国成人肥胖率从1980年的15%飙升到如今的30%。欧盟各国成人平均肥胖率为15.5%,其中英国最高,达到24.5%。1992—2002年,中国肥胖率在不同地区、不同年龄段和不同性别中都有明显的提高。与1992年相比,2002年中国肥胖率从14.6%上升到21.8%,超重和肥胖率分别上升40.7%和97.2%,其中女性体重增加比男性更明显现(赵文华、翟屹,2007;Wang,2007;Xu,2012)。2010年国民体质监测公报显示,中国20—59岁成年人超重率为32.1%,肥胖率为9.9%。"过去10年,国人增长的体重几乎等同于西方人在过去30年增长的体重[2]。"

一般认为,中国人迅速肥胖起来的原因有如下几点:第一,快速城镇化阶段,经济加速发展,居民收入水平迅速提高,导致食品价格相对便宜,居民有

---

[1] 王君平,"聚焦肥胖:大吃大喝惹的祸",《人民日报》2013年2月22日19版。
[2] 新华网.《国民体质监测:中国十年增重相当于西方三十年》 [EB/OL],http://sports.qq.com/a/20110902/000633.htm(2011-12-24;2014-09-15)。

能力获得更多的食物；第二，快速的城镇化和市场化进程改变了食品的生产和销售形式，使各类食品迅速普及，暴露在公众触手可及的地方，高热量食物获取极为方便；第三，计划经济年代物质匮乏产生的饥饿记忆仍影响人们进食思维，习惯于吃饱吃撑；第四，中国式饮食方式使就餐者对进食数量缺乏足够认知，对热量和调味品的摄取量难于精确控制，导致过量进食。

然而在思考"胖中国"的原因时，还有一个可能是非常重要的原因少有被提及，那就是收入不平等。在过去的 30 多年，与城镇化进程和肥胖增长同样经常被提及的是随着收入提高而来的收入不平等的增长。不断增长的收入不平等对社会生活的诸多方面都有重要影响，比如会引发社会冲突（Alesina 和 Perotti，1996；Forbes，2000）、暴力犯罪（Hsieh 和 Meredith，1993；Pridemore，2002）以及降低经济增长速度等（Aghion，Caroli 和 Cecilia，1999；Barro，2000）。经济学对收入及其不平等对经济社会影响的诸多途径进行了大量研究（王少瑾，2007），但是较少有研究注意到收入及其不平等对超重和肥胖形成的影响。从社会科学的角度看，肥胖被认为与收入差距悬殊的社会环境带来的压力有关（Kahn 等，1998；Offer 和 Pechey，2010；徐程、尹庆双、刘国恩，2012），这种压力会让人过量摄取食物并改变选择食物的方式。因此，中国迅速提高的肥胖率可能不仅仅是收入提高和饮食方式改变的原因，还有很大可能与城镇化进程中收入不平等带来的社会形态改变及社会压力有关。

肥胖是当今世界上很多国家最严重的公共健康挑战之一。肥胖不仅在医学上是糖尿病、心脑血管等众多慢性疾病和癌症的重要诱因，还会影响到劳动生产率和就业（Ketter，1996；Kristen，2002），并会对健康护理产生过度需求，是世界各国最为关注的综合性社会问题之一。城镇化进程中的肥胖问题不仅对中国的卫生总费用、医疗保障体系构建产生极大的财政压力（顾昕，2010；李玲，2012），而且会影响人力资本积累，加剧劳动力短缺，对中国长期发展产生不利影响，因此利用社会科学手段探索肥胖成因和防治措施都是十分必要的。

较早的关于收入和肥胖的研究数据主要来自美国和欧洲等发达国家。由于历史发展阶段的差异，从肥胖产生的社会机制上，发达国家的研究结论不一定适用于发展中国家。本章认为 BMI 的变化存在动态效应，当收入较低时，超重或肥胖表现得比较严重，当收入增加时，BMI 会继续增加，但增速减缓；然后 BMI 开始下降并最终趋于稳定，这一阶段，收入和 BMT 大致负相关。这种趋势最有可能发生于收入相对较低但开始增加的国家，比如中国等新兴工业体。本章利用 1989—2009 年的 CHNS 调查数据来检验中国快速城镇化时期居民收入、收入不平等与 BMI 之间的关系。利用经济学手段研究中国的收入及收入不平等与肥胖的关系不仅可以为收入不平等与健康研究提供发展中国家的经验，丰富跨国比较研究，而且对中国的社会保障和公共政策具有参考价值。

第一节 文献回顾

从生理学角度看，肥胖是肌体长期过量摄入能量（Carolies）所致。基于个体层面数据的研究显示，种族、年龄和基因等因素与肥胖也有关系。Burke 等的研究表明，非裔美国人中肥胖现象比较突出（Burke et al., 1992）；Kuczmarski（1992）发现肥胖率随年龄增长而增高，基于孪生子配对研究则表明，基因在肥胖率的形成中也有作用（Price, Cadoret 和 Stunkard, 1987; Price 和 Stunkard, 1989; Krieger, 1994）。

但是，不少研究者认为聚焦于饮食、运动等个体风险的决定因素的做法只是揭示了部分真相，诱发这些风险因素的社会群体层面的因素也应该被纳入研究视野（Link 和 Phelan, 1995; Mckinlay, 和 Marceau, 1999），弄清哪些社会因素容易使人暴露在这些风险因素之下，有助于设计更有效的公共健康政策。

个体层面的风险暴露因素的研究都是使用个体层面数据分析经济社会状况（一般用收入或教育来测度）与肥胖发病率或死亡率的关系。绝大多数超重或肥胖的研究数据取自工业化和高收入国家，收入和肥胖关系的许多结论被混杂在一起。Sobal 和 Stunkard（1989）回顾了 144 项关于肥胖的研究，发现发达国家女性的经济社会状况和肥胖之间有很强的负相关性，男性的这种相关性较弱。Villar 和 Domeque（2009）检验了 9 个欧洲国家的家庭收入和 BMI 的关系，发现女性收入与体重存在负相关关系，但男性统计上不显著。Villar 和 Domeque 指出，两性的差异主要是女性个体工作收入与 BMI 之间的负相关关系所致。Jeffery 和 French（1998）的研究也支持上述结论，他们认为正是由于低社会经济状况者缺乏获取健康的食品、安全的运动和可靠的营养知识的途径，才导致他们较高的肥胖率。

也有研究者从其他的视角审视收入和 BMI 的关系。Chou（2004）等通过挖掘1984—1999年行为风险因素监测系统（BRFSS）微观层面数据，检验引发肥胖迅速上升的因素。他们在控制了年龄、性别、种族、教育年限、婚姻状况后，发现家庭收入及小时工资与BMI之间存在一个倒"U"形效应。不过他们报告的收入项和收入平方项的系数值比较小。之后，Lakdawalla和Philipson（2009）提出一个体重的动态理论，该理论认为技术变迁诱发了体重增长。Lakdawalla和Philipson认为，技术主要通过两种方式影响了体重，一是技术创新使家用或市场产品的使用方式更趋于劳动节省，生活方式趋向久坐不动（sedentary）；二是农业技术创新使农产品价格更低廉。不过他们并没有考虑控制社区和个体固定效应后，BMI和收入随时间如何变化，而这一点是很重要的，因为误差项中包含的遗传因素与BMI、教育、创业活动和收入等变量都相关（Silventoinen等，2004；Nicolaou和Shane，2009；Wilkinson等，2010）。

一些研究者业已发现，相对收入或收入不平等在健康决定中扮演重要角色，这被称为健康的收入不平等假说（Marmot等1991，齐良书，2006）。根据这些收入不平等假说，经济收入处于不利地位的人，会比对照组在健康上表现得要差。究其原因，收入相对较低会引发压力和沮丧，使人易患病，或降低个人获取地方公共卫生资源分配的能力（Cohen等，1997；Deaton，2003）。Wilkinson（1996）认为在社会中，收入不平等不仅对穷人健康有不利影响，对富人也是如此。可能的影响途径包括使公共卫生和人力资本投资失效，侵蚀社会资本或加剧社会对立等。具体到肥胖问题上，收入不平等带来的社会压力可能是导致肥胖的重要原因。长期处于压力状态者对食物的反应异于没有压力的人，有压力者的身体表现为脂肪积累、食物摄取增多和食物选择偏好改变等症状，最终导致BMI上升（Wilkinson和Pickett，2009）。Offer（2010）等对20个发达国家的跨国研究也证实，不安全感对肥胖的影响最显著。不过发展中国家肥胖率升高是否服从收入不平等假说尚未得到验证。

第二节
模型与方法

收入不平等假说认为，在控制一个社会的个体收入恒定的情况下，收入不平等就其本身，是对社会个体健康的威胁。此假说关注健康和收入不平等之间的直接关系,而不考虑一个人的特定收入水平。收入不平等通过几种不同的潜在路径直接损害个体的健康。比如,高度的收入不平等通过不断增加不信任度和压力,影响社会资本的稳定性,降低社会凝聚力。这些不稳定性又反过来通过暴力犯罪和自残行为等社会心理反应来影响社会个体的自身健康。

此假说有两种不同的表述版本(Mrllor 和 Milyo,2002)。强影响力版本的表述认为,不管收入水平如何,收入不平等会同等地影响一个社会的全体成员。弱影响力版本的表述则认为,收入不平等仅仅伤害社会中最不幸运的那些人的健康。也就是说,收入不平等对健康的不利影响随着收入等级的提高而减少(Li 和 Zhu,2006)。

本章中,我们分别检验了肥胖的收入不平等假说的强影响力和弱影响力两个版本。其中强影响力版本的具体形式是:

$$H_{ij} = \beta_0 + \beta_1 Q_j + \beta_2 Q_j^2 + \beta_3 Y_{ij} + \beta_4 Y_{ij}^2 + X_{ij}\theta + \varepsilon_{ij} \qquad (5-1)$$

其中,i 和 j 分别是个体和社区的下标,H_{ij} 代表健康的结果和行为。此处,我们用 BMI 代表 H_{ij},Q_j 代表社区水平的收入不平等,Y_{ij} 是个体收入,X_{ij} 代表其他个体、家庭和社区变量的向量。同时,我们将收入和收入不平等的平方项也纳入模型,来捕捉上述原理中提到的非线性影响。我们假定 BMI 开始随着收入不平等加剧而恶化($\beta_1 < 0$),但是这种关系可能不是线性的($\beta_2 \neq 0$)。

为了检验弱影响力版本,我们拓展了等式(5-1),引入收入不平等和社区个人收入层级之间的关系 R_{ij}(在 CHNS 数据中按个人收入的升序排列),这样就可以检验收入不平等对不同收入水平健康的影响。扩展模型可以写成:

$$BMI_{ij} = \beta_0 + \beta_1 Q_j + \beta_2 Q_j^2 + \eta Q_j R_{ij} + \beta_3 Y_{ij} + \beta_4 Y_{ij}^2 + X_{ij}\theta + \varepsilon_{ij} \qquad (5-2)$$

按照弱影响力版本的预测,交互项的系数应该为正($\eta > 0$),或者说,对较高收入的人群,收入不平等对于 BMI 的负面影响会较小。由于肥胖问题的特殊性,需要分别采取不同的方法估计 BMI 与收入的关系。

一、混合截面数据 OLS 回归和分位数回归(Quantile Regression)模型

在回归模型选择上,使用线性回归模型,可以估计在平均水平上个人收入是如何影响 BMI 的,可以回答收入对于决定 BMI 是否重要的问题,OLS 回归通常是各种回归的比较基准。不过,OLS 回归模型不能回答,收入对 BMI 的影响在低 BMI 和超重、肥胖的人之间有否不同的问题。用分位数回归,能够

较好地解决这种自变量对不同部分因变量的分布产生不同影响的问题,就会得到一个更为精确的自变量和因变量之间关系的描述。利用分位数回归模型,就可以比较 BMI 的某些分位数是怎样更多地被一些个体特征所影响。

二、混合截面数据区间回归（Interval Regression）模型

医学上判断肥胖程度一般要看指标 BMI 落在哪个区间里,比如国际标准把 BMI 小于 18.5 称为体型偏瘦,18.5—25 为正常,25—30 为超重,30 以上为肥胖;考虑到人种差异,亚洲一般把 BMI 临界值定在 18.5、23 和 27。所以与一般被解释变量不同的是,是否肥胖要看 BMI 落在哪个区间范围内,对此类问题的研究,区间回归模型可能更适宜。区间模型主要适合处理如下所述类型数据,这些数据集里的因变量必须落入特定区间或者在连续尺度上是某一特定种类才能被观测到,落入区间之外的数据都会被删除。BMI 区间回归模型的具体形式可以写作:

$$BMI_{ijt} = \beta_0 + \beta_1 Y_{ijt} + \beta_2 Y_{ijt}^2 + \beta_3 Q_{jt} + \beta_4 Q_{jt}^2 + \beta_5 AGE_{ijt} + \beta_6 AGE_{ijt}^2 + \beta_7 D_{ijt} + u_i + \varepsilon_{ijt} \quad (5-3)$$

$$P(bmi\_dis = 0 | X) = F(\alpha_1 - \beta X)$$

$$P(bmi\_dis = 1 | X) = F(\alpha_2 - \beta X) - F(\alpha_1 - \beta X)$$

$$P(bmi\_dis = 2 | X) = F(\alpha_3 - \beta X) - F(\alpha_2 - \beta X)$$

$$P(bmi\_dis = 3 | X) = 1 - F(\alpha_3 - \beta X)$$

其中 α_1、α_2 和 α_3 是 WHO 设定的 BMI 分类的临界值,D_{ij} 是人口统计特征变量的向量,包括获得的最高学历、婚姻状况、城市指标、性别地区等。

三、纵列数据虚拟变量最小二乘（LSDV）估计模型

CHNS 数据是非平衡面板数据,利用 CHNS 的纵列数据性质,我们可以进一步分析肥胖随时间变动的情况,并对一些内生性进行控制。我们首先估计了以下方程:

$$BMI_{ijt} = \beta_0 + \beta_1 Year_i + \beta_2 Y_{ijt} + \beta_3 Q_{jt} + \beta_4 Q_{jt}^2 + \beta_5 AGE_{ijt} + \beta_6 AGE_{ijt}^2 + \beta_7 D_{ijt} + \varepsilon_{ijt} \quad (5-4)$$

因变量 BMI_{ijt} 是个体分年度 BMI,它起到的作用和混合数据回归相同。Y_{ijt} 代表了个人收入,不过在这个回归中,Y_{ijt} 是作为一组虚拟变量包含在其中的,

用来指示该个体属于收入分布中哪一分位（此处按5分位处理，基准值为中间层的20%）。这么处理有两个原因，首先，这种形式可以体现我们前面预测的倒"U"形关系；其次，假如一个人的实际收入没有被较好地测度，可以用他的收入类型来代替。$Year_i$是年度虚拟变量向量，以1989年为基准值，用于揭示BMI随时间的变化趋势。

此外，与混合数据分析中类似的是体重和年龄之间也有个倒"U"形关系。人在中年时体重会上升，而年长时体重会下降，这意味着β_5为正，而β_6为负。D_{ijt}是一个人口统计特征变量的向量。这里的残差变化ε_{ijt}可归因于技术变化（即传统意义上的经济增长测度中的技术变化），原因是作为对技术进步的反应，人们会调整价格、收入和生产技术。这个回归方程描述了同一时点上不同收入状态的人群的体重的变化。通过体重和各种人口统计特征变量间关系的经验估计，我们能够辨识出由于人口变化导致的体重增长。

四、固定效应模型

为剔除掉某些不随时间变化又与回归自变量相关的个体效应（比如基因差异），采用固定效应模型是适宜的。固定效应模型帮助控制不可观测的异质性，当这些异质性在时间跨度上为常数，并且与自变量相关，通过差分能够去掉这种影响。固定效应BMI模型可以写作：

$$BMI_{ijt} = \beta_0 + \beta_1 Y_{ijt} + \beta_2 Y_{ijt}^2 + \beta_3 Q_{jt} + \beta_4 Q_{jt}^2 + \beta_5 AGE_{ijt} + \beta_6 AGE_{ijt}^2 + \beta_7 D_{ijt} + u_i + \varepsilon_{ijt} \tag{5-5}$$

其中u_i是不可观测的个体效应，ε_{ijt}是随时间变化的误差项。u_i可以代表能力、遗传或历史因素等，其不随时间改变，但是与自变量相关（不可观测的遗传因素与收入或教育等人口变量）相关。通过固定效应回归模型，这种不可观测的异质性会被消除。

第三节 数据与指标

本章中的经验研究结论是基于中国健康和营养调查（CHNS）收集的微观

数据得出的。CHNS数据包含着有关家庭和个人特征的详细信息，以及一些与健康相关的信息，比如身体状况、健康行为、自我报告的身体状况。本章采用1989—2009年的数据，希望能较好地反映较长时间段体重与收入的关系。考虑到收入变量以及体重与年龄的关系，本章将样本限定于14—69岁的人群，这些人有完备的关于健康和人口统计变量（年龄、婚姻状况、教育、家庭收入等）的数据集。由于要建立个人收入、收入不平等和相对剥夺的指标，我们去掉了经调整后收入为零的不活跃家庭和个人样本。样本中同时剔除了肢体缺失者和怀孕女性的数据，因为他们的BMI不具有代表性。

在进行分析之前，需要澄清一些测度指标选取问题。

BMI：我们利用调查样本自我报告身高和体重数据，来为每一个回答者定义其BMI指标。这个指标定义为"以千克为计量单位的体重数和以米为单位的身高数的平方数之比（kg/m^2）"，该指数能够让我们得到一个关于肥胖的大致估计。WHO在1997年定义BMI小于18.5为体重偏低，18.5—24.9为正常，25—29.9为超重，大于30为肥胖。不过由于黄种人体内的脂肪含量要比欧洲人高，所以中国把超重和肥胖的门槛定在24和28，日本定在23和27。图5-1显示了中国人BMI随时间变化的趋势。

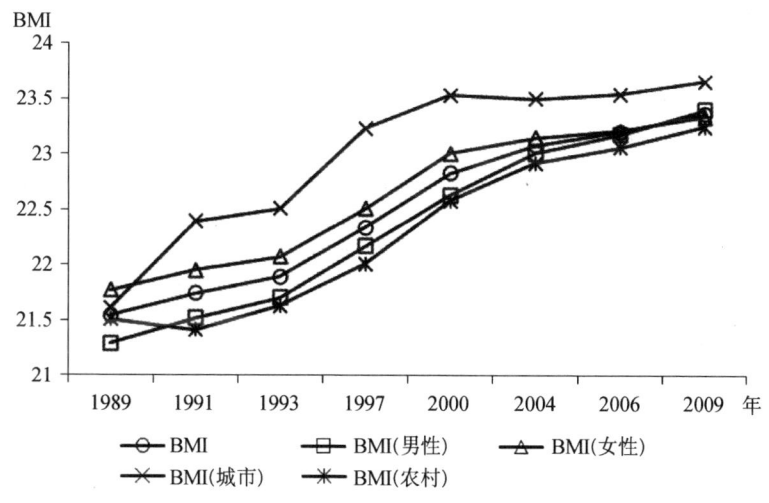

图5-1　1989—2009年中国BMI均值变化情况

个人收入：为测量个人收入，我们不仅使用了CHNS定义的一年内各种个人收入的直接加总，同时我们使用了来自结构化收入文件中的数据来产生新的个人收入。新的个人收入按照如下方式计算，家庭总收入减去所有成员的工资收入,然后除以家庭规模,再加上个人的工资收入,然后以 2009 年为基期进行通胀水平调整①。家庭收入,而非个体收入更能反映家庭作为一个整体的消费能力,所以应该平均到每个家庭成员身上;同时,一个成年人个人的收入水平也会影响他个人消费水平。所以经调整后的新个人收入会比仅使用原始数据的个人收入有更好的估计结果,也在一定程度上降低收入与 BMI 之间的内生性。

收入不平等:我们选取了两个指标,分别是社区的基尼系数和个人的相对剥夺指数。社区基尼系数具体计算方法如下:

$$G_i = \frac{2}{n_i^2 \bar{y}_i} \sum_{j=1}^{n_i} j(y_{ij} - \bar{y}_i)$$

其中,G_i 表示每个调查年度第 i 个社区的基尼系数;n_i 表示第 i 个社区的样本个数;y_{ij} 是(收入按升序排列后)第 i 个社区第 j 个体的收入水平;$\bar{y}_i$ 是第 i 个社区所有样本的平均收入。相对剥夺指数的衡量指标主要包括绝对收入相对剥夺指数 RDA,对数收入剥夺指数 RDL 和 RDA 与个人收入之比 RDI (Einbner 和 Evans,2005),本章考虑到和其他指标的匹配性,我们选择 RDL 作为表征相对剥夺程度的指标:

$$RDL_{ij} = \frac{1}{N_i} \Big(\sum_k (\log y_{ik} - \log y_{ij}) \Big), \forall \log y_{ik} > \log y_{ij}$$

其他解释变量:包括年龄、年龄的平方、获得的最高学历、性别和婚姻状况、家庭规模、年度、农村和省份指标,上述变量的统计描述见表 5-1。

表 5-1　　　　　　　　　主要变量统计性描述

变量名	赋值说明	均值	标准差	最小值	最大值
BMI(全样本)	kg/m²	22.56	3.156	13.07	43.37
BMI(男性)	kg/m²	22.43	3.037	13.97	38.73
BMI(女性)	kg/m²	22.67	3.258	13.07	43.37
BMI(城市)	kg/m²	23.04	3.313	13.07	40.34
BMI(农村)	kg/m²	22.36	3.069	13.46	43.37
个人月收入	千元	0.603	1.108	0	50.34
基尼系数	—	0.344	0.111	0.0750	0.817

---

① 关于 CHNS 中收入的调整原因,可以参见刘国恩等(2004)。

续表

变量名	赋值说明	均值	标准差	最小值	最大值
相对剥夺指数	—	0.479	0.674	0	8.647
受教育年限	小学=6，初中=9，高中=12，大学=16，研究生及以上=18	7.035	4.111	0	18
年龄	18—70	42.65	13.20	18	70
婚姻状况	虚拟变量：1，在婚状态；0，不在婚状态，包括未婚及其他	0.821	0.383	0	1
性别	虚拟变量：1，男性；0，女性	0.482	0.500	0	1
家庭规模	每户家庭的总人口数	4.052	1.498	1	14
城乡	虚拟变量：1，城市；0，乡村	0.288	0.453	0	1

第四节 实证结果与讨论

我们首先使用线性回归模型估计在平均水平上个人收入与社区收入不平等是如何影响 BMI 的。表 5-2 的第（1）—（2）列给出了用成人 BMI 作为因变量的 OLS 回归结果。结果显示了 BMI 与个人收入之间的倒"U"形关系（二次关系），以及 BMI 与收入不平等之间的"U"形关系。收入每增加 1000，BMI 指数增加约 0.4；大约在月收入 1.6 万元的时候，体重的收入效应开始显现，收入增加，体重开始下降。加入了基尼系数及其平方值，它们的系数也是显著的。基尼系数与其平方的系数分别为负和正。当社区基尼系数小于 0.28 时，社区不平等程度上升个体的 BMI 下降，在社区基尼系数大于 0.28 时，BMI 随不平等程度上升而上升。此结果显示，有较大收入差距的社区支持 BMI 和收入不平等关系的强影响力版本。考虑到基尼系数拐点比较小，说明大部分情况下社区收入不平等增加对体重的增加是有促进作用的。

从年龄的情况看，超重或肥胖的概率一开始随年龄的增加而上升，而在人们更年长时开始下降，这个转折点大约在 54.4 岁。受教育程度每提高一年，BMI 增加 0.076 个单位。总体上看，其他条件相同的情况下，按照 BMI 指数匡算，城市人口比农村人口胖 1.2，在婚人士比不在婚者要胖 0.31，女性比男性要胖 0.376，家庭人口每增加一名 BMI 会下降 0.124。此外，城市指标和受教育水平的交互影响是显著为负的，这显示了城市中教育程度比较高的人身材更苗条，这可能与他们能获得更好的健康知识和更注意锻炼有关。

在第（2）列，我们检验了收入不平等假说的弱影响力版本，也就是说，收入不平等的影响因为相对收入的不同而有所差别。同前一个回归一样，基尼系数对 BMI 有一个正的二次方效应。此外，基尼系数和 RDL 的交互项系数显著为正。这表明社区基尼系数越大和个人收入水平越低，在 BMI 方面受到的影响越明显。基于这一结果，收入不平等假说的弱影响力版本也得到验证。

利用同样的表达式在社区层面个人收入排序的 0.25、0.5 和 0.75 分位进行了分位数回归。（3）、（4）、（5）列分位数回归结果与 OLS 回归的基本结论是一致的，但是在教育、城乡、婚姻、性别以及教育×城市和家庭规模几个方面，BMI 值较大的群体的系数都要远高于 BMI 值中等和 BMI 偏小的群体。比较第（3）—（5）列我们可以发现，如果月收入增加 1000 元，BMI 位于全部样本 0.75 分位的个体 BMI 指数会提高 0.576，位于 0.5 分位的个体会提高 0.431，位于 0.25 分位的个体会提高 0.322。偏瘦者体重收入效应的拐点来得比较早，而偏胖者拐点来得较晚；同理，偏瘦者体重的年龄拐点也比偏胖者来得早一些。但是与收入效应和年龄效应极为不同的是不平等效应，不平等效应的一次项系数和拐点并不遵循 BMI 指数逐渐增大的规律，而是中等体型者的一次项系数绝对值大于偏胖者，同时偏轻者和偏重者的不平等效应拐点值接近，中等体型者的拐点要大于偏轻者和偏重者。直观的解释是基尼系数增大的不利影响对偏瘦和偏胖者要比对中等体型者更甚，并且持续的时间更长。

表 5 – 2　　　　　　　混合截面 OLS 回归和分位数回归结果

	(1)	(2)	(3)	(4)	(5)
收入	0.258*** (13.38)	0.401*** (19.28)	0.322*** (18.65)	0.431*** (14.21)	0.576*** (13.28)
收入平方	-0.008*** (-9.19)	-0.013** (-13.55)	-0.013*** (-7.01)	-0.014*** (-5.12)	-0.019*** (-5.83)
基尼系数	-0.689 (-1.27)	-1.150** (-2.13)	-1.374** (-2.41)	-1.688*** (-2.92)	-1.548* (-1.96)
基尼系数平方	2.748*** (3.95)	2.071*** (2.98)	2.274*** (3.13)	2.678*** (3.60)	2.595** (2.55)
GINI×RDL		1.019*** (17.81)	0.767*** (7.55)	1.017*** (12.14)	1.329*** (11.34)
年龄	0.220*** (32.03)	0.227*** (33.21)	0.202*** (36.90)	0.219*** (32.45)	0.250*** (35.15)
年龄平方/1000	-2.021** (-26.24)	-2.150*** (-27.88)	-2.070*** (-35.70)	-2.052*** (-27.27)	-2.229*** (-26.83)
教育	0.076*** (16.97)	0.068*** (15.34)	0.051*** (10.71)	0.069*** (15.29)	0.078*** (10.03)

续表

	(1)	(2)	(3)	(4)	(5)
城市	1.307*** (20.26)	1.208*** (18.71)	0.792*** (8.15)	1.337*** (14.19)	1.533*** (15.21)
婚姻	0.310*** (8.19)	0.319*** (8.44)	0.227*** (6.92)	0.268*** (8.95)	0.305*** (5.58)
性别	-0.376*** (-13.93)	-0.336*** (-12.42)	-0.128*** (-5.50)	-0.304*** (-12.32)	-0.532*** (-12.81)
教育×城市	-0.105*** (-14.78)	-0.099*** (-13.97)	-0.069*** (-6.98)	-0.107*** (-11.59)	-0.119*** (-12.78)
家庭规模	-0.124*** (-13.70)	-0.122*** (-13.49)	-0.104*** (-10.61)	-0.120*** (-13.69)	-0.137*** (-10.68)
常数项	16.741*** (95.69)	16.681*** (95.60)	15.679*** (83.57)	16.633*** (99.31)	17.622*** (99.66)
观测值	54513	54513	54513	54513	54513
R^2	0.0852	0.0905	(5)	(6)	(7)

注：*、** 和 *** 分别表示被估参数 t 统计值在 10%、5% 和 1% 水平显著。下同。

表 5-3 第（6）列显示的是按照国家标准三个临界值依次设定为 18.5、25 和 30 的区间回归结果，第（7）列显示的是按照亚洲标准三个临界值依次设定为 18.5、23 和 27 的区间回归结果，第（8）—（11）列依次显示的是按照亚洲标准三个临界值设定为 18.5、23 和 27 的分男、女、城、乡区间回归结果。区间回归结果进一步验证了前面的经验分析结论，收入和收入不平等对 BMI 的影响结果采用亚洲标准比采用国际标准更明显。分类回归结果表明，体重的收入效应，男性比女性明显，农村居民比城市居民明显；从收入水平上看，男性体重的倒"U"形拐点要远高于女性，城市居民要大于农村居民；从反映收入不平等的基尼系数看，社区的不平等对女性和城市居民有显著影响，但是对男性和农村居民的影响在统计上不显著。从年龄变量看，男性和农村居民体重开始下降的年龄也比女性早 1 年多，农村居民在 50 岁时体重下降而城市居民则要到 60 岁[①]。

表 5-3　　　　　　　　　混合截面区间回归结果

	(6)	(7)	(8)	(9)	(10)	(11)
收入	0.367*** (15.66)	0.382*** (17.68)	0.449*** (17.21)	0.201*** (5.12)	0.199*** (4.92)	0.472*** (18.27)
收入平方	-0.012*** (-11.40)	-0.012*** (-12.14)	-0.013*** (-12.46)	-0.008*** (-3.47)	-0.005*** (-2.74)	-0.014*** (-12.98)

---

① 由于此处采取的是区间回归处理，原始数据经过处理与 OLS 结果会略有差异。

续表

	（6）	（7）	（8）	（9）	（10）	（11）
基尼系数	-0.693 (-1.11)	-0.940* (-1.66)	0.556 (0.71)	-2.440*** (-3.02)	-1.801* (-1.84)	-0.274 (-0.39)
基尼系数平方	1.416* (1.78)	1.725** (2.38)	-0.294 (-0.29)	3.859*** (3.72)	2.921** (2.27)	0.873 (0.99)
GINI×RDL	1.034*** (15.98)	0.983*** (16.48)	0.838*** (9.40)	0.969*** (11.89)	0.526*** (5.60)	1.261*** (15.97)
年龄	0.211*** (26.78)	0.224*** (31.34)	0.183*** (17.49)	0.256*** (25.66)	0.224*** (15.86)	0.235*** (28.30)
年龄平方/1000	-2.031*** (-22.90)	-2.142*** (-26.60)	-1.764*** (-15.16)	-2.409*** (-21.42)	-1.866*** (-11.93)	-2.373*** (-25.26)
教育	0.066*** (12.85)	0.066*** (14.11)	0.132*** (18.66)	0.041*** (6.39)	-0.004 (-0.49)	0.054*** (11.28)
城市	1.179*** (16.05)	1.208*** (17.96)	1.467*** (13.20)	1.147*** (13.41)		
婚姻	0.323*** (7.43)	0.294*** (7.45)	0.483*** (7.40)	0.163*** (3.21)	0.433*** (5.72)	0.192*** (4.16)
性别	-0.274*** (-8.77)	-0.298*** (-10.54)			0.149*** (2.77)	-0.469*** (-14.22)
教育×城市	-0.100*** (-12.39)	-0.096*** (-13.01)	-0.101*** (-8.75)	-0.121*** (-12.12)		
家庭规模	-0.113*** (-10.90)	-0.122*** (-12.91)	-0.128*** (-9.73)	-0.116*** (-8.65)	-0.042** (-2.13)	-0.147*** (-13.79)
常数项	17.240*** (85.55)	16.786*** (92.07)	16.512*** (64.46)	16.611*** (63.93)	16.919*** (49.21)	16.941*** (79.06)
观测值	54513	54513	26282	28231	15723	38790

表5-4是利用LSDV法按照式（5-4）分别对总体样本、男性、女性、城市、农村个体层面数据的回归结果。从第（12）列我们可以看出，人口统计特征变量的回归结果与混合数据分析基本一致。值得注意的是和收入水平处于中间层居民相比，中上层和中下层群体的收入对BMI的影响没有显著差别，但是下层和上层则显著的为负值和正值，这一分析结果与分位数回归中所揭示的BMI与收入之间呈现非线性关系的结论是互相印证的。造成这种非线性的

原因可能有两点,一是低收入者满足基本温饱后需要在其他生活必需品上开支较多,二是低收入者多为体力劳动者,体重的劳动收入效应占主导地位,所以随着收入提高,BMI 的增加值较小。从第(12)列还可以看出,与基期1989年相比,20 年来 BMI 有了很快的增长,2009 年比1989 年高出 1.39 个单位。仔细分析这 20 年的 BMI 还可以发现,其中增长最快的是 20 世纪 90 年代,以年均约 0.1 单位的速度增长,而 21 世纪的头一个 10 年,BMI 的增速则降至年均约 0.43 单位。

从第(13)和第(14)列不难发现,与中间层相比,不同阶层的体重收入效应在男性群体中是显著的,在女性群体中,除了下层以外,其他几个阶层则没有显著差别。从两性分阶层的对比数据中我们可以作出两个推测,其一是样本中下层 20% 的家庭仍然处于恩格尔系数较高的状况,属于为温饱奔忙的群体。其二,上层男性比女性体重的收入效应显著的主要原因除了性别因素外,应该是进餐方式所致,因为应酬宴请等饭局活动在高收入男性的就餐中占有很高比例。从年份虚拟变量的比对中我们也可以发现,在这 20 年中,男性 BMI 的增速远高于女性。

从表 5-4 第(15)和第(16)列我们可以看出,不论对下层还是上层,农村的体重收入效应比城市表现得要剧烈。从时间维度上看,城市的 BMI 增速先迅速上升,到 2000 年左右开始趋于平稳,而农村的 BMI 增速开始停滞,然后开始快速增加,目前仍未趋于平稳,这意味着农村地区的肥胖问题更应该引起警觉。

表 5-4　　　　　　　虚拟变量最小二乘(LSDV)估计结果

	(12)	(13)	(14)	(15)	(16)
收入下层	-0.264*** (-5.06)	-0.333*** (-4.31)	-0.254*** (-3.59)	-0.234** (-2.16)	-0.313*** (-5.18)
收入中下层	-0.016 (-0.39)	-0.023 (-0.39)	-0.035 (-0.60)	0.020 (0.24)	-0.048 (-1.00)
收入中上层	0.063 (1.54)	0.131** (2.34)	-0.022 (-0.37)	-0.018 (-0.23)	0.090* (1.90)
收入上层	0.299*** (7.29)	0.396*** (7.34)	0.067 (1.08)	0.234*** (2.96)	0.306*** (6.40)
基尼系数	-5.606*** (-9.99)	-4.510*** (-5.91)	-6.528*** (-8.07)	-6.729*** (-6.75)	-5.342*** (-7.83)

续表

	(12)	(13)	(14)	(15)	(16)
基尼系数平方	6.768***	4.907***	8.414***	8.357***	6.281***
	(9.59)	(5.11)	(8.26)	(6.54)	(7.40)
GINI × RDL	0.353***	0.302***	0.384***	0.188***	0.472***
	(12.08)	(6.80)	(9.90)	(4.01)	(11.79)
年龄	0.209***	0.170***	0.239***	0.203***	0.222***
	(30.54)	(17.25)	(24.62)	(14.82)	(28.22)
年龄平方/1000	-2.076***	-1.728***	-2.313***	-1.699***	-2.355***
	(-27.01)	(-15.74)	(-21.28)	(-11.24)	(-26.47)
教育	0.041***	0.102***	0.019***	-0.033***	0.028***
	(9.16)	(15.15)	(3.09)	(-4.43)	(5.94)
城市	1.404***	1.589***	1.349***		
	(21.69)	(15.15)	(16.15)		
婚姻	0.441***	0.596***	0.320***	0.570***	0.337***
	(11.57)	(9.63)	(6.12)	(7.79)	(7.58)
性别	-0.288***			0.139***	-0.448***
	(-10.65)			(2.67)	(-14.26)
教育 × 城市	-0.106***	-0.100***	-0.137***		
	(-15.06)	(-9.24)	(-14.25)		
家庭规模	-0.098***	-0.092***	-0.100***	0.016	-0.136***
	(-10.88)	(-7.46)	(-7.68)	(0.83)	(-13.34)
1991 年	0.009	0.106	-0.090	0.258**	-0.123*
	(0.15)	(1.34)	(-1.09)	(2.39)	(-1.82)
1993 年	0.167***	0.321***	0.003	0.362***	0.066
	(2.83)	(3.98)	(0.03)	(3.19)	(0.97)
1997 年	0.570***	0.767***	0.360***	1.069***	0.382***
	(9.53)	(9.40)	(4.18)	(9.02)	(5.56)
2000 年	0.963***	1.150***	0.744***	1.305***	0.841***
	(15.74)	(13.82)	(8.39)	(10.60)	(12.03)
2004 年	1.129***	1.409***	0.832***	1.281***	1.106***
	(18.43)	(16.82)	(9.42)	(10.45)	(15.73)
2006 年	1.180***	1.521***	0.814***	1.182***	1.208***
	(18.91)	(17.83)	(9.05)	(9.52)	(16.86)

续表

	(12)	(13)	(14)	(15)	(16)
2009 年	1.391***	1.644***	1.039***	1.293***	1.449***
	(21.97)	(19.42)	(10.92)	(10.24)	(19.91)
常数	17.651***	17.287***	17.546***	17.649***	18.047***
	(96.68)	(68.60)	(66.46)	(50.50)	(84.32)
观测值	54513	26282	28231	15723	38790
R^2	0.1045	0.1293	0.1021	0.1201	0.0979

表 5-5 第（17）列所示的固定效应回归结果与前面分析的基本结论是一致的，比如收入与"BMI"的倒"U"形关系和基尼系数与 BMI 的"U"形关系，各控制变量的系数也是吻合的。但是在固定效应回归中还是可以有一些新发现。比如我们从第（18）—（21）列可以发现，收入的倒"U"形特征主要体现在男性和农村人口身上，而女性和城市居民则无论统计意义还是经济意义都不显著。而教育对肥胖的影响城乡是有差别的，对于城市人口，受教育程度越高越可能保持苗条身材，对农村人口这点刚好相反。但是不论城乡，教育对男性的影响程度都要高于女性。此外，我们还可以从固定效应分析中考察婚姻生活对 BMI 的影响。同等条件下，目前在婚人士比不在婚人士都要胖一些，说明家庭生活更规律和安逸。具体而言，从婚姻对增胖的效果看，城市男性 > 城市女性 > 农村男性 > 农村女性。

表 5-5 固定效应回归结果

	(17)	(18)	(19)	(20)	(21)
收入	0.237***	0.353***	0.481***	0.032 (0.41)	0.488***
	(10.92)	(7.11)	(8.07)		(10.71)
收入平方	-0.008***	-0.010***	-0.001	-0.002	-0.011***
	(-7.93)	(-9.38)	(-0.33)	(-1.03)	(-9.68)
基尼系数	-5.445***	-4.470***	-6.403***	-6.460***	-5.356***
	(-9.69)	(-5.84)	(-7.89)	(-6.47)	(-7.80)
基尼系数平方	6.601***	4.730***	8.160***	8.132***	6.159***
	(9.31)	(4.90)	(7.96)	(6.32)	(7.19)
GINI × RDL	0.281***	0.206***	0.306***	0.101***	0.418***
	(12.58)	(6.20)	(9.95)	(2.85)	(13.95)
年龄	0.207***	0.169***	0.241***	0.199***	0.227***
	(30.25)	(17.18)	(24.80)	(14.66)	(28.72)

续表

	(17)	(18)	(19)	(20)	(21)
年龄平方/1000	-2.051***	-1.692***	-2.295***	-1.655***	-2.393***
	(-26.69)	(-15.41)	(-21.10)	(-11.04)	(-26.90)
教育	0.040***	0.105***	0.047***	-0.030***	0.019***
	(8.88)	(14.79)	(6.96)	(-3.80)	(3.81)
城市	1.414***	1.631***	1.386***		
	(21.88)	(15.58)	(16.63)		
婚姻	0.440***	0.561***	0.308***	0.604***	0.258***
	(11.55)	(9.09)	(5.88)	(8.31)	(5.82)
性别	-0.279***				
	(-10.35)				
教育×城市	-0.096***				
	(-10.68)				
家庭规模	-0.107***	-0.102***	-0.134***		
	(-15.27)	(-9.40)	(-13.93)		
常数项	18.295***	17.711***	17.252***	18.607***	17.807***
	(99.77)	(71.48)	(66.60)	(53.65)	(84.79)
观测值	54513	26282	28231	15723	38790
R^2	0.0644	0.0739	0.0730	0.0839	0.0416
年份数	8	8	8	8	8

CHNS 调查涉及全国9个省份的不同城市和农村，区域间差异比较大，因此有必要进一步检验控制区域变量后模型的稳健性和解释能力。由于 CHNS 没有公布调查的具体地点，所以我们采用两组指标表征区域变量。一组是社区的城镇化指数，该指数由 CHNS 根据社区各项指标综合得出，其中包括社区人口密度、人口多元化程度、通信水平、交通状况、公共卫生供给水平、社会服务水平、经济水平和市场化程度等指标。另一组是各省份的人均收入水平和恩格尔系数，所在省份收入水平城市居民使用可支配收入，农村居民使用纯收入，并按照2009年价格水平调整；恩格尔系数按照城乡变量分别采用对应的系数。省份数据来自各省历年统计年鉴。

从表5-6第（22）—（24）列所示回归结果看，无论是数值和系数符号方向都与面板数据回归结果非常接近，说明本章估计的模型和参数是比较稳健的。从表5-6新增加的控制变量看，不考虑省级差异，社区城镇化水平提高一个单位，BMI 会提高1.9%；控制省份因素后，社区城镇化水平提高一个单位，BMI 提高1%。此外，我们还可以发现，在控制个体收入、个人特征因素以及恩格尔系数后,省级人均收入水平与BMI之间没有显著关系,但是恩格尔系数每降低一个百分点,BMI将会提高7.8%。这说明BMI与省份名义收入关系很小,但是与实际购买力和消费支出结构有很大关系。

表 5-6　　　　　　　控制社区和省份变量的OLS回归结果

	(22)	(23)	(24)
收入	0.295*** (13.80)	0.152*** (7.10)	0.129*** (5.98)
收入平方	-0.009*** (-9.83)	-0.005*** (-4.89)	-0.004*** (-4.06)
基尼系数	-1.943*** (-3.59)	-4.644*** (-8.67)	-4.905*** (-9.15)
基尼系数平方	2.996*** (4.32)	5.084*** (7.44)	5.359*** (7.84)
GINI×RDL	0.767*** (13.15)	0.493*** (8.54)	0.430*** (7.40)
年龄	0.222*** (32.47)	0.202*** (29.91)	0.200*** (29.71)
年龄平方/1000	-2.142*** (-27.88)	-1.992*** (-26.32)	-1.991*** (-26.33)
教育	0.040*** (8.66)	0.035*** (7.77)	0.025*** (5.35)
城市	0.791*** (11.70)	1.497*** (23.53)	1.263*** (18.52)
婚姻	0.357*** (9.47)	0.416*** (11.20)	0.423*** (11.40)
性别	-0.285*** (-10.54)	-0.258*** (-9.72)	-0.242*** (-9.10)
教育×城市	-0.095*** (-13.47)	-0.113*** (-16.33)	-0.110*** (-15.89)
家庭规模	-0.108*** (-12.04)	-0.045*** (-5.00)	-0.043*** (-4.84)
社区城镇化系数	0.019*** (20.12)		0.010*** (9.51)
省级人均收入		0.000*** (6.29)	0.000 (1.15)
省级恩格尔系数		-0.078*** (-41.35)	-0.077*** (-41.10)
常数项	16.321*** (93.40)	21.647*** (103.80)	21.415*** (102.07)
观测值	54513	54513	54513
R^2	0.0972	0.1261	0.1275

第五节
结论与研究探讨

本章中,我们采用CHNS 1989—2009年的微观数据验证理论研究和经验分析中所提出的个人收入、社区水平收入差距和成人BMI之间的关系。通过运用横截面数据和面板数据，我们发现了一些支撑性证据。

总体而言，中国居民 BMI 和收入之间呈现倒"U"形关系，月收入每增加1000 元，BMI 增加 0.258 个单位；体重收入效应拐点出现在月收入 1.6 万元附近，在此之前，收入增加体重增加，在此之后，收入增加体重降低。BMI 和基尼系数之间存在正"U"形关系，体重的不平等效应拐点在基尼系数 0.28 左右，基尼系数低于 0.28 的社区，不平等程度提高时，体重区域下降，但是当社区基尼系数超过 0.28 时，不平等程度继续提高，由于社会压力会使个体体重增加。体重的收入不平等效应对社区所有人都有不利影响，相对收入越低者受到这种负面影响越严重。中国居民体重在 54—55 岁开始下降，教育程度高、城市户口、在婚人士和女性这些特征变量对体重有正向影响，家庭人口增加则体重会相应减轻。此外，在过去的 20 年中，随着中国快速城镇化进程，中国居民的 BMI 迅速增加，20 世纪 90 年代 BMI 年均增速为 0.1 单位，21 世纪前10 年则降至每年 0.043 个单位。但是结合目前中国人均收入水平看，BMI 仍处于快速上升通道，不可放松警惕。

从收入分层、体重分布、性别、城乡和区域等角度进一步比较，我们还发现：(1) 对于收入水平下层的 20% 群体而言，多数处于刚解决温饱状态，收入的增加会转向其他生活必需品的消费；对于收入水平处于上层的 20%，BMI 超标在男性身上体现得最明显，其饮食方式可能是主要因素之一。相应的，不平等增加对 BMI 的影响可能主要体现在两个方面，对于处于温饱线水平，恩格尔系数较高的群体，不平等增加可能导致收入下降食品开支减少，从而降低下层的 BMI 值；对于恩格尔系数相对较低，食品开支和其他生活必需品开支已经得到满足的群体而言，不平等增加主要体现在压力增大、进食增加引发的超重。(2) 从收入和收入不平等的影响效果看，男性或农村人口受到的影响更大，女性或城市人口受到的影响相对不显著，对该现象的可能解释是社会角色所面临的压力，一般而言男性面临更大的社会压力，农村人口由于处于低流动熟人社会，社会压力也相当较大。(3) 城市的 BMI 增速已经趋于平稳，农村 BMI 增速仍处于快速上升期，从 BMI 收入拐点看，目前仍是整体 BMI 快速上升时期。(4) BMI 与城镇化水平有正向关系，社区城镇化水平提高一个单位，BMI 提高 1%；此外 BMI 与实际购买力和消费支出结构有很大关系，但是与地区名义收入关系较小。

快速城镇化时期的收入不平等与肥胖的经验研究揭示，肥胖及其诱发的各类疾病在未来一段时期，在弱势群体中可能有较快的增长。中国在面临"未富先老"带来的社会养老压力的同时,可能还要面对这种快速发展的"未富先胖"带来的公共卫生体系的压力。多重压力的叠加会给社会保障体系和公共财政体系带来极大的冲击,需要引起公共政策制定者的高度警惕。

此外,由于快速城镇化时期的转型特征,肥胖及相关疾病又与复杂的社会现象交织在一起,从本章的研究中还可以得到的启示是,在构建公共卫生体系的同时,调整收入分配、降低家庭恩格尔系数、缓解社区层面的心理压力等社会手段也会对缓解冲击、提高公共卫生政策效力有所裨益。

第六章
财政分权与土地价格扭曲

第一节 地价扭曲的典型事实

房地产价格高企一直是中国经济社会发展中的重要问题,其中土地价格的暴涨被认为是推高房价的主要因素(高波、毛丰付,2003;况伟大,2005;王跃龙,2011)。根据中房网的统计,2003—2012年,住宅用地的楼面价大约占住房价格的1/3,全国住宅均价在此期间涨幅145%,而全国主要城市居住地价涨幅332%,以此推算,房价上涨的2/3左右要归于地价上涨[①]。在同一时期,虽然住宅和商业用地价格一路上涨,工业用地价格却一直保持非常平稳的态势,这一点却很少引发关注。事实上,很多地区与住宅和商业用地价格大幅上涨形成鲜明对比的是,工业用地的价格一路走低,甚至出现零工业地价和负工业地价的现象。一个典型的例子是2012年三星公司落户西安,除了土地和建筑无偿提供外,还包括基础设施、生活设施的配套和项目运行的补贴[②]。即使是土地资源十分匮乏的浙江,平均征地和基础设施配套的土地开发成本约为10万元/亩,而工业用地的平均出让价格则仅为8.6万元/亩,全省大约有1/4的开发区土地出让价格不到成本价的一半(黄小虎,2007)。从全国情况看,商业和住宅用地与工业用地的价格比在2003年分别为3.95和2.27,至2010年这两个比值上升至8.24和6.75(如图6-1所示),这种土地价格走势的大

---

① 中房网.《中国房地产十年系列回顾》,http://www.fangchan.com/zt/tk10.html。
② 张延龙、杜远."西安2000亿财政补贴三星项目遭质疑",《经济观察报》,2012年4月14日。

幅背离如何解释？

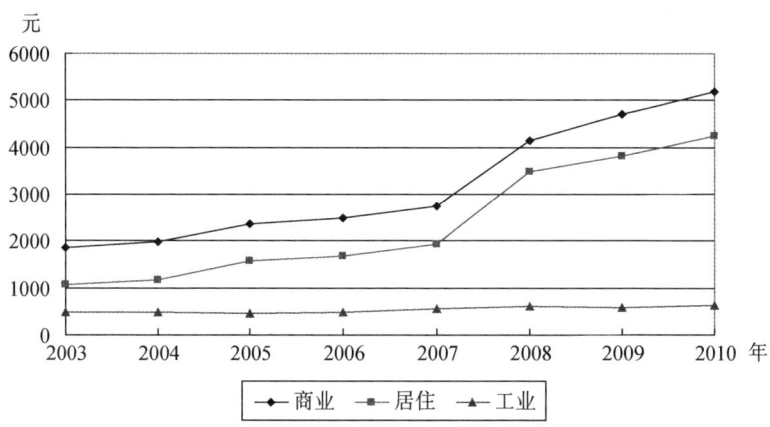

图 6-1 全国 105 个城市总体商业、住宅、工业用地价格历年变化趋势

21世纪前十年，土地出让金占地方财政收入的比重一直在五成左右（2010年更是高达76.6%），所以主流意见基本认同"土地财政"是高房价和高地价的主要影响因素①。多数研究也证实，纵向分权后地方政府追求预算外财政收入极大化的"土地财政"，是地价持续高涨的主要推动力（陶然等，2009；张青、胡凯，2009；周飞舟，2010；刘尚希、马静，2010）。但是用"土地财政"抬高地价的逻辑或者土地收益折现等原因都只能解释土地价格上涨，却不足以解释这一地价扭曲现象。有部分学者将商住用地与工业用地的不同表现归结于不同的土地出让政策，即地方政府对绝大多数的工业用地采取"一对一"的协议方式出让，而对于商住用地则采取竞争性更强的"招拍挂"方式出让（陶然等，2009）。这样的分析固然有其合理性，但经过比较可以发现，即使在2007年全面实施工业用地"招拍挂"出让制度之后，商住用地价格对于工业用地价格的过度偏离这一现象并没有得到缓解。

本章认为，土地价格扭曲是由于地方政府为实现财政增收和经济增长双重目标，在土地制度约束下面临纵向分权和横向竞争综合作用所造成的后果。1994年的分税制改革扭转了财政包干体制造成的过度分权，协调中央与地方政府财政收支的关系以缓解"两个比重"不断下降的问题。但是以财政收入集权为特征的分税制改革，在保持地方政府财政支出责任划分不变的情况下显

---

① 李佳鹏等．"'土地财政'是高房价最大祸首"，《经济参考报》，2009年3月13日。

著向上集中了财政收入，结果是地方实际支出责任显著增加（周飞舟，2006）。巨大的收支缺口促使地方政府不得不千方百计地增加本地财源，他们总是规避对自己不利的政策，而趋向对自己总财政收入增长有利的方面（吴群、李永乐，2010）。当2002年开始的所得税分享改革将企业所得税和个人所得税由地方税变为中央—地方共享税种后①，地方独享的营业税则成为带动地方财政收入增长的最主要力量。在预算内收入的重心逐步转向地方独享税的同时，预算外收入的重心则以土地出让收入为主（土地出让亦可以带来部分预算内的直接税收②），土地出让金逐渐演变为地方政府最重要的预算外收入（曹广忠等，2007；孔善广，2007）。

地方政府官员作为政治的参与人，最关心的并非是财政收入，行政晋升和仕途是他们更关注的目标（周黎安，2007）。地方GDP实际上是我国目前政治晋升制度中最重要的一项考核指标，与地官员的升迁密切相关（Li和Zhou，2005；徐现祥等，2007；王卫国、温一冰，2013）。以相邻或具有相近禀赋地区③的GDP发展状况和上缴财政收入作为主要衡量标准的官员晋升锦标赛规则，决定了地方官运必须追求经济绩效以求在竞争中获胜。同时，由于官员晋升设有最高年龄限制并且对官员的考察仅限在一个较短的任期内④，在这样的双重时限压力之下，那些短期内能够立竿见影的投资项目总是备受地方官员们的青睐。流动性强、外溢效应明显和形象出众的外商直接投资（FDI）是地方政府最青睐的项目（沈坤荣、耿强，2001；江小涓、李蕊，2002；姚树洁等，2006）。招商引资的成效往往与地方政府所提供的优惠政策密切相关，地方政府对于外商投资的竞争通常集中在税收优惠、改善基础设施和政策制度优化等手段，然而，由于在我国中央政府所设置的各种限制和制度制约，以及地方政府间相互模仿致使政策趋同从而引起效果下降最终落入"政策陷阱"（殷华方、鲁明泓，2004）的情况下，以财政手段争取外商投资的空间十分有限，于是一级市场垄断的土地成了地方政府争夺外资的关键性工具（Oman，2000）。这样的"土地引资"迫使地方政府为在竞争中获胜而不惜开出优惠再优惠的

---

① 中央50%，地方50%，2003年进一步改为中央60%，地方40%。
② 土地直接税收主要包括城镇土地使用税、土地增值税、耕地占用税和契税，土地直接税收通常占土地出让金的比重较小。
③ 将发达地区和落后地区分为不同的组别竞争，可以降低噪音对经济增长绩效的影响，避免相对落后地区因此而自暴自弃。
④ 省级官员的平均任期仅为3.18年（陶然等，2010），市级官员的平均任期更是只有2.58年（刘佳等，2012）。

地价出让政策，从而，一低再低甚至是"零地价"的工业用地出让价格成了各地对外商投资竞争的主要让利手段（周业安、冯兴元，2003）。

综上所述，分税制下纵向分权的财政收支压力迫使地方政府通过抬高土地出让价格以攫取预算外的土地出让收入；以地方经济发展为主要政绩考量指标的政治晋升制度带来的横向竞争压力又激励了地方政府依靠低价出让工业用地以换取更多的外商投资机会。然而，仅就以上两点并不足以完全解释目前两者之间出让价格上的天壤之别，当期土地出让面积的既定约束是造成地价扭曲的另一重要因素。在城市土地出让结构中，工业用地的比重在1/2左右，住宅和商业用地只占1/3和1/6。在土地供给计划控制相当严格的城市土地市场，商住用地和工业用地之间存在极强的相互关系，工业用地除了在用地指标上与商住用地存在相互替代的关系外，工业用地价格变动也会影响土地市场的资源配置，进而影响商住用地的供给和价格，反之亦然。一般而言，工业用地的对象是具有很强议价能力的、在全国甚至世界范围内流动的投资商，工业用地是典型的"全国性买方市场"；商住用地，特别是住宅用地的最终需求群体是分散化的本地购房者，商住用地是被地方政府垄断的"区域性卖方市场"。工业用地的需求弹性和商住用地的需求刚性，为地方政府可以灵活选择要价方式提供了可能。地方政府将因晋升竞赛而大量低价出让的工业用地所带来的财政收入压力转嫁到了商住用地市场，以求高价出让商住用地来弥补工业用地出让的机会成本，于是加剧了不同类型用地的出让价格的偏离。

因此商住用地的价格上涨和工业用地价格的走低各是土地市场的一个侧面。地方政府作为土地一级市场的买方垄断者和土地二级市场的卖方垄断者，通过设立"土地储备中心"和限制出让数量等一系列措施来调节和控制土地出让规模，制造土地"非饱和"的供应状态，在土地出让总量受到限制的情况下优先满足工业用地的需要，很大程度上挤占了商业和住宅用地的出让空间，使相对稀缺的商住用地的价格被再一次抬高。就我国2008年国有土地供应出让结构来看，工矿仓储用地的出让面积达到了总出让面积的52.10%，而所得的土地出让收入仅占总出让收入的16.98%；反观商业用地和住宅用地，分别只占总出让面积的13.15%和31.05%，但其却创造了高达23.55%和57.62%的土地出让收入，商业用地和住宅用地的土地交易价格分别达到工业用地的6.83和5.73倍。此外，招商引资所带来的溢出效应带动了第三产业发展的同时，增加了对商业用地和住宅用地的需求，也在一定程度上加大了商住用地与工业用地价格上的偏离。土地出让不仅可以给地方政府带来可观的财政收入,还可以推动当地房地产业和建筑业的发展,为当地 GDP 的增长提供基础和保障。地方官员为了扩大自己在竞赛中的优势,又会进一步将高额的土地出让收入用于城市发展、基础设施建设以及其他公共产品和服务,拉动 GDP 的增长,而增加对基础设施的建设和公共物品的投入又会反作用于外商投资的竞争,为当地政府在招商引资的比拼中增加筹码。由此,就形成了一个政府竞争与土地价格之间相互循环作用的体系,不断地推动商住用地价格和工业用地价格向两极反向发展,最终造成了目前商住用地与工业用地价格之间的扭曲现象,其基本原理如图 6-2 所示。

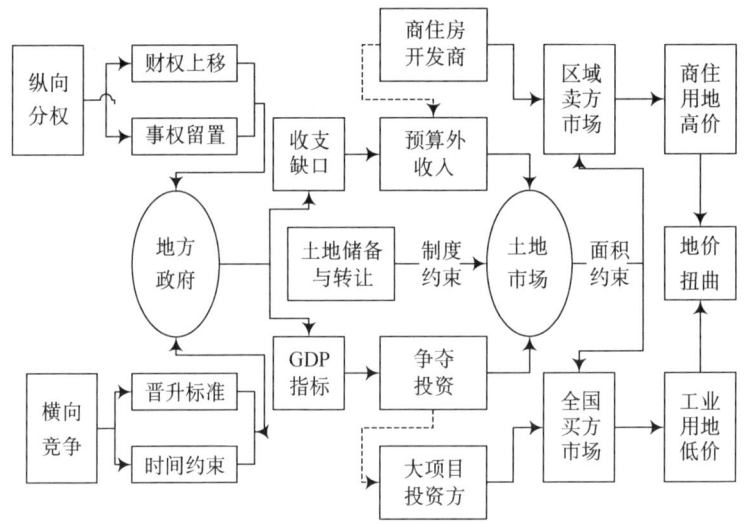

图 6-2 财政分权、晋升激励与土地价格扭曲的基本逻辑框架

已经有不少文献对土地价格、"土地财政"、政治晋升和经济发展等问题进行讨论,产生了许多富有启发的成果(陶然等,2007;曹广忠等,2007;陶然等,2009;郑思齐、师展,2011;刘佳等,2012;黄少安,2012)。不过目前的相关研究的焦点还是放在住宅用地和"土地财政"方面,对土地市场的刚性约束和结构性问题讨论不多①,因此不仅对于地方政府以地生财的作用机理存在深入探讨的空间,对于财政分权和晋升竞争对地价的影响也存在进一步研究的必要。本章拟从商住用地和工业用地相对价格角度入手,通过 2007—2010 年中国 35 个主要大中城市的面板数据(Panel Data),着力研究财政分权和以 GDP 为导向的晋升激励体制在土地供给约束下对不同地区土地价格扭曲现象

---

① 郑思齐、师展(2011)的研究是少见的例外。不过他们的研究被解释变量仍然是居住用地。

的影响程度，借以厘清不同类型土地与纵向分权和横向竞争的交错作用机理。

第二节 模型、变量与数据

一、模型设定

根据以上的分析和讨论，结合已有的文献研究，本章建立如下计量分析模型：

$$LPD_{it} = \alpha_0 + \alpha_1 FD_{it} + \alpha_2 COM_{it} + \alpha_3 FDX_{it} \times COM_{it} + \alpha_4 AR_{it} + \rho M + \eta D + \varepsilon_{it}$$

(6-1)

模型主要考察横向财政分权和纵向晋升竞争对土地价格扭曲的影响程度，其中被解释变量 LPD 表示土地价格扭曲程度；FD 是纵向财政分权指标；COM 是横向晋升竞争指标。为考察这两者对于土地价格扭曲究竟存在怎样的交互作用，我们在模型中引入 COM 与 FD 哑变量的交互项：FDX × COM①，AR 是土地出让面积；M 是控制变量；D 是特定年份虚拟变量。

式中下标 i 和 t 分别代表第 i 个城市和第 t 年；α_0 表示常数项；α_1、α_2、α_3、α_4 是系数；ρ、η 为系数矩阵；ε 是残差项。

二、变量选取和说明

（一）土地价格扭曲程度 LPD（包括 LPDH 和 LPDC）

土地价格扭曲程度作为被解释变量由住宅用地价格/工业用地价格（LP-

---

① 经过检验，由于 COM 与 FD × COM 之间的相关系数过高，如果直接使用 FD × COM 作为交互项，将产生严重的多重共线性问题，降低最后结果的可信性。因此，我们参照罗长远（2005）的做法，引入 FD 的哑变量 FDX，交互项为 FDX × COM。具体处理方法为：计算各地 FD 在考察期内的算术平均值，将每一期的 FD 与其算术平均值进行比较，如果当期的 FD 大于算术平均值，则 FD 的哑变量 FDX = 1，否则 FDX = 0。这一方法很好地避免了多重共线性问题，有效地降低了变量之间的相关系数。

DH）和商业用地价格/工业用地价格（LPDC）组成。我们认为选取住宅用地和商业用地对工业用地的价格比最能直观地反映地方政府在分税制改革和招商引资竞争的情况下商住用地价格对工业用地价格的扭曲偏离程度，根据这一指标，我们可以看到地方政府通过抬高商住用地价格来弥补低工业用地出让价格的依赖程度。与一些研究相比，选择使用同期的价格比值指标，回避了需要土地交易价格指数来进行平减带来的相关问题。

（二）财政分权指标FD

财政分权指标作为我们主要关心的解释变量之一，目前在学界的争论仍很大。对于财政分权指标的设立主要分为两种，一种是使用下级政府的财政收支份额来刻画财政分权程度，例如Zhang和Zou（1998）等采用了省级政府一般预算支出占政府财政总支出的比率来反映财政分权程度；另一种是使用省级政府在本省预算收入中的边际分成率即采用省级政府在预算收入中自有收入的边际或平均增量来衡量财政分权指标，Ma（1997）、Lin和liu（2000）等人均采用了这一方法。正如Martinez - Vazquez和McNab（2003）所指出的，财政分权是一个多纬度的问题，对财政分权定义的不同理解和偏重使得分权指标的选择十分困难，单一的指标往往很难度量分权程度。张晏、龚六堂（2005）对财政分权指标有着较为全面详尽的研究，本章在其研究的基础上，考虑到"财权上收，事权留置"对于地方政府财政缺口的影响，选择使用同时包含预算内本级政府财政收入与支出的分权指标，考察分税制改革对地方政府财政收支的影响，并进行了人均化处理以消除政府支出规模与人口数量之间可能存在的正向关系，即FD =（各地预算内人均财政支出/中央预算内人均财政支出）/（各地预算内人均财政收入/中央预算内人均财政收入）。

（三）晋升竞争指标COM

目前我国地方政府之间的晋升竞争实际上就是对区外流动资本的争夺，而对于地方政府竞争指标的选择同样存在着较大争议。张军等（2007）选用了各省人均实际吸收的FDI作为度量地方竞争力度的代理变量。王文剑等（2007）和林江等（2011）则是通过引入FDI占地区当年现值GDP总量的比重刻画地方政府参与晋升竞争的力度。以往一些文献中也有通过协议出让量在土地出让总量中所占比重来表示地方政府招商引资力度的做法，但随着2007年后工业用地"招拍挂"出让方式的全面实施而无法真实反映地方政府在土地出让中工业用地出让的比重①。本章选择各城市实际人均利用 FDI 作为地方政府竞争的代理变量。之所以选择这个指标是因为我们考虑到目前地方政府间竞争的目标主要集中在 FDI 上，而采用人均的形式更能反映出一个地方在招商引资的晋升竞赛中的真实优劣程度。

(四) 土地出让面积 AR

地方政府作为土地二级市场的卖方垄断者，是土地使用权的实际供给方，拥有控制和限制土地出让数量的权利。而地方政府官员最关心的是自身的仕途，因此，地方政府往往会优先满足工业用地的需求，通过地价让利吸引外商投资来发展地方经济，以使自己在晋升竞赛中占得优势。另外，本就被工业用地挤占了出让空间的商住用地在"招拍挂"的出让方式和地方政府设立的"土地储备中心"的控制调节下，出让价格被进一步抬高。因而，我们可以预见，土地出让面积越小的地区，商住用地被挤占的程度就越大，从而土地价格扭曲的现象也就越严重。本章选择使用历年《中国国土资源年鉴》中各地国有建设用地出让面积来反映这一指标。

(五) 其他控制变量

M 包含了一系列我们在实证分析中需要控制的其他变量，具体包括：

经济发展指标 GRW：我们选择使用各地实际 GDP 增长率来代表地方经济发展水平。一般而言，当一个地区的经济增长率开始下降时，就意味着当地官员正处于晋升竞争中的不利位置。因而，为了增加在晋升竞赛中的筹码，地方政府往往愿意为吸引外商投资提供更多的优惠条件，包括不惜开出远低于成本的土地价格甚至是"零地价"以求通过 FDI 在较短时间内获得地区经济的显著增长，由此带来的财政压力最终会落到商业和住宅用地的价格上，从而拉大了商住用地价格与工业用地价格之间的差距。

城市人口密度 PR：一般认为，城市居民对生活住房和商业用房的需求与城市的人口密度相关，城市人口密度越大的地区，对商住用房的需求也越大，反映到土地上来，就是对商住用地的需求越大，因而在土地供给不变的情况下，需求的上升会推高商业用地和住宅用地的价格，加剧地区土地价格扭曲的程度。我

---

① 2006 年 9 月 5 日，《国务院关于加强土地调控有关问题的通知》（国发 31 号）正式下发，明确要求建立工业用地出让最低价标准统一公布制度，并规定 2007 年 1 月 1 日起工业用地必须采用招标拍卖挂牌方式出让，其底价和成交价不得低于公布的所在地土地级别最低价标准。

们采用城市年末人口总数与城市行政区域土地面积之比来度量城市人口密度。

城市规模指标 CS：随着城市的发展，土地价格会逐步增值，与此同时，城市规模的扩张会产生聚集效应，导致对生活型消费用房和商业用房的需求相应增加，这些需求最终都会落实到土地上，从而拉高了商业和住宅用地的价格。本章参照王小鲁（2010）的度量方法，使用各地市辖区年末总人口来衡量城市规模这一指标。

年度虚拟变量 D：我们通过引入年份虚拟变量 Dum09，用于控制"四万亿计划"带来过量货币供给导致的土地价格上涨等通胀现象的负面影响，Dum09 在当年取值为 1，其他年份取值为 0。

三、数据说明

本章采用 2004—2010 年全国 35 个主要大中城市[①]的面板数据进行经验研究（见表 6-1），样本选取始于 2004 年主要是考虑到 2004 年"8.31 大限"后我国开始全面实施经营性土地"招拍挂"出让管理制度，减少不同土地出让政策对本研究的干扰[②]。土地价格扭曲数据来源于《中国城市地价状况》，土地出让面积数据来源于《中国国土资源年鉴》，所用财政数据和其他社会、经济发展数据来源于《中国财政年鉴》和《中国城市统计年鉴》，包括 2004—2010 年全国各地级市财政收支、经济增长以及地区基本情况的相应指标，2009—2010 年部分人口数据来自各地 2010—2011 统计年鉴有关各期。

表 6-1　主要变量的描述性统计及预期符号

变量缩写	变量中文名及单位	观测值	均值	标准差	最小值	最大值	预期符号
LPDH	住宅/工业地价扭曲	245	5.034	5.435	1.121	47.261	
LPDC	商业/工业地价扭曲	245	7.113	6.628	1.789	51.896	
FD	财政分权指标	245	3.129	0.951	1.530	8.384	+

---

① 35 个城市具体包括除拉萨外的 25 个省会城市，1 个自治区首府城市，4 个直辖市和 5 个单列的经济发达沿海开放城市。本章之所以没有考察拉萨，是由于在统计年鉴中仅报告了拉萨 2007—2009 年的数据，我们无法对剩余年份的数据作出一个较为合理的估计，故没有将其列入其中。

② "8.31 大限"即 2004 年 3 月，国土资源部、监察部联合下发的《关于继续开展经营性土地使用权招标拍卖挂牌出让情况执法监察工作的通知》，要求从 2004 年 8 月 31 日起，所有经营性的土地一律都要公开竞价出让。

续表

变量缩写	变量中文名及单位	观测值	均值	标准差	最小值	最大值	预期符号
COM	晋升竞争指标（千美元/人）	245	299.195	354.317	0.000	2187.525	+
AR	土地出让面积（平方千米）	245	17.567	13.888	0.589	76.801	-
GRW	经济发展指标（%）	245	14.054	2.542	2.600	28.600	-
PR	城市人口密度（人/平方千米）	245	625.797	384.561	123.950	2227.630	+
CS	城市规模（万人）	245	396.074	321.008	75.820	1542.770	+

第三节 经验研究结果

一、全样本分析

本章首先通过最小二乘虚拟变量法（LSDV）检验模型，结果表明存在个体效应，因而在个体效应模型和混合回归模型（Pool - OLS）中选择个体效应模型，进一步根据 Hausman 检验，拒绝了扰动项与所有解释变量均不相关的原假设，在固定效应模型（Fixed Effects）和随机效应模型（Random Effects）中选择固定效应模型①。同时，为了消除模型中存在的自相关和截面相关等问题，我们采用 Driscoll - Kraay（1998）的方法来进行稳健性估计②。回归结果如表 6 - 2、表 6 - 3 所示。

---

① 对于个体效应模型和混合回归模型的 LSDV 检验，我们发现大多数个体虚拟变量均很显著（P 值为 0.000），故可以放心地拒绝"所有个体虚拟变量都为 0"的原假设，即认为存在个体效应，不应使用混合回归。同样，对于固定效应模型和随机效应模型的 Hausman 检验，由于 P 值为 0.0000，故强烈拒绝扰动项与所有解释变量均不相关的原假设，认为应该使用固定效应模型，而非随机效应模型。

② 对于存在组内自相关和组间截面相关的面板数据，我们通常采用可行广义最小二乘法（FGLS）来处理，但前提是要求数据为长面板（T 较大，N 较小），由于本章的数据属于短面板（N 较大，T 较小），因而无法使用 FGLS 进行估计，故采用可以同时解决异方差、自相关和截面相关而又适合短面板数据的 Driscoll - Kraay 标准差处理模型。

表6－2　地价扭曲全样本面板数据回归结果（被解释变量：LPDH）

自变量	模型（1）DK－FE	模型（2）DK－FE	模型（3）DK－FE	模型（4）DK－FE	模型（5）DK－FE
FD	0.0771***	0.7645***	0.8941***	0.9762***	0.8691**
	4.38	3.83	4.06	3.82	2.70
COM	8.5649***	5.4204**	5.6492***	5.9265***	5.7576***
	9.93	2.85	4.35	4.99	5.49
FDX×COM		3.2290***	2.8835***	2.0728**	2.1040**
		3.23	3.31	2.48	2.55
AR			－0.0698***	－0.0567***	－0.0555***
			－4.19	－4.04	3.94
GRW				－0.3570***	－0.3104***
				－3.69	－3.38
PR	0.0168***	0.0129**	0.0121**	0.0118**	0.0119**
	3.28	2.60	2.44	2.50	2.60
CS	0.0032*	0.0034*	0.0032*	0.0037**	0.0034**
	2.06	1.99	2.24	2.77	2.38
Dum09					0.7540*
					1.94
常数项	－12.6524***	－9.0103***	－7.5766**	－3.0665	－3.3854
	－5.18	－3.48	－2.78	－1.29	－1.53
R^2	0.2159	0.2395	0.2562	0.2863	0.2900
Prob.＞F	0.000	0.000	0.000	0.000	0.000
观测值	245	245	245	245	245

注：*、**、***分别表示在10％、5％和1％的水平上显著。

表6－3　地价扭曲全样本面板数据回归结果（被解释变量：LPDC）

自变量	模型（6）DK－FE	模型（7）DK－FE	模型（8）DK－FE	模型（9）DK－FE	模型（10）DK－FE
FD	1.4286***	0.9760***	1.1422***	1.2550***	1.0863**
	4.77	3.69	4.08	4.12	2.68
COM	12.0366***	7.4833**	7.7768***	8.1581***	7.8920***
	6.13	2.57	3.54	4.02	4.31

续表

自变量	模型（6）DK-FE	模型（7）DK-FE	模型（8）DK-FE	模型（9）DK-FE	模型（10）DK-FE
FDX×COM		4.6758*** 3.82	4.2327*** 4.25	3.1176*** 3.58	3.1669** 3.60
AR			-0.0895** -3.12	-0.0715*** -3.25	-0.0697** -3.07
GRW				-0.4909*** -3.65	-0.4176*** -3.16
PR	0.0189*** 3.70	0.0133** 3.01	0.0123** 2.82	0.0120** 3.10	0.0121*** 3.31
CS	0.0045* 2.03	0.0048* 2.23	0.0045** 2.93	0.0053*** 3.35	0.0048** 3.04
Dum09					1.1885* 2.09
常数项	-14.5871*** -5.39	-9.3132*** -3.48	-7.4744** -2.55	-1.2715 -0.40	-1.7741 -0.59
R^2	0.2445	0.2772	0.2954	0.3331	0.3392
Prob.>F	0.000	0.000	0.000	0.000	0.000
观测值	245	245	245	245	245

从表6-2和表6-3的回归结果来看，本章FD和COM的系数在不同变量组合的模型中均显著为正，说明财政分权和晋升竞争都会加剧当地土地价格扭曲的程度。具体而言，相对地方政府财政收入，财政支出的压力每增加1倍，住宅用地价格就会偏离工业用地价格大约1倍，商业用地价格就会偏离工业用地价格1.4倍。地方人均实际利用FDI每增加1000美元，就会导致大约8.6倍的住宅用地价格扭曲和12倍的商业用地价格扭曲。

引入财政分权和晋升激励的交互项FDX×COM后我们发现，FDX×COM的系数均显著为正，表明晋升激励确实通过财政分权产生了作用，地方政府间的晋升竞争越激烈，财政分权对土地价格扭曲的影响越大。仅从模型（1）和模型（2）以及模型（6）和模型（7）的FD系数对比就可以发现，控制了财政分权与晋升激励的交互项后，FD的系数下降了约30%。这说明在"土地财政"名义下产生的地价扭曲，30%左右并非源于"土地财政"本身，而是由于地方晋升激励间接产生的，即以低价出让工业用地作为重要引资手段的晋升竞争，会导致地方政府通过进一步抬高商住用地的价格来弥补其中的机会成本，从而加剧财政分权对地价扭曲的影响程度。这说明除了现行的分税制财政政策以外，地方政府间的晋升竞争也是导致各地"土地财政"进而引起房价持续上涨的重要因素之一。

从模型（2）、模型（3）以及模型（7）和模型（8）的对比，我们也可以看出，土地出让面积（AR）对于地价扭曲的影响显著为正。土地出让面积每减少100公顷，住宅土地价格扭曲程度就会增加7%，商业用地价格扭曲程度增加9%。而且非常重要的是，通过模型（2）和模型（3）以及模型（7）和模型（8）的对比，我们还可以发现，土地出让面积约束对晋升激励的影响很小，但是对财政分权的影响较大，无论被解释变量是LPDH还是LPDC，考虑土地面积约束条件后，FD系数的增加值都在15%左右。这说明无论用地规模如何限制，地方政府的行动逻辑是首先保证满足工业项目用地要求，然后从商住用地上找回收支缺口。这从另一个侧面证实土地约束抬高了商住用地价格，其作用途径主要是通过财政分权渠道实现的。

模型中加入的经济发展指标（GRW）、人口密度（PR）和城市规模（CS）等控制变量统计结果均显著。GDP增长率作为政绩考核的关键性指标对于地方政府的行为选择有着很强的引导作用，当地方的GDP增长率下降时，就会导致地方官员对于其晋升表现的担忧，进而刺激其对于FDI的争夺以保证自己处于晋升竞赛中的有利位置。因此，低价出让工业用地也成了地方政府间竞争FDI不可或缺的重要手段，进而加剧了不同类型用地价格上的偏离。地方GDP增长率每下降1%，将会导致地价扭曲的程度加重0.36倍。城市人口密度和人口数量的系数均显著为正，表明城市人口和规模的增加也会由于提高土地市场买方市场势力，从而刺激商住用地和工业用地价格的背离。为刻画2009年中央"四万亿计划"的实施对于土地市场的影响，我们在模型中加入了Dum09这一时间虚拟变量。2009年是"四万亿计划"实施的第一年，过量的货币供给导致了严重的通货膨胀现象，土地市场亦不可避免；同时，大量的热钱涌入房地产市场致使房价大幅上涨，进而也拉高了地价。通过观察表6-3的回归结果可以发现，各个变量的系数相较于表6-2都有一定程度的提升，本章认为这是由于商业用地本身的特性决定的，考虑到商业用地往往具有比住宅用地更为优越的地段和更完善的配套设施，这个结果是合情合理的。不同控制变量的模型对比分析和商住用地结果的对比分析也表明，模型具有较好的稳健性。

二、分城市层级分析

基于城市规模对于土地价格扭曲的显著影响,我们考虑上述 35 个城市本身还存在较大的异质性,同时地区间的差异也会影响地方政府的行为选择,因此我们将通过划分不同层级的城市对土地价格扭曲现象的产生进行更深入的分组回归考察。

综合考虑本章的研究目的以及不同城市间经济规模、土地供应状况和市场需求情况等诸多相关因素的差异后,我们将样本中的 35 个城市划分为一线城市(DumF)、二线城市(DumS)和三线城市(DumT)三个等级。一、二、三线城市的概念最早起源于房地产市场,本章依据 CRIC 中国城市房地产市场风险排行榜,采用市场需求、市场供给、供求关系、外部环境四大一级指标以及附属的市场成交情况、住宅供应情况、土地供应情况、市场供求情况、城市经济规模五大二级指标和成交面积均值、新开工面积、土地出让面积、人均占有土地面积、土地消化周期、土地供求比、房价/地均 GDP、房价收入比、城市 GDP、地均 GDP、人均可支配收入十一大三级指标计算各地房地产市场风险得分,做出划分。具体分类如下,一线城市包括:北京、上海、广州、深圳、天津、杭州、南京、重庆、成都、武汉、沈阳;二线城市包括:厦门、西安、郑州、宁波、合肥、太原、福州、大连、南宁、长沙、长春、青岛、南昌、昆明、哈尔滨、济南、石家庄、呼和浩特、乌鲁木齐;三线城市包括:兰州、贵阳、银川、西宁、海口[①]。我们分别用 DumF、DumS、DumT 对一线城市、二线城市和三线城市赋值为 1,其余城市赋值为 0。

为了避免观测值的丢失,本章参考王文剑和覃成林(2008)的做法,引入地区虚拟变量,考察加入财政分权、晋升竞争和地区的交互项后,不同层级城市间财政分权程度和晋升竞争力度的差异对地方土地价格扭曲的影响(见表 6 -4 和表 6 -5)。模型(11)—模型(16)和模型(17)—模型(22)分别表示住宅用地和商业用地对工业用地价格扭曲的回归结果。

---

① 具体计算过程和数据从略,如有需要可与作者联系。

表 6-4　　土地价格扭曲的分地区考察（被解释变量：LPDH）

自变量	模型（11）DK-FE	模型（12）DK-FE	模型（13）DK-FE	模型（14）DK-FE	模型（15）DK-FE	模型（16）DK-FE
FD	0.8079***	1.5356***	0.9223**	0.8745***	0.8868***	0.9757***
	3.70	5.77	2.71	4.09	3.97	3.73
FD × DumF	3.2893***					
	5.15					
FD × DumS		-1.1760***				
		-7.27				
FD × DumT			0.1139			
			0.54			
COM	5.6350***	6.0067***	5.9443***	1.1145	12.4899***	5.9317***
	5.10	5.09	4.92	0.68	10.26	4.73
COM × DumF				11.5902***		
				5.89		
COM × DumS					11.4564***	
					5.24	
COM × DumT						-0.4345
						-0.06
FDX × COM	1.0054	1.9757**	2.1004**	2.1382*	2.0807*	2.0750**
	1.28	2.44	2.50	1.94	1.94	2.49
AR	-0.0512***	-0.0544***	-0.0567***	-0.0390***	-0.0392***	-0.0567***
	-6.30	-4.48	-4.01	-4.21	-4.52	-4.02
GRW	-0.3948***	-0.3751***	-0.3574***	-0.4030***	-0.4075***	-0.3568***
	-4.08	-4.40	-3.74	-4.30	-4.50	-3.68
PR	0.0108**	0.0117**	0.0119**	0.0126**	0.0126**	0.0118**
	2.36	2.54	2.50	2.62	2.64	2.50
CS	0.0029*	0.0042**	0.0038**	0.0034**	0.0035**	0.0037**
	2.21	2.70	2.74	3.01	2.96	2.76
常数项	-3.7682*	-2.7711	-3.0136	-3.2307	-3.3111	-3.0634
	-1.93	-1.18	-1.30	-1.35	-1.40	-1.31
R^2	0.3034	0.2930	0.2863	0.3192	0.3187	0.2863
Prob. > F	0.0000	0.0000	0.0000	0.0000	0.0000	0.0000
观测值	245	245	245	245	245	245

表 6-5　　土地价格扭曲的分地区考察（被解释变量：LPDC）

自变量	模型（17）DK-FE	模型（18）DK-FE	模型（19）DK-FE	模型（20）DK-FE	模型（21）DK-FE	模型（22）DK-FE
FD	1.1565***	1.3674***	1.4641***	1.2055***	1.2179***	1.2425***
	4.07	5.22	3.41	4.50	4.47	4.06
FD × DumF	1.9267***					
	4.04					
FD × DumS		-0.2362				
		-1.06				
FD × DumT			-0.4419			
			-1.56			
COM	7.9874***	8.1742***	8.0888***	5.8124*	10.8840***	8.3112***
	4.04	4.01	3.92	1.85	17.35	3.88
COM × DUMYT				5.6499*		
				1.84		
COM × DUMET					-4.7581	
					-1.46	
COM × DUMST						-12.8365
						-1.39
FDX × COM	2.4924**	3.0981***	3.0107***	3.1495***	3.1209***	3.1812***
	2.96	3.50	3.70	3.30	3.40	3.57
AR	-0.0683***	-0.0711***	-0.0717***	-0.0629**	-0.0643***	-0.0715***
	-3.57	-3.23	-3.28	-2.87	-3.02	-3.21
GRW	-0.5131***	-0.4946***	-0.4892***	-0.5134***	-0.5119***	-0.4852***
	-3.82	-3.71	-3.53	-3.97	-3.97	-3.49
PR	0.0113**	0.0119**	0.0118**	0.0123***	0.0123***	0.0119**
	3.00	3.11	3.03	3.21	3.24	3.07
CS	0.0049***	0.0054***	0.0050***	0.0052***	0.0052***	0.0053***
	3.27	3.31	3.23	3.24	3.23	3.44
常数项	-1.6825	-1.2121	-1.4767	-1.3515	-1.3730	-1.1793
	-0.57	-0.39	-0.48	-0.42	-0.44	-0.37
R^2	0.3370	0.3332	0.3336	0.3382	0.3368	0.3348
Prob. > F	0.0000	0.0000	0.0000	0.0000	0.0000	0.0000
观测值	245	245	245	245	245	245

从表 6-4 和表 6-5 的回归结果来看,财政分权和晋升竞争对于地方政府的行为选择确实存在着地区差异,但两种用地价格的扭曲程度对政府行为的反应有着较大差异。从表 6-4 住宅用地比价的地区性差异看,财政分权在一线城市会导致土地价格扭曲程度的加剧,对二线城市土地价格扭曲有负的影响,而对三线城市没有显著的影响;晋升激励对于一二线城市的地价扭曲均有显著的正向作用,而在三线城市没有显著的影响。

一线城市财政分权会导致城市内不同用途土地价格的偏离。这些城市均属于我国的经济发达地区和地方区域中心,拥有较大的城市规模和区域影响力,通常城市建设和公共物品的支出也较高,因而地方政府更有动力通过抬高商住用地价格来增加土地出让收入,用以缓解收支缺口所带来的压力,从而造成了土地价格的扭曲。如 2004—2010 年,11 个一线城市的一般预算财政收支缺口占样本全部 35 个城市的比重均在 50% 以上,最低为 56.10%(2007 年),最高达 67.38%(2004 年),平均达到 61.38%。另外,这些中心城市拥有其他城市所不具备和无法替代的优势,比如区域中心位置、人力资本、政治影响力等,这使得这些城市在与投资商谈判时处于有利地位,不必通过压低地价的方式吸引投资。

在二线城市,财政分权对土地价格扭曲有着负的影响。二线城市之中,不乏一些副省级省会城市和经济发达的对外开放城市,他们通常有着很强的动力去追赶甚至超过一些一线城市以跻身这一行列,对这些城市而言,财政对经济增长的推动作用较低,发展地方经济的激励要远远大于增加财政收入的激励。因此,他们往往更热衷于对外商投资的争夺,当然也不惜提供更为优惠的土地出让政策。比如前文提到的"改革开放后中西部地区最大外资项目"三星电子闪存芯片项目落户西安的案例,仅以该项目一期 70 亿美元的投资计算,就将拉动西安市 10 个点左右的投资增幅,而西安得以在与北京、重庆等一线城市的竞争中脱颖而出,就是凭借其承诺将会提供更多的财政和行政支持。因此,我们认为,当财政分权程度较低的时候,二线城市即使不必太过依赖"土地财政"也可以享有较多的一般预算收入,这可以大大降低他们在出让工业用地时对于财政赤字的顾虑,但无疑同时也加剧了地方间比拼经济增长速度的程度,导致了工业用地价格的不断探底,最终形成了商住用地价格对工业地价的扭曲。

财政分权对三线城市土地价格扭曲的影响不显著。我们认为,三线城市大多为我国西部欠发达地区,经济发展落后,经济总量水平较低。这使得三线城市通常享有较多的国家转移支付收入和特殊财政补贴，尤其在21世纪初实施西部大开发战略之后，这些地区在很多方面获得了更多的中央政策优惠和财政支持，因而三线城市收支缺口相对较小，对"土地财政"的依赖程度更低；同时，由于三线城市本身的房地产市场并不发达，土地价格水平较低，造成单位面积出让获得的"土地财政"收入就相对较少，这就使得地方政府也缺乏参与"土地财政"的激励。

晋升竞争对于一二线城市住宅用地价格扭曲均有正向的显著性影响，而对于三线城市则没有显著影响，我们认为，由于三线城市自身经济实力和市场规模的落后，使其长期难以吸引到较多的外商直接投资，导致了地方政府缺乏对于晋升竞争的积极性。

通过表6-5的回归结果我们可以看到，财政分权和晋升激励仅对一线城市商业用地价格的扭曲形成显著的正向作用，而对于二三线城市均无显著影响。我们认为可能主要有以下两方面的原因：一是考虑到商业用地的出让数量相较于住宅用地明显较少（通常不足其1/2），因而地方政府通常会选择住宅用地作为其"土地财政"的主要来源，从而也更倾向于将重心放在住宅地价上；二是从开发商的角度出发，由于一线城市本身拥有更高的收入水平和强劲的消费能力，使得一些位置优越的商业用地总是能引起激烈的争夺，地价也因此在"招拍挂"的过程中不断上涨，最终形成了严重的地价扭曲，而在二三线城市则较少存在这样的情况。

第四节 结论及政策启示

本章在中国式的财政分权和政治晋升的背景下讨论了不同类型土地出让价格扭曲的形成机制，并利用2004—2010年我国35个主要大中城市的面板数据对不同类型土地与纵向分权和横向竞争的交错作用机理进行了实证检验。

本章证实了纵向分权导致的"土地财政"对土地价格上涨具有重要作用。我们的分析还表明：住房价格和土地价格的上涨，不能仅从"土地财政"上寻找原因，地方官员的晋升激励和土地市场约束也是重要的影响因素。本章的主要结论有：

财政支出缺口和官员晋升激励的引资需求均对土地市场价格扭曲具有显著作用。相对地方政府财政收入，财政支出的压力每增加1倍，住宅用地价格就会偏离工业用地价格大约1倍；商业用地价格就会偏离工业用地价格1.4倍。地方人均实际利用FDI每增加1000美元，就会导致大约8.6倍的住宅用地价格扭曲和12倍的商业用地价格扭曲。但是，财政分权对地价扭曲的影响当中30%左右是由于晋升激励的横向竞争造成的。

土地市场约束对地价扭曲也有重要影响。土地出让面积每减少100公顷，住宅土地价格扭曲程度就会增加7%，商业用地价格扭曲程度增加9%。但是用地规模的限制对地方政府引资冲动影响很小，地方政府的行动逻辑是首先保证满足工业项目用地要求，然后从商住用地上找回收支缺口，所以土地市场供给约束的主要后果是通过财政分权渠道抬高商住用地价格。

分城市层级的分析表明，财政分权和横向竞争在不同层级城市间作用的机理也有所不同。一线城市因为财政压力较大和城市优势明显，地价扭曲主要是通过抬高商住用地价格获取财政收入实现的；二线城市财政压力较小而经济增长压力较大，地价扭曲主要是通过压低工业地价而产生的；三线城市财政压力较小、引资条件较弱并且房地产市场活跃度较低，纵向分权和横向竞争对地价扭曲的作用不显著。

从以上的结论中我们可以得到如下政策启示：

财政分权体系有关财权和事权的不匹配导致了地方政府对于"土地财政"的依赖，收支缺口的压力迫使各地政府通过抬高商住用地的价格维持其资金的需求，从而造成土地价格扭曲。合理划分中央和地方的责任，逐步调整税收返还数量，平衡央地关系，增加对地方政府财政支出的监督和约束是解决"土地财政"的根本途径，才能从根本上消除地方政府对于"土地财政"的依赖。

对上负责的政绩考核机制是地方政府低价出让工业用地的根源，只有改变晋升激励机制，才能消除工业用地"探底竞赛"。除了改善GDP指标考核体系，纳入社会民生和环境等各方面的综合考核外，发挥本地居民对于地方政府"用脚投票"的权利，才能从根本上解决晋升锦标赛制度的弊端。

土地供给机制对地价扭曲产生正向的显著影响。各地政府在推进城市化的过程中，充分发挥土地储备中心对于地价的调控作用，适当增加土地市场供给的规模，改善和调整土地供给结构，增加商住用地的比例，提高商住用地容积率是可行的选择。

　　不同层级的城市地价扭曲机理不同,因此在房地产市场宏观调控和土地、财税政策出台时不宜全国"一刀切",因地制宜、有针对性的政策才能收到预期的调控效果。

第七章
房价水平与城市内部产业结构调整

第一节
房价与产业结构调整

近年来,伴随房价水平的不断攀升,中国出现大规模的区域产业转移现象。有关房价对产业转移的影响已经被很多学者所研究(邵挺、范剑勇,2011;高波、陈健,2011),但他们更多关注房价如何影响第二产业和第三产业在区域间转移,认为第二产业由东部大城市向中西部小城市转移,而第三产业向东部大城市集聚。事实上,这种"退二进三"的产业结构调整政策目前只适合极少数城市,第二产业尤其是工业对于我国绝大多数地区来说仍然具有十分重要的作用,从这个意义上说,鼓励实施工业内部行业在区域层面有序转移、合理分工和优化配置的产业发展政策更应受到重视。因此研究房价对工业内部行业结构调整的影响从而以"优二兴三"推进工业和服务业协调发展意义更加重大,然而关于这一问题的理论探讨和经验性检验还非常少见。

过去几十年中国经济高速发展主要是在国际大分工、产业在国际转移的背景下以充分发挥资源要素成本较低的比较优势基础上实现的。尤其是在经济发达地区,这种比较优势吸引众多企业来华投资,成功依靠承接产业转移来带动我国各个地区经济的飞速发展。然而,房地产业迅猛发展使得土地资源日益稀缺,再加之环境、资源制约加剧等原因,各省市均面临房价上涨的压力,引发生产成本和劳动力成本急剧提升,往昔的比较优势正在逐步丧失。

与此同时,我国沿海地区出现大量产业转移现象:作为全球最大的芯片生产商英特尔关闭上海的工厂，在成都建立生产基地；联合利华也将生产基地从上海搬出，落户合肥；惠普于2008年在重庆设立占地2万平方米的工厂，作为台式机和笔记本电脑制造的生产基地；此外，作为世界级代工厂的富士康也不断采取内迁措施，从深圳到河南，从昆山到湖南。这些行业巨头的迁移落户，迅速产生"蝴蝶效应"，吸引众多相关上下游企业来此集聚，引发相关产业链的变化。这些产业转移现象已经折射出要素成本上升与产业结构调整之间的结构性矛盾。

针对我国经济社会发展过程中房价上涨和产业转移两个并存的特征，不少学者认为两者之间存在内在联系，不断攀升的住房价格是沿海地区产业大量转移的主要原因（邵挺、范剑勇，2011；杨亚平、周泳宏，2013；高波、陈健，2011；姜凤珍，2013）。他们指出，房价的持续上涨使企业生产所需要的劳动力、土地等要素成本提高，传统生产方式所基于的比较优势不断丧失，最终导致制造业、第二产业由中心城市向外围城市扩散，由东部地区向中、西部地区转移，而服务业、第三产业则集聚在高房价的大型城市。这似乎表明，无论在城市层面还是区域层面，我国发达地区已然进入了"去工业化"阶段。然而，根据目前的统计数据以及可观察的经济现象都表明，中国当前的工业并没有成为"夕阳产业"，工业各部门在我国仍具有非常大的发展空间。而且，工业是技术创新的载体，因此即便我们进入了现代服务业大力发展的阶段，也不能走上"去工业化"的道路，否则将在国际竞争中丧失竞争力。金碚（2012）更是指出，"我国建立现代产业体系的本质就是在实现初期工业化后，建立向工业化中后期推进所要求的更为先进的产业体系"。

但不可否认的是，目前我国工业的发展遭遇瓶颈，其面临资源环境约束的压力增大，而压力主要来自资源、要素价格的不断上升以及土地资源的日益稀缺。中国要素成本特别是土地成本的快速攀升导致区域间和工业行业间成本差距加大，这种比较优势的动态变化，促使资本在区域间和工业行业间流动，诱发了区域间工业结构调整。此外，在现有的产业大量转移现象中，我们发现转移的产业主要是低端制造业，因此房价对工业内部不同产业发展的影响可能还具有差异性。从这个意义上说，不禁引发一种思考：引起要素成本上升的房价变动是引起区域间工业结构调整的主要动因吗？房价变动又如何影响工业内部各行业的结构调整？这是一个值得研究的问题，研究房价对工业结构调整的影响机制有利于科学地制定城市房价调控政策，从而制定和实施合理、协调的区域发展规划，使各个地区选择合适的产业发展模式，有针对性地引导工业行业在不同区域间的转移,实现我国工业结构在区域层面上的合理分工和全国层面的产业升级。

第二节
文献评述

由于目前较少有研究将房价与工业结构纳入一个分析框架,但不少文献指出房价水平与我国产业结构调整变动之间存在内在联系。工业结构作为产业结构的重要组成部分,在研究房价对工业结构的影响时,可以从房价对产业结构的影响入手。

关于房价对产业结构调整变动的影响,学者们在这方面已进行了一定的研究,发现两者之间存在一定的关系。高波、陈建、邹琳华等(2012)研究发现:城市的房价升高会促使劳动力的流出,同时也会导致该城市第二产业产值减少,第三产业产值增加,即促进当地的产业向产业价值链更高端发展,从而实现城市内部的产业升级;从区域层面来看,东、中、西部地区巨大的房价差异,将会使那些处于价值链低端的企业向中西部地区迁移,以缓解房价上涨带来的成本压力,最终在区域层面上实现产业转移。邵挺、范剑勇(2011)基于全国城市层面相关数据,从房价、差异化产品的区位分布探究房价对产业结构变动的影响。研究发现,高端制造业企业为了减少运输成本、交易成本,会将厂址选在集聚中心沿海地区。而随着集聚程度的深化,该地区的房价水平也不断提高。当房价超过一定水平后,会挤出那些运输成本不高的低附加值产业,使其向房价水平相对较低的周边地区扩散。这一点也得到了齐讴歌、周新生和王满仓(2012)等人研究的证实。他们指出房价水平变化对制造业、服务业的区域分布影响存在较大差别。当一个城市的房价水平不断上升时,制造业将会因为无法消化房价上涨带来的压力而向周边城市迁移,而高附加值的服务业由于对房价、交通成本变动不敏感而在中心城市集聚,这也在客观上促进了城市内部的产业升级,同时也有利于在区域间形成合理的产业分工格局。

已有文献认为房价对产业结构调整的影响更多是间接的。一方面,现有文献主要关注房价的上涨影响劳动力要素的流动,进而推进产业的转移。探究房价对劳动力的影响最早可追溯到 Helpman(1998)进行的有益尝试,Helpman

在 Krugman（1991a）提出的新经济地理模型基础上加入了住房市场。住房是从业者的生活必需品，因此购房支出、房租是劳动者日常生活中的一项重要支出。若某地区的房价水平过高，会使部分劳动者效用降低甚至不堪重负而选择迁移，即高水平的房价会抑制劳动力在这一地区的聚集。随后 Hanson（2005）等人利用美国的郡县数据构建模型，进行实证研究，验证了 Helpman（1998）理论的正确性。Braknan 等（2004）利用德国数据对房价影响劳动力流动进行实证分析，结果得出高房价限制了劳动力的流入，造成了德国部分地区劳动力短缺。随后 Rabe、Taylor（2010）基于 1992—2007 年英国的数据建立模型，得到同样的结论。根据 Krugman（1991）、Baldwin（2003）提出新经济地理学相关理论，企业生产区位选择受到成本、需求、要素供给等因素的影响，因此伴随着劳动力流动往往形成新的就业集聚中心，从而吸引众多企业来此集聚，在空间上表现为产业随劳动力流动而发生转移。Dumais 等（1997）利用美国制造业数据，实证发现当劳动力流动时，会随之出现对应的制造业集聚。Hanson 和 Slaughter（1999）通过实证研究也发现某地的产业结构会伴随着劳动力的流动而产生调整，形成新的集聚。Ralph（1999）、Cameron 和 Muellbauer（2000）等的研究都证实了这一点。

另一方面，也有不少文献关注房价引起企业生产成本变动，迫使企业进行转移。Roback（1982）认为劳动力的成本将会受到当地房价水平的影响，即高房价地区的工人将会要求比低房价地区工人更高的工资，从而增加企业的成本，压缩企业收益。毛丰付（2008）认为房价上升对企业用工成本产生显著影响，房价上升直接推动了居住成本和直接消费品价格的上升，进而引起劳动者直接生活成本上升，劳动者由于直接生活成本上升通常都有提高工资的迫切愿望，而由此可能引发企业用工成本的上升，特别是对劳动密集型企业具有致命的杀伤力。如果企业无力提供相应的薪酬待遇，多数劳动力会选择再流动，使得企业面临"用工荒"的困境，从而不得不进行产业转移，事实上，近几年要素密集型中小企业停工和转产的数量在急剧上升。张涛等（2007）认为房价上升使企业在土地等要素市场上面临的压力也随之增大，促使企业生产经营的成本上升，从全国的情况来看，土地价格的上升对劳动密集型产业的抑制作用已经显现。辛永容（2010）、宋丽萍（2010）等学者的研究也指出劳动力随着房价、物价的持续上涨而产生强烈的涨工资意愿，这是企业劳动力成本增加的一个重要原因。

国内许多学者通过研究发现企业生产成本的上升对区域间产业转移、区域内产业升级存在推动作用。刘新争（2012）认为我国劳动力要素成本的比较优势在我国区域之间动态转化，东部地区逐步丧失劳动力成本的比较优势，中西部地区劳动力要素禀赋的显性优势开始呈现，产业转移直接产生于比较优势的动态变化，顺应劳动力流动的新趋势。随着比较优势的动态迁移，促使东部沿海地区进行产业升级，又能带动中西部地区工业化和城镇化的进程，以实现区域间的协调发展。蔡昉、王德文（2009）进行相关实证分析，证实刘新争的结论。他们发现随着东部地区企业生产成本逐渐提高、中西部地区要素生产率逐渐提高和单位成本下降趋势明显，产业将会在东、中、西部重新分布，东部地区实现自身的产业升级，中西部地区则发挥资源要素优势，承接转移出的产业。

纵观已有文献，目前直接研究房价与产业结构调整的文献并不多，其中大部分文献间接指出了房价、劳动力流动或企业生产成本与产业结构调整之间存在的某种关联。而本章将房价和工业结构调整纳入分析框架，并对工业行业进行分类，直接研究房价对工业内部行业结构调整的影响，以期对现有文献的补充和创新。

第三节
房价对产业结构调整影响的机理分析

本章基于 Krugman（1991a）提出的核心—边缘模型，借鉴 Helpman（1998）、Baldwin（2003）的范式，并借鉴高波等（2012）引入房地产价格的 CP 模型，研究房价变动如何影响工业结构调整，并根据研究需要进行相应的拓展，将原模型中设定的"工业产品"进一步扩展成"劳动密集型工业产品"与"资本密集型工业产品"。

本章所用的模型是在 CP 模型的基础上，综合考虑经济发展过程中多种因素的影响，将劳动力流动、工资水平、工业消费品自由流动情况等要素纳入分析框架，有针对性地分析房价与工业结构之间的关系。具体如下：

假设存在地区 1 和地区 2 两个经济区域，这两个经济区域内都存在一定的工业产品和住房产品，其中工业产品是可贸易的消费品，而住房是不可贸易的产品。依据本章的分析，可以将工业产品分为劳动密集型工业产品与资本密集型工业产品。对于劳动密集型工业产品，假设在地区1，消费者消费了可贸易的劳动密集型工业产品数量为 C_{1ml}，每类劳动密集型工业消费品的消费量为 c_{1il}，对应的价格为 P_{il}，通过 P_{il} 求得地区1的劳动密集型工业消费品的价格指数为 P_{1ml}。对于资本密集型工业产品，假设在地区1，消费者消费了可贸易的资本密集型工业产品数量为 C_{1mk}，每类资本密集型工业消费品的消费量为 c_{1ik}，对应的价格为 P_{ik}，通过 P_{ik} 求得地区1的资本密集型工业消费品的价格指数为 P_{1mk}。对于住房产品，假设在地区1，消费者消费了住房数量为 C_{1h}，住房的价格为 P_{1h}。

在地区1和地区2，劳动密集型工业消费品的种类数量为 n_l，$n_l = n_{1l} + n_{2l}$（n_{1l}、n_{2l} 分别为两个区域对应的劳动密集型工业消费品的种类数量）；资本密集型工业消费品的种类数量为 n_k，$n_k = n_{1k} + n_{2k}$（n_{1k}、n_{2k} 分别为两个区域对应的资本密集型工业消费品的种类数量）。

此外，我们假定 β_l 表示不同劳动密集型工业产品间的替代弹性，β_k 表示不同资本密集型工业产品间的替代弹性，α_l 为消费者花费在劳动密集型工业产品上的收入份额，α_k 为消费者花费在资本密集型工业产品上的收入份额。

假设消费者的工资全部支出在劳动密集型工业品、资本密集型工业品与住房消费品上，消费者的约束方程为，

$$P_{1ml} \times C_{1ml} + P_{1mk} \times C_{1mk} + P_{1h} \times C_{1h} = W_1$$

假设消费者的效用函数形式为CD形式，那么地区1的消费者效用最大化时的函数形式为：

$$U_1 = C_{1ml}^{\alpha_l} C_{1mk}^{\alpha_k} C_{1h}^{1-\alpha_l-\alpha_k}$$

$$S.T. \quad P_{1ml} \times C_{1ml} + P_{1mk} \times C_{1mk} + P_{1h} \times C_{1h} = W_1$$

$$C_{1ml} = \left(\int_0^{n_l} c_{1il}^{1-\frac{1}{\beta_l}} d_i \right)^{\frac{1}{1-(1/\beta_l)}}$$

$$P_{1ml} = \left(\int_0^{n_l} p_{il}^{1-\beta_l} d_i \right)^{1-\beta_l}$$

$$C_{1mk} = \left(\int_0^{n_k} c_{1ik}^{1-\frac{1}{\beta_k}} d_i \right)^{\frac{1}{1-(1/\beta_k)}}$$

$$P_{1mk} = \left(\int_0^{n_k} p_{ik}^{1-\beta_k} d_i \right)^{1-\beta_k}$$

$$\beta_l, \beta_k > 1, \quad \alpha_l, \alpha_k \in (0,1) \tag{7-1}$$

对式（7-1）建立拉格朗日函数得到间接效用函数形式为：

$$V_1 = \frac{\alpha_l^{\alpha_l} \alpha_k^{\alpha_k} (1-\alpha_l-\alpha_k)^{1-\alpha_l-\alpha_k} W_1}{P_{1ml}^{\alpha_l} P_{1mk}^{\alpha_k} P_{1h}^{1-\alpha_l-\alpha_k}} \tag{7-2}$$

结合生产者的最优条件，劳动密集型工业品价格指数 P_{1ml} 变为：

$$P_{1ml} = [t_{n_{1l}} W_1^{1-\beta_l} + (1-t_{n_{1l}})(W_2 T)^{1-\beta_l}]^{\frac{1}{1-\beta_l}} \tag{7-3}$$

其中 $t_{n_{1l}} = \dfrac{n_{1l}}{n_l}$，表示地区1生产的劳动密集型工业品种类数量在地区1和地区2生产的劳动密集型工业品总和中的占比。根据新经济地理学的相关理论，该比值也可以表示地区1的相关劳动密集型工业企业数量占所有地区该类企业数量之和的比重。T表示工业产品在不同区域间运输的交通成本，$T>1$。

资本密集型工业品价格指数 P_{1mk} 变为：

$$P_{1mk} = [t_{n_{1k}} W_1^{1-\beta_k} + (1-t_{n_{1k}})(W_2 T)^{1-\beta_k}]^{\frac{1}{1-\beta_k}} \tag{7-4}$$

其中 $t_{n_{1k}} = \dfrac{n_{1k}}{n_k}$，表示地区1生产的资本密集型工业品种类数量在地区1和地区2生产的资本密集型工业品总和中的占比。同样地，该比值也可以表示地区1相关资本密集型工业企业数量占所有地区此类企业数量之和的比重。

将式（7-3）与式（7-4）代入式（7-2）有：

$$V_1 = \dfrac{\alpha_l^{\alpha_l} \alpha_k^{\alpha_k} (1-\alpha_l-\alpha_k)^{1-\alpha_l-\alpha_k} W_1}{[t_{n_{1l}} W_1^{1-\beta_l} + (1-t_{n_{1l}})(W_2 T)^{1-\beta_l}]^{\frac{\alpha_l}{\beta_l-1}} [t_{n_{1k}} W_1^{1-\beta_k} + (1-t_{n_{1k}})(W_2 T)^{1-\beta_k}]^{\frac{\alpha_k}{\beta_k-1}} P_{1h}^{1-\alpha_l-\alpha_k}} \tag{7-5}$$

根据对称性原理，地区2同样有：

$$V_2 = \dfrac{\alpha_l^{\alpha_l} \alpha_k^{\alpha_k} (1-\alpha_l-\alpha_k)^{1-\alpha_l-\alpha_k} W_2}{[t_{n_{1l}}(W_1 T)^{1-\beta_l} + (1-t_{n_{1l}}) W_2^{1-\beta_l}]^{\frac{\alpha_l}{\beta_l-1}} [t_{n_{1k}}(W_1 T)^{1-\beta_k} + (1-t_{n_{1k}}) W_2^{1-\beta_k}]^{\frac{\alpha_k}{\beta_k-1}} P_{2h}^{1-\alpha_l-\alpha_k}} \tag{7-6}$$

构造地区间相对效用函数来衡量劳动力的流动情况，因此有：

$$K_{12} = \dfrac{V_1}{V_2} = \dfrac{W_1}{W_2} \left(\dfrac{P_{1h}}{P_{2h}}\right)^{\alpha_l+\alpha_k-1} \left[\dfrac{t_{n_{1l}} W_1^{1-\beta_l} + (1-t_{n_{1l}})(W_2 T)^{1-\beta_l}}{t_{n_{1l}}(W_1 T)^{1-\beta_l} + (1-t_{n_{1l}}) W_2^{1-\beta_l}}\right]^{\frac{\alpha_l}{1-\beta_l}}$$

$$\left[\dfrac{t_{n_{1k}} W_1^{1-\beta_k} + (1-t_{n_{1k}})(W_2 T)^{1-\beta_k}}{t_{n_{1k}}(W_1 T)^{1-\beta_k} + (1-t_{n_{1k}}) W_2^{1-\beta_k}}\right]^{\frac{\alpha_k}{1-\beta_k}} \tag{7-7}$$

公式（7-7）的结构比较复杂，参考高波等（2012）的分析，可以通过对 $\left[\dfrac{t_{n_{1l}} W_1^{1-\beta_l} + (1-t_{n_{1l}})(W_2 T)^{1-\beta_l}}{t_{n_{1l}}(W_1 T)^{1-\beta_l} + (1-t_{n_{1l}}) W_2^{1-\beta_l}}\right]^{\frac{\alpha_l}{1-\beta_l}}$ 与 $\left[\dfrac{t_{n_{1k}} W_1^{1-\beta_k} + (1-t_{n_{1k}})(W_2 T)^{1-\beta_k}}{t_{n_{1k}}(W_1 T)^{1-\beta_k} + (1-t_{n_{1k}}) W_2^{1-\beta_k}}\right]^{\frac{\alpha_k}{1-\beta_k}}$ 进行泰勒展开，并取对数进行化简。

$$\ln\left[\frac{t_{n_{11}}W_1^{1-\beta_1}+(1-t_{n_{11}})(W_2T)^{1-\beta_1}}{t_{n_{11}}(W_1T)^{1-\beta_1}+(1-t_{n_{11}})W_2^{1-\beta_1}}\right]^{\frac{\alpha_1}{1-\beta_1}}$$

$$\approx \ln\left[T^{(1-\beta_1)\left(-\frac{\alpha_1}{1-\beta_1}\right)}\right]+\ln\left[1+\frac{\frac{\alpha_1}{1-\beta_1}}{T^{1-\beta_1}}(1-T^{2(1-\beta_1)})\frac{t_{n_{11}}}{1-t_{n_{11}}}\right]$$

$$\approx -\alpha_1\ln T - \frac{\frac{\alpha_1}{\beta_1-1}(1-T^{2(1-\beta_1)})}{T^{1-\beta_1}}\frac{t_{n_{11}}}{1-t_{n_{11}}} \quad (7-8)$$

同理可得：

$$\ln\left[\frac{t_{n_{1k}}W_1^{1-\beta_k}+(1-t_{n_{1k}})(W_2T)^{1-\beta_k}}{t_{n_{1k}}(W_1T)^{1-\beta_k}+(1-t_{n_{1k}})W_2^{1-\beta_k}}\right]^{\frac{\alpha_k}{1-\beta_k}}$$

$$\approx -\alpha_k\ln T - \frac{\frac{\alpha_k}{\beta_k-1}(1-T^{2(1-\beta_k)})}{T^{1-\beta_k}}\frac{t_{n_{1k}}}{1-t_{n_{1k}}} \quad (7-9)$$

对公式（7-7）取对数，并将式（7-8）与式（7-9）代入可以得到：

$$\ln K_{12}=\ln\frac{W_1}{W_2}+(\alpha_1+a_k-1)\ln\left(\frac{P_{1h}}{P_{2h}}\right)-(\alpha_1+a_k)\ln T$$

$$-\frac{\frac{\alpha_1}{\beta_1-1}(1-T^{2(1-\beta_1)})}{T^{1-\beta_1}}\frac{t_{n_{11}}}{1-t_{n_{11}}}-\frac{\frac{\alpha_k}{\beta_k-1}(1-T^{2(1-\beta_k)})}{T^{1-\beta_k}}\frac{t_{n_{1k}}}{1-t_{n_{1k}}} \quad (7-10)$$

当劳动力区位选择达到均衡状态时，消费者在地区 1、地区 2 的效用水平相等，即 $\ln K_{12}=0$，有：

$$\ln\frac{W_1}{W_2}+(\alpha_1+a_k-1)\ln\left(\frac{P_{1h}}{P_{2h}}\right)-(\alpha_1+a_k)\ln T$$

$$=\frac{\frac{\alpha_1}{\beta_1-1}(1-T^{2(1-\beta_1)})}{T^{1-\beta_1}}\frac{t_{n_{11}}}{1-t_{n_{11}}}+\frac{\frac{\alpha_k}{\beta_k-1}(1-T^{2(1-\beta_k)})}{T^{1-\beta_k}}\frac{t_{n_{1k}}}{1-t_{n_{1k}}} \quad (7-11)$$

根据公式（7-11），本章发现某地区工业的发展情况受到以下因素的影响：地区间的工资水平、房价水平以及工业消费品在地区间的自由流动情况。在不考虑经济发展周期，地区间的工资水平、工业消费品的自由流动情况保持不变的情况下，地区间的工业结构状况取决于地区间的房价差异，地区间房价水平差异越大，那么地区间的工业结构构成差异也越大。

因为根据新经济地理学的经典假定，式（7-11）中的 $\frac{t_{n_{11}}}{1-t_{n_{11}}}$ 与地区 1 和

地区2间劳动密集型行业的相对就业情况存在高度正相关，同时，此比值也等同于两个地区间相关劳动密集型行业企业数量的比值。同理，$\frac{t_{n1k}}{1-t_{n1k}}$也可以反映地区1、地区2间资本密集型行业相关状况。从式（7-11）可以发现，两个地区不同要素密集度行业的相对就业和相对企业数量受到两个地区相对房价水平的影响。当一个地区的房价水平发生变动时，将导致该地区资本密集型、劳动密集型行业的发展状况发生变化。

第四节
数据、模型与变量

一、数据来源

本章选择中国36个大中城市（杭州、北京、乌鲁木齐、贵阳、武汉、南昌、长春、银川、济南、西安、呼和浩特、青岛、济宁、扬州、长沙、大连、石家庄、南宁、温州、烟台、昆明、福州、哈尔滨、深圳、南京、重庆、广州、遵义、无锡、合肥、海口、天津、上海、宁波、厦门、郑州）根据国家统计局国民经济行业分类的两位数工业行业为研究对象，主要数据来自2001—2011年36个大中城市各个城市、每一年度的统计年鉴、中国区域经济统计年鉴、中经网数据库以及中国房地产统计年鉴。

二、计量模型设定以及变量的说明

根据本章上部分理论框架分析得出：某个地区房价的变动将导致该地区资本密集型、劳动密集型行业结构发生变动。因此结合本章需要，进一步验证房价的变动如何影响该地区资本密集型、劳动密集型行业结构发生变化，并控制其他可能影响地区工业结构变化的因素，本章设定如下计量模型：

（一）资本密集型行业（行业产值和人数的比重）与房价水平的关系

$$\begin{aligned}
lnkgdp_{it} = & b_0 + b_{11}lnhp_{it} + b_{12}lnhp_{it-1} + b_2lnw_{it} + b_3urb_{it} \\
& + b_4lnpeop_{it} + b_5lnk_{it} + b_6lnhealth_{it} + b_7lntrade_{it} + \varepsilon_1
\end{aligned} \quad (7-12)$$

$$\begin{aligned}
lnkemp_{it} = & c_0 + c_{11}lnhp_{it} + c_{12}lnhp_{it-1} + c_2lnw_{it} + c_3urb_{it} \\
& + c_4lnpeop_{it} + c_5lnk_{it} + c_6lnhealth_{it} + c_7lntrade_{it} + \varepsilon_2
\end{aligned} \quad (7-13)$$

（二）劳动密集型行业（行业产值和人数的比重）与房价水平的关系

$$\begin{aligned}
lnlgdp_{it} = & d_0 + d_{11}lnhp_{it} + d_{12}lnhp_{it-1} + d_2lnw_{it} + d_3urb_{it} \\
& + d_4lnpeop_{it} + d_5lnk_{it} + d_6lnhealth_{it} + d_7lntrade_{it} + \varepsilon_3
\end{aligned} \quad (7-14)$$

$$\begin{aligned}
lnlemp_{it} = & e_0 + e_{11}lnhp_{it} + e_{12}lnhp_{it-1} + e_2lnw_{it} + e_3urb_{it} \\
& + e_4lnpeop_{it} + e_5lnk_{it} + e_6lnhealth_{it} + e_7lntrade_{it} + \varepsilon_4
\end{aligned} \quad (7-15)$$

在计量模型中，基于收集的中国 36 个大中城市 2001 年至 2011 年工业各行业的产值和就业人数等相关数据，根据固定资产原值与就业人数的比值，采用二分法（金碚，2011），将行业分为资本密集型和劳动密集型两大类，作为本章的被解释变量。具体采用以下四个指标来衡量：

（1）劳动密集型行业产业 t 时刻在城市 i 的相对就业人数；

（2）劳动密集型行业产业 t 时刻在城市 i 的相对产值；

（3）资本密集型行业产业 t 时刻在城市 i 的相对就业人数；

（4）资本密集型行业产业 t 时刻在城市 i 的相对产值。

我们使用劳动密集型行业相对产值和相对就业人数来衡量劳动密集型行业的情况，资本密集型行业相对产值和相对就业人数来衡量资本密集型行业的情况。上述模型中，i 为样本城市，t 为时间期间。模型中的四个被解释变量分别是资本密集型行业产值比重（kgdp）、资本密集型行业就业人数比重（kemp）、劳动密集型行业产值比重（lgdp）、劳动密集型行业就业人数比重（lemp）；核心解释变量是单位面积商品房价格（hp），表示 t 时刻城市 i 的房价水平，用单位面积商品房售价表示（在具体的数据收集处理中，用某一城市某一年的商品房销售额除以商品房销售面积得到）；为了增加计量的稳健性，本章在模型中添加的主要控制变量有当地的工资水平（w）、城市化率（urb）、人口密度（peop）、当地社会固定资产投资（k）、医疗条件（health）、贸易自由度（trade）；ε 为误差项。

第五节
实证结果及分析

一、房价水平对工业结构影响的全样本面板数据分析

本章利用收集到的 36 个样本城市工业行业及房价、工资等其他相关变量数据，建立面板模型进行实证分析检验。首先我们使用 Hausman 检验来确定上述四个计量模型个体效应形式，然后选择恰当的个体效应形式对全样本面板数据进行分析，实证结果如表 7-1 所示。

表 7-1　　　　房价对全样本工业结构影响的计量检验结果

	lnlemp 劳动密集型行业就业人数比重		lnkemp 资本密集型行业就业人数比重		lnkgdp 资本密集型行业的产值比重		lnlgdp 劳动密集型行业的产值比重	
	系数	t 值	系数	T 值	系数	t 值	系数	t 值
效应模型	固定效应模型		固定效应模型		随机效应模型		固定效应模型	
Lnhp	0.173***	9.63	-0.877***	-13.94	-0.391***	-5.42	0.206***	5.32
L. lnhp	-0.035***	-2.92	0.025	0.59	0.195***	4.15	-0.115***	-4.42
Urb	-0.262***	-7.25	1.137***	8.95	0.716***	4.78	-0.531***	-6.8
Lnw	-0.030**	-2.04	0.033	0.62	0.188***	3.09	-0.086**	-2.65
Lnk	0.087***	5.97	-0.189***	-3.67	-0.087	-1.62	0.180***	5.7
Lnpeop	0.073***	6.7	-0.209***	-5.43	-0.247***	-5.56	0.180***	7.63
Lnhealth	-0.140***	-7.57	0.578***	8.9	0.117	1.59	-0.154***	-3.85
lntrade	0.056***	3.97	-0.222***	-4.48	0.056	0.93	-0.018	-0.6
_cons	-0.658***	-3.33	-2.829***	-4.09	-2.457***	-3.03	-1.508***	-3.54
样本数	396		396		396		396	
F 检验值	60.01		66.54				36.26	
Waldchi (2)					125.22			
Hausman 检验值	55.56***		91.91***		10.03		17.06**	

注：***、**、* 分别代表在 1%、5%、10% 水平呈现显著性。

表 7-1 显示了房价变动与工业结构调整之间的关系。表 7-1 第二、第三列和第八、第九列显示的是房价变动与劳动密集型行业变动的关系。当期房价水平对劳动密集型行业就业人数比重和产值比重均存在促进作用,当期房价每上升 1 个百分点,该行业就业人数比重上升 0.173 个百分点,该行业产值比重上升 0.206 个百分点;而滞后一期房价对就业人数比重和产值比重变化均存在相反作用,房价每上升 1 个百分点,劳动密集型行业就业人数比重下降 0.035 个百分点,该行业产值比重下降 0.115 个百分点。第四、第五列和第六、第七列显示的是房价变动与资本密集型行业变动的关系。当期房价水平对资本密集型行业就业人数比重和产值比重均存在抑制作用,当期房价每上升 1 个百分点,该行业就业人数比重下降 0.877 个百分点,该行业产值比重下降 0.391 个百分点;而滞后一期房价对资本密集型行业产值比重存在显著的促进作用,房价每上升 1 个百分点,该行业产值比重上升 0.195 个百分点,然而滞后一期房价对该行业就业人数比重存在促进作用,但不显著。

从全样本的面板数据分析结果来看,当期房价和滞后一期房价对资本密集型行业和劳动密集型行业存在差异影响。其中,当期房价的上涨促进劳动密集型行业的发展,抑制资本密集型行业发展;滞后一期房价的上涨对产业的影响则恰恰相反,促进了资本密集型行业的发展却对劳动密集型行业发展存在抑制作用。

对于劳动密集型行业而言,其从业人员由于工资水平较低,在从业所在地主要是以租房为主。房价的上涨虽然会引起房租的提高,但该影响具有一定的时滞性,也就是说本期房价上涨不会马上引起房租的提高,因此在当期房价对劳动密集型行业就业人员的生活成本影响不大。房价上升一段时间后房租开始进行调整,而房租的提高、生活成本的上升,会对当地劳动密集型行业就业人员产生挤出效应,从而使劳动密集型行业就业人数比重下降,伴随劳动力的流失,企业用地租金等要素成本的不断上升,劳动密集型企业将向外围地区转移,从而使该行业产值比重下降,因此,滞后一期房价表现出抑制劳动密集型行业发展。然而,在房价上涨初期,由于房地产市场涉及面广,房价的上涨可能会带动某些劳动密集型行业的发展(如装修、建筑等),进而初期房价的上涨还会促进此类就业人员的流入,从而使该行业就业人数比重和产值比重都上升,因此,本期房价表现出促进劳动密集型行业发展。

对于资本密集型行业而言,其从业人员的知识、技术含量水平较高,因此,该行业从业人员的工资水平也相对较高。故对资本密集型行业从业人员而言，大多在从业地采取购房策略，以购买、自主住房为主，因此房价的上涨会直接在当期对此类从业人员产生挤出效应，抑制资本密集型行业发展。然而，我们发现相较于劳动密集型行业从业人员，资本密集型行业从业人员受教育程度、工资水平相对较高，在消费观念上也更偏好于多样化的消费选择，追求生活品质。同时，该行业就业人员的技术能力储备也使得其在劳动力市场上拥有较强的谈判能力，应对城市高房价的弹性较强。此外，从生活经验中我们也可以发现房价相对较高的大城市往往拥有更多的就业机会和个人发展空间，对技术人才更具吸引力。从这几点出发，在对房价上涨经过短暂调整适应后，资本密集型行业从业人员依然会选择向大城市集聚。伴随房价上涨，部分劳动密集型行业企业不堪劳动力成本、地租上涨等压力，除了向外围地区转移外，也有部分企业选择在生产环节增加资本投入、采用更先进的生产技术、减少劳动力投入、对产出进行调整，向资本密集型行业转化，实现自身的产业升级。措施的实施及效用发挥、企业自身的产业升级等都需要一定的时间，因此房价对资本密集型行业发展的促进作用具有一定的滞后性。但从实证结果中看出，滞后一期房价水平对该行业从业人员的促进作用在统计上并不显著，可能是由于我国地域的多样性及复杂性，房价对处在不同地域的资本密集型行业从业人员的影响存在差异，在影响方向、影响程度上有一定的地域性。从全国层面来看，这种差异性的影响可能相互抵消，从而使得在全样本的面板分析中，滞后期一房价的促进作用不显著。因此为了更好地研究房价对不同要素密集度行业的影响，有必要进行分区域检验，进一步探讨分析。

二、房价水平对工业结构影响的分区域面板数据分析

由于我国幅员辽阔，在不同的地区，房价水平、经济发展程度以及产业的分工布局都存在较大的差别。在前文的分析中，我们也发现房价对不同要素密集度行业的影响可能存在一定的地域性，因此有必要对样本城市进行区域划分，对房价与工业结构调整的影响在东中西区域层面上进行更深入的探究。

（一）房价水平对东部地区工业结构影响的面板数据分析

采用与全样本面板数据相似的估计方法，选择恰当的个体效应形式对东部地区面板数据进行分析，实证结果如表7-2所示。

表7-2　　　　房价变动对东部地区工业结构影响的计量检验结果

	lnlemp 劳动密集型行业就业人数比重		lnkemp 资本密集型行业就业人数比重		lnkgdp 资本密集型行业的产值比重		lnlgdp 劳动密集型行业的产值比重	
	系数	t值	系数	t值	系数	t值	系数	t值
效应模型	固定效应模型		固定效应模型		随机效应模型		随机效应模型	
Lnhp	0.105***	8.92	-0.780***	-10.88	-0.328***	-5.3	0.106***	5.4
L.lnhp	-0.025***	-2.8	0.109**	2.05	0.138***	2.91	-0.051***	-3.4
Urb	-0.188***	-5.82	1.112***	5.66	0.284	1.6	-0.113**	-2.03
Lnw	0.009	0.99	-0.055	-0.98	0.032	0.63	-0.006	-0.39
lnpeop	0.037**	2.44	-0.170*	-1.83	-0.088	-1.02	0.033	1.19
Lnk	0.034***	2.61	-0.169**	-2.15	0.082	1.35	-0.03	-1.54
lnhealth	-0.105***	-6.01	0.655***	6.18	0.170**	1.97	-0.046*	-1.69
lntrade	0.033***	2.74	-0.184**	-2.48	0.057	0.85	-0.02	-0.92
_cons	-0.154	-0.94	-3.555***	-3.56	-4.975***	-5.59	0.748***	2.66
样本数	220		220		220		220	
F检验值	18.09		24					
Wald chi(2)					89.43		92	
Hausman检验值	21.99***		43.82***		12.71		3.93	

注：***、**和*分别表示相应解释变量在1%、5%和10%水平上呈现显著性。

表7-2显示了房价水平对东部地区工业结构影响的计量检验结果。表7-2第二、第三列和第八、第九列显示的是房价变动与劳动密集型行业变动的关系。当期房价水平对劳动密集型行业就业人数比重和产值比重均存在促进作用，当期房价每上升1个百分点，该行业就业人数比重上升0.105个百分点，该行业产值比重上升0.106个百分点；而滞后一期房价对就业人数比重和产值比重变化均存在相反作用，房价每上升1个百分点，劳动密集型行业就业人数比重下降0.025个百分点，该行业产值比重下降0.151个百分点。第四、第五列和第六、第七列显示的是房价变动与资本密集型行业变动的关系。当期房价水平对资本密集型行业就业人数比重和产值比重均存在抑制作用，当期房价每上升1个百分点，该行业就业人数比重下降0.780个百分点，该行业产值比重下降0.328个百分点；而滞后一期房价对资本密集型行业就业人数比重和产值比重均存在显著的促进作用，房价每上升1个百分点，该行业就业人数比重上升0.109个百分点，该行业产值比重上升0.138个百分点。

(二) 房价水平对中部地区工业结构影响的面板数据分析

采用与东部地区面板数据相似的估计方法，选择恰当的个体效应形式对中部地区面板数据进行分析，实证结果如表 7-3 所示。

表 7-3　　房价变动对中部地区工业结构影响的计量检验结果

	lnlemp 劳动密集型行业就业人数比重		lnkemp 资本密集型行业就业人数比重		lnkgdp 资本密集型行业的产值比重		lnlgdp 劳动密集型行业的产值比重	
	系数	t 值	系数	t 值	系数	t 值	系数	t 值
效应模型	随机效应模型		随机效应模型		随机效应模型		随机效应模型	
lnhp	0.154**	1.96	-0.589**	-2.25	-1.113**	-2.1	0.256**	2.16
L.lnhp	0.090**	2.09	-0.270*	-1.86	0.195	0.66	-0.013	-0.2
urb	-0.443***	-3.32	1.431***	3.19	2.532***	2.78	-0.858***	-4.2
lnw	-0.281***	-3.04	1.003***	3.23	1.184*	1.88	-0.247*	-1.75
Lnk	0.035	0.81	-0.114	-0.8	-0.281	-0.98	0.061	0.94
Lnpeop	-0.100***	-5.21	0.365***	5.6	0.635***	4.8	-0.180***	-6.05
lnhealth	-0.170***	-3.08	0.721***	3.86	0.956***	2.52	-0.209**	-2.46
lntrade	0.098**	2.32	-0.459***	-3.18	-0.497*	-1.7	0.074	1.12
_cons	3.89***	4.43	-16.64***	-5.64	-19.99***	-3.34	4.384***	3.27
样本数	77		77		77		77	
F 检验值								
Wald chi(2)	63.64		60.38		39.29		79.91	
Hausman 检验值	1.57		2.96		8.07		5.74	

注：***、**和*分别表示相应解释变量在1%、5%和10%水平上呈现显著性。

表 7-3 显示了房价水平对中部地区工业结构影响的计量检验结果。表 7-3 第二、第三列和第八、第九列显示的是房价变动与劳动密集型行业变动的关系。当期房价水平对劳动密集型行业就业人数比重和产值比重均存在促进作用，当期房价每上升 1 个百分点，该行业就业人数比重上升 0.154 个百分点，该行业产值比重上升 0.256 个百分点；而滞后一期房价对就业人数比重存在促进作用，对产值比重存在不显著的抑制作用，房价每上升 1 个百分点，劳动密集型行业就业人数比重上升 0.090 个百分点。第四、第五列和第六、第七列显示的是房价变动与资本密集型行业变动的关系。当期房价水平对资本密集型行业就业人数比重和产值比重均存在抑制作用，当期房价每上升 1 个百分点，该

行业就业人数比重下降 0.589 个百分点，该行业产值比重下降 1.113 个百分点；而滞后一期房价对资本密集型行业就业人数比重存在抑制作用，对产值比重存在不显著的促进作用，房价每上升 1 个百分点，该行业就业人数比重下降 0.270 个百分点。

（三）房价水平对西部地区工业结构影响的面板数据分析

采用与东部地区面板数据相似的估计方法，选择恰当的个体效应形式对西部地区面板数据进行分析，实证结果如表 7-4 所示。

表 7-4　　　　房价变动对西部地区工业结构影响的计量检验结果

	lnlemp 劳动密集型行业就业人数比重		lnkemp 资本密集型行业就业人数比重		lnkgdp 资本密集型行业的产值比重		lnlgdp 劳动密集型行业的产值比重	
	系数	t 值	系数	t 值	系数	t 值	系数	t 值
效应模型	固定效应模型		固定效应模型		固定效应模型		固定效应模型	
Lnhp	0.323***	4.47	-0.539***	-3.96	-0.515***	-2.72	0.618***	3.04
L.lnhp	0.033	1.11	-0.162***	-2.87	-0.229***	-2.92	0.093	1.1
Urb	-0.232***	-2.92	0.607***	4.06	0.947***	4.55	-0.989***	-4.43
Lnw	0.451**	2.62	-1.361***	-4.19	-2.112***	-4.68	1.316***	2.71
Lnk	0.183***	6.44	-0.395***	-7.39	-0.524***	-7.04	0.457***	5.72
lnpeop	0.142***	5.15	-0.410***	-7.87	-0.538***	-7.42	0.344***	4.43
lnhealth	-0.205***	-4.05	0.328***	3.44	0.333**	2.51	-0.452***	-3.17
lntrade	0.044	1	0.007	0.09	0.161	1.39	-0.047	-0.38
_cons	-6.342***	-3.25	16.332***	4.43	25.208***	4.92	-16.57***	-3.02
样本数	99		99		99		99	
F 检验值	36.9		47.05		33.51		20.45	
Hausman 检验值	27.26***		61.03***		60.97***		25.34***	

注：***、**和*分别表示解释变量在 1%、5% 和 10% 的水平上显著。

表 7-4 显示了房价水平对西部地区工业结构影响的计量检验结果。表 7-4 第二、第三列和第八、第九列显示的是房价变动与劳动密集型行业变动的关系。当期房价水平对劳动密集型行业就业人数比重和产值比重均存在促进作

用,当期房价每上升1个百分点,该行业就业人数比重上升0.323个百分点,该行业产值比重上升0.618个百分点;而滞后一期房价对就业人数比重和产值比重均存在不显著的促进作用。第四、第五列和第六、第七列显示的是房价变动与资本密集型行业变动的关系。当期房价水平对资本密集型行业就业人数比重和产值比重均存在抑制作用,当期房价每上升1个百分点,该行业就业人数比重下降0.539个百分点,该行业产值比重下降0.515个百分点;而滞后一期房价对资本密集型行业就业人数比重和产值比重均存在抑制作用,房价每上升1个百分点,该行业就业人数比重下降0.162个百分点,该行业产值比重下降0.229个百分点。

综上所述,通过对全样本以及东、中、西部分地区进行面板计量检验结果,实证结果比较如表7-5所示。

表7-5 房价变动对工业结构影响的全样本和分地区计量检验结果

变量	Lnlemp	Lnlgdp	Lnkemp	Lnkgdp	区域
Lnhp	+ ***	+ ***	− ***	− ***	全样本
L.lnhp	− ***	− ***	+	+ ***	
Lnhp	+ ***	+ ***	− ***	− ***	东部
L.lnhp	− ***	− ***	+ **	+ ***	
Lnhp	+ **	+ **	− **	− **	中部
L.lnhp	+ **	−	− *		
Lnhp	+ ***	+ ***	− ***	− ***	西部
L.lnhp	+	+	− ***	− ***	

从表7-5可以看出,当期房价对工业结构调整影响与全样本、分东中西部地区实证结果完全一致;然而,滞后一期房价对工业结构调整影响与全样本、分东中西部地区实证结果有所差异,因此需要重点分析。

从东部地区面板数据的分析结果来看,房价变动对工业结构调整影响的作用方向和全样本面板数据结果基本保持一致。当期房价水平促进劳动密集型行业的发展,抑制资本密集型行业发展;滞后一期房价水平促进资本密集型行业的发展,抑制了劳动密集型行业发展。这在一定程度上说明房价对工业结构调整的影响主要是由东部地区引起的,最多的还是发生在东部地区。

尽管在最近几年,我国东中西部地区城市房价都在一定程度上有所上涨,但是东部地区城市房价涨幅最大,随着东部地区房价的过度上涨,经受房价上涨的一段时间冲击之后,最终使得消费者面临的效用水平持续下降,生产者承受的劳动力成本、地租等生产成本压力逐步增大,迫使东部地区部分劳动力向外迁移,劳动密集型企业也不得不另谋出路,或转移到中西部成本较低的区域,或向产业价值链更高端攀升,提高产品的收益率。劳动密集型行业产业的退出,为资本密集型行业在东部地区的发展提供了空间;生产成本的日益扩大也为资本密集型行业的发展提供了激励,东部地区实现区域内的产业升级。值得注意的是,不同于全样本面板数据分析,东部地区滞后一期房价对资本密集型行业从业人员的促进作用十分显著,这在一定程度上表明:在东部地区大型城市较多,经济发展程度较高,基础投资建设也更为完善,因此基于多样化选择的消费观念、对个人发展空间的追求,以及资本密集型行业从业人员知识、技术含量水平较高,在劳动力市场上拥有较强的谈判能力,应对城市高房价的弹性较强,使得资本密集型从业人员依然会向大城市集聚。东部地区滞后一期房价对资本密集型行业劳动力有显著的促进作用,其原因除了劳动力的自发流入,还有企业为了资本密集型行业长期发展而实施"人才储备"措施,对相关从业人员给予如房补、提高工资等待遇来吸引高端劳动力,满足自身发展需求。经过对房价上涨作出相应调整之后,逐渐消化当期房价对资本密集型劳动力的挤出效应,表现出滞后一期房价促进资本密集型行业的发展。此外,在表7-5中我们发现有别于东部地区,中、西部地区滞后一期房价均对资本密集型行业从业人员存在明显的挤出作用。这在一定程度上表明全样本分析中滞后一期房价对资本密集型劳动力的影响不显著可能正是因为房价对此类型劳动力在东部地区的促进作用与在中、西部地区的抑制作用相互抵消所致。

从中部地区实证结果来看:滞后一期房价上涨对劳动密集型行业就业人员比重的影响显著为正,对资本密集型行业就业人员比重的影响显著为负。这表明,中部地区目前仅承接了东部地区劳动密集型、低附加值行业产业的转移,尚不具备发展资本密集型等附加值较高的产业的能力。高技术人才缺失或是制约中部地区发展资本密集型行业的一个瓶颈。从西部地区实证结果来看:滞后一期房价水平对劳动密集型行业发展存在促进作用,对资本密集型行业发展存在显著的抑制作用。这表明,虽然中西部地区的房价水平也有所提高,但与东部地区相比,房价水平还是相对较低,其中西部地区的房价水平最低。基于西部地区低房价、低成本的比较优势,大量劳动密集型企业纷纷落户西部。随着劳动密集型行业产业的发展,经济发展水平的提高,劳动力回流趋势也渐显,在西部地区实现新的产业集聚。但同时我们也可以发现，目前西部地区和中部地区一样，只具备承接劳动密集型等低附加值产业转移的能力，西部地区的资本密集型行业产业或受到东部城市范围经济、技术溢出等集聚力的影响，逐渐迁至东部地区。

第六节 结论和政策建议

本章基于新经济地理学的 CP 模型，借鉴高波等（2012）的研究成果，将房价因素加入 CP 模型进行扩展，实证分析房价变动对工业结构调整的影响，得到的主要结论有：

在全样本的面板数据分析结果中，我们发现：当期房价的上涨促进劳动密集型行业的发展，抑制资本密集型行业发展，而滞后一期房价的上涨对两种不同要素密集度行业的影响则恰恰相反，滞后一期房价促进资本密集型行业的发展，抑制劳动密集型行业的发展。上述结果说明，对于劳动密集型行业来说，其从业人员收入较低，主要以租房为主，房价对房租的影响有一定的时滞型，房价上涨一段时间后会引起房租上涨，从而抑制劳动力的流入，因此，滞后一期房价表现出抑制劳动密集型行业发展；由于房地产业涉及面广，当期房价上涨可能会促进相关劳动密集型行业发展，从而吸引劳动力的流入，因此，当期房价表现出促进劳动密集型行业发展。对于资本密集型行业来说，其从业人员工资较高，主要以购房为主，当期房价上涨直接增加购房费用，从而对其从业人员产生挤出效应，表现出抑制资本密集型行业发展；由于资本密集型行业从业人员工资高、能力强、应对房价弹性大，而且高房价地区就业机会和个人发展空间更大，对人才吸引力更强，因此房价经过一段时间调整之后，反而会促进资本密集型行业发展。

在分区域面板数据的实证结果中，我们发现：第一，东部地区房价变动对工业结构调整影响的作用方向和全样本的面板分析结果基本一致，这在一定程度上说明房价对工业结构调整的影响主要是由东部地区引起的。东部地区房价上涨到一定程度，会引起劳动密集型行业从业人员向外迁移，相关企业也另谋出路。劳动密集型行业产业的退出，为资本密集型行业的发展提供空间，最终实现区域内的产业升级。第二，在中部地区，房价的上涨促进劳动密集型行业的发展，表明中部地区凭借其低成本的比较优势，很好地承接了东部地区劳动密集型产业的转移，实现自身的产业升级。但目前中部地区尚不具备发展资本密集型等附加值较高的产业的能力，中部地区人才流失严重，高技术人才缺失或是制约其发展的一个瓶颈。第三，在西部地区，房价的上涨促进了劳动密集型行业的发展，且该促进作用比在中部地区更大，对资本密集型行业的发展则存在抑制作用。和中部地区一样，目前西部地区也只具备承接劳动密集型等低附加值产业转移的能力，该地区的资本密集型行业产业或受到东部地区范围经济、技术溢出等集聚力的吸引，向东迁移。上述结果说明，东部地区房价过快上涨，经过一段时间调整，使劳动密集型行业生产成本和从业人员生活成本不断增加，迫使东部地区部分劳动力向外迁移，从而使劳动密集型产业同劳动力向房价更低的中西部地区迁移，东部地区资本密集型行业从业人员追求多样化的消费选择以及应对房价能力强，再加上东部地区提供诸如人才房的"人才储备"策略，使得资本密集型产业向东集聚。

结合以上结论，本章对未来我国房价调控政策和工业结构调整政策提出以下建议：

第一，面对房价上涨，合理制定工业结构调整的目标和措施。房价上涨一段时间后使该地区众多劳动密集型行业从业人员生活成本上升，他们不堪生活重负，采取迁移决策，同时也对劳动密集型等中低端产业产生挤出效应。因此在该地区为了避免出现产业空心化，实现经济的良好、持续发展，应加大对资本密集型等高端产业的建设力度。从区域层面上来看，对于经济发展较快、房价较高的东部地区，应大力扶持资本密集型企业的发展，以谋求产业升级和创新。而对于经济发展相对较落后、房价水平相对较低的中西部地区，则应当注重各种基础设施、公共品的建设与完善，为承接从经济发达地区转移出的产业做好准备。

第二，各地区应该科学制定与从业人员住房需求相关的住房政策。对于东部地区而言，制定的住房政策应以吸引人才，留住高附加值产业发展所需的人员为目标。具体可以通过提供人才补贴、税收减免、住房补贴、"人才保障房"等形式实现对人才的储备，以满足产业升级的需要。对于中西部地区而言，应当建立各层次的住房保障体系，尽可能多地提供中低收入群体保障房，并扩大其覆盖范围，以满足劳动密集型行业就业人员在流入地的住房需求。同时，在中西部地区应做好房价的控制，防止该地区房价过高上涨，避免地区相对比较优势的丧失。

第三，重点加快中西部地区产业转移载体的建设与完善。目前我国想要在中西部地区发展资本密集型行业产业将是任重而道远的。针对这种现象，中西部地区应加强交通、通信等基础设施的建设，落实各项人才引进战略，同时引导当地劳动力资源向高技术人才转变，为该地区资本密集型行业的发展提供强有力的人才保障，这或许是今后中西部地区进一步实现产业升级，经济持续强劲发展的一个出路。

第八章
金融约束与房地产市场发展

近十几年来，中国房地产市场一直保持快速发展。中国房地产市场投资额在2003年达到1万亿元，到2012年则达到7.2万亿元，年均增速超过20%。房地产业产值也迅猛增长，从2003年的6172.7亿元一直增长至2012年的29005.0亿元，占中国GDP的5.7%[①]。房地产业成为国民经济的"支柱性产业"。然而与此形成鲜明对比的是，从2003年开始，中国房地产市场开始长达10年之久的持续宏观调控，除了财税政策、土地政策以及限购等行政手段外，金融市场融资约束不断加强是其中最重要的市场调控手段[②]。

房地产行业资金需求量大，建设周期长，是十分典型的资金密集型行业，房地产业的发展必须有巨量资金的支撑。因此，一个令人费解又值得关注的问题是，在资本要素流动存在管制的制度框架中，在金融市场融资受到严格约束的情况下，巨量资金是如何从金融市场流动到房地产市场，推动房地产市场迅速发展和有效扩张的？

由于房地产业快速发展，在国民经济中的地位越来越重要，国内学者对中国房地产市场的研究兴趣与日俱增。对房地产市场投融资的关注早期主要集中在房地产市场投资策略分析、房地产市场泡沫和房地产市场周期等问题上（郝寿义、高炽海，1998；王勉、唐啸峰，2000；袁志刚、樊潇彦，2003）。石亚东（2005）较早从房地产开发资金来源结构的角度指出，房地产业融资渠道单一、风险集中、开发企业自有资金不足。吴老二（2006）利用房地产投

---

① 数据来源：《中国统计年鉴2012》及相关统计公报。
② 2003年6月13日，中国人民银行出台了《关于进一步加强房地产信贷业务管理的通知》，同时提高了房地产开发贷款和个人住房贷款的门槛，其后随着房地产市场调控的深入，房地产开发企业和购房者在信贷规模、利率水平以及抵押按揭条件等各个方面受到越来越强烈的融资约束。此外，资本市场也存在着严格证券发行管制与金融创新管制，给房企融资带来了供给方约束。

资和销售的回归数据分析表明,房地产投资资金的来源结构对房地产价格有重要影响,外资和民营资本对房地产价格上涨起着重要的推动作用。平新乔、陈敏彦(2004)发现,土地价格优惠和信贷注入支持是房地产市场大规模投资的推动力量。为数众多的文献讨论了货币政策通过利率和信贷规模途径对房地产市场的传导机制,以及房地产市场与货币市场间的互动关系(周京奎,2005;梁云芳、高铁梅,2007;王先柱、赵奉军,2010;陈欢、马永强,2013)。此外,还有学者从房地产市场的微观市场结构、消费者预期行为以及房地产上市公司市场绩效等方面探讨房地产市场的投融资问题(高波,2005;杜敏杰、刘霞辉,2007;况伟大,2009;宋芳秀等,2010)。上述研究从不同角度讨论了房地产市场资金的投入规模、结构和动力等,但是没有触及在持续的金融管制和干预下,巨量资金如何从金融市场转移到房地产市场的机理问题。而探寻这一机理性问题,不仅对理解房地产市场运行规律十分重要,对分析宏观经济运行规律和调控政策也十分必要。

本章认为理解金融约束下的房地产市场发展需要从微观角度,特别是从房地产开发企业角度着手。从整个房地产市场运行角度看,房地产开发企业(以下简称房企)是房地产市场核心的微观主体,正是依赖其融资行为和示范效应,才使得房地产市场的融资障碍和制度壁垒不断被削弱和突破,实现了资金从金融市场向房地产市场的转移。可以说,房地产开发企业事实上充当了房地产市场的"融资通道",房地产开发企业的投融资活动促成了金融市场约束下房地产市场的逆势生长。因此,本章拟从上市房地产企业微观层面入手,从上市房企土地投资和其股价的互动关系角度考察房地产开发企业充当的房地产市场和金融市场之间的"融资通道"效应。

第一节
经验事实与机理分析

本章选择上市房企的"股地互动"投融资行为,作为分析金融市场与房地产市场资金融通的切入点,基于如下几个原因:首先,房地产企业投资中资本市场投资比重显著提高。按现行统计口径,房地产企业资金来源被划分为国内贷款、利用外资、自筹资金和其他资金,自筹资金主要包括自有资金和资本市场融资①。房地产市场资金来源中的国内贷款部分比例在逐渐下降,已经从2003年的23.8%下降到2012年的15.3%;自筹资金部分比例在逐渐增加,增加部分主要来自资本市场,到2010年,资本市场资金已经占到总资金的17.0%②。其次,资本市场指标对其他渠道来源资金具有指示器作用。房地产企业投资除了国内贷款外,其他资金中的定金及预收款、个人按揭贷款,也有很大一部分来源于银行系统。企业的股票市场价格不仅反映了行业景气程度,也反映了公众的心理,因此上市房企的资本市场表现既会影响到银行的贷款额度,也会影响到其他资金中定金及预收款、个人按揭贷款等,是资金流动的观测指标和放大器。最后,上市房企由于企业规模及管理水平等原因在房地产开发企业中比较有代表性,并且上市企业的微观数据公开准确,便于比较和分析。

金融市场和房地产市场之间的"股地互动"机理大致可分为以下三个环节:

一、土地投资对股价的影响机制

从房地产企业运行角度看,房地产企业的运营资金大致可以分为如下几部分:一部分是房地产企业的自有资金和资本市场融资,第二部分是企业直接从银行获得的抵押或非抵押贷款,第三部分是各种预收和应付账款。对企业的评价和估值直接决定了房企获得的贷款额度和保有的预收和应付款数量,也就是说企业的资本市场表现能够影响到房地产市场运行链条中各利益主体的预期,从而影响房地产企业的资金获取情况。对于自有资金占整个运行成本比例很小的房地产行业,市场预期和反应是特别重要的。因此,房地产企业只要能够得到市场认可,就可能拉动上游建材企业、建筑商和下游购房者以及银行系统的庞大资金③,从而绕开直接针对房地产企业的金融管制。

在房地产市场景气周期中,土地资源就是这样一个可以让房地产开发企业获得市场认可和追逐的关键性指标。土地是房地产开发不可或缺的部分,土地投资的多少能够反映出房地产市场的发展现状及其走势。就房地产企业而言,

---

① 房地产投资中利用外资部分占比极小,一般年份在全部投资额的1%左右,且其中70%—80%为外商直接投资,因此我们不在此讨论。
② 根据《中国房地产统计年鉴》相关数据计算得到。
③ 从房地产市场发展经验看,一般不需要通过自有资金拉动,仅依靠预期和信用就可以带动资金的流动。

土地资源作为其核心资源，在一定技术条件下，土地开发的规模和速度从根本上决定了房产开发的规模和速度（刘琳，2004），土地储备量的大小将决定房地产企业未来发展的潜力。因此，土地投资不仅仅是企业投资的一项重要组成部分，也是其发展壮大的基础环节。土地转让实行"招拍挂"制度以来，土地市场与资本市场关系逐渐密切，土地交易成为理解房地产市场的"晴雨表"。因此，拿到土地的房地产企业会被市场给予高度评价，会直接影响房地产企业在资本市场的表现。从这个意义上讲，土地资源是房地产市场资本运作的起点和"命脉"。

二、股价上涨对房地产市场投资的影响机制

如前所述，房地产企业在土地上投资往往会推动企业股价上涨，股价的上涨也会推动房企投资的增加。不过股价上涨一般不会直接影响投资，而是通过影响企业融资来间接影响投资。就现阶段我国的房地产市场而言，资本市场融资主要是股权融资。企业股价越高，其进行股权融资的成本就越低（Fischer和Merton，1984），因此，股票价格的上涨往往对应着企业增资、扩股的增加。在资金密集型的房地产行业中，企业扩张必然要依赖外部融资，选择股价处于相对高位时进行股权融资是房企的理性选择（Lucas和McDonld，1990）。一般来说面临的融资约束越大的企业，在此时的股权融资倾向越强（Blanchard等，1993；Baker等，2003）。

股票价格提高并不仅仅能够影响房地产企业的资本市场融资，还会对房企的信贷融资产生一定的影响（潘敏等，2011）。在股票价格上涨时，其产生的效应也会通过一定的传导链条促使房企增加信贷融资：一方面股票价格向潜在的借款人传递出企业价值上升、负债能力增强的信号，影响其借贷额度和期限；另一方面，信贷融资能力还取决于企业破产时能够出售的资产价值。股票价格越高，则在清算时资产的出售价值越高，其负债能力就越强。所以，房企股价的上升使得企业更加容易获得信贷融资。另外，房企股价的上涨能够改变相关利益主体的预期，从而能够从要素（原材料、劳务等）市场、房产市场吸引更多的资金流入[①]。

---

① 来源于要素市场的应付账款以及来源于房产市场的预收账款，虽然属于企业的自发性负债，但严格来说它们是企业主动选择的融资行为。

三、股地互动的正反馈机制

由于金融管制的原因,面临融资约束是房地产企业的常态,加之股价较低时的股权融资非常有限,容易导致投资不足的问题(唐小飞等,2011),所以当股价处于相对高位时,由于融资成本降低,会使潜在的投资需求被释放出来(Stein,1996)。此外,房地产上市企业的经营者也会迫于外部治理压力而迎合投资者情绪,在房地产市场景气时扩大投资规模(Polk 和 Spienza,2009)。因此,房地产企业融资所获得的资金通常不会用于累积现金,而是随着房地产企业无法抑制的投资冲动被投入到新的开发项目中,从而引起新的土地需求。

在房地产市场内部,房地产企业投资,不论是对土地的投资还是对房产的投资,都会催生出新的土地需求。其中,地产投资会直接引发对土地的需求;对房产的投资意味着对原有土地储备的消耗,也暗含着土地要素稀缺性的凸显,进而派生出新的土地需求。房地产企业的土地投资行为又会再次对其股价产生正向影响,形成正反馈。

房地产企业土地投资与其股价的相互作用,帮助企业突破融资瓶颈,顺利完成投融资活动。而房企在微观层面的行为也会在宏观层面有所反映,房企土地投资影响其股价表现为土地市场影响股票市场,房企融资表现为金融市场资金流向房地产市场,房企将融资转化为投资表现为房地产市场的资金配置。可以说,微观的房地产企业恰恰充当了连接整个房地产市场与金融市场的桥梁,房地产企业通过自身的投融资活动从金融市场、房地产市场以及其他关联市场不断汲取资金、循环推动自身发展,从而起到了将资金从金融市场输送到房地产市场的作用。

第二节 研究设计

在前面的分析中,我们讨论了房地产突破融资壁垒的关键机制在于股地互动的示范效应。土地在房地产开发中具有核心作用,房地产企业的拿地行为会在资本市场上形成股价推动效应,股票市场的信号机制又会进一步推动其他环节的资金流向房地产市场。股地互动具有循环往复的特点,所以在实证层面上必须证实获取土地对房企市场价值的影响,也需要证实房企资本市场获利会带动房地产市场投资的反馈机制。本部分首先检验房地产企业拿地对其股价的影响,然后检验房地产企业股价上涨对房地产投资的影响。

一、房地产企业拿地对其股价的影响

(一)研究方法与模型设定

根据研究问题,我们采用事件分析法对房地产企业拿地对其股价的影响进行检验。对于上市房企而言,拿地信息通常并不是拿地当日就公之于众,只有在上市公司发出公告时,才算是真正意义上的将信息传递到市场,投资者才能知晓具体的土地信息,作出相应的投资行为。因此本章选取拿地公告日作为事件日。事件分析法在企业公告效应研究中有较多应用,本章选取窗口期内的累计超额收益率(CAR)作为被解释变量,结合拿地公告效应的自身特征,从市场层面、企业层面和事件自身层面选取了6个变量:就土地交易事件本身而言,选用地块总价、地块相对面积、所拿地块的城市等级3个变量;在企业层面将公司股权性质作为特征变量;市场层面分别选用房地产市场调控方向和地产指数同期走势作为控制变量。建立如下模型:

$$CAR_i = \alpha_0 + \alpha_1 Area_i + \alpha_2 Pri_i + \alpha_3 City_i + \alpha_4 P \times City_i + \alpha_5 EQua_i + \alpha_6 Dir_i + \alpha_7 Tre_i + \varepsilon_i \quad (8-1)$$

(二)变量界定与描述

1. 超额收益率和累计超额收益率(CAR)

对于窗口期内的异常收益,我们采用较为常用的市场调整收益模型进行度量[①]。该模型假设个股在没有受到研究事件的影响下,窗口期内某一期的预期收益率即为当期市场收益率。

对于第 i 个拿地公告在窗口期第 t 日带来的超额收益率 AR_{it},计算公式

---

① 计算异常收益率的方法主要有市场模型法、均值调整模型法(事件窗口期内单个股票收益率减估计期内的平均收益率)、市场调整收益率法(个股收益率减去市场收益率)、资产定价模型、使用虚拟变量来体现异常收益率、三因素模型法等。限于拿地公告效应的特殊性和数据可得性,我们采用市场调整收益率法。

如下：

$$AR_{it} = R_{it} - E(R_{it}) = R_{it} - R_{mt}$$

其中，R_{mt}为市场收益率，本章选用上证综合指数和深证成份指数的日收益率进行衡量。

为了衡量第 i 个拿地公告在整个窗口期对股价的影响，可以计算在窗口期（t_1，t_2）的累计超额收益率 $CAR_{i,(t_1,t_2)}$，计算公式如下：

$$CAR_{i,(t_1,t_2)} = \sum_{t=t_1}^{t_2} AR_{it}$$

所有样本在窗口期内第 t 日的平均超额收益率 AAR_t 以及（t_1，t_2）的累计超额收益率 $CAR_{(t_1,t_2)}$ 分别为：

$$AAR_t = \frac{1}{n}\sum_{i=1}^{n} AR_{it}, CAR_{(t_1,t_2)} = \sum_{t=t_1}^{t_2} AAR_t$$

其中，n 为样本数。

2. 地块相对面积（Area）

地块面积的大小直接反映了企业土地储备增加的多少，传递着企业开发能力的信号（刘洪玉、任荣荣，2008）。对不同规模的企业而言，其土地需求存在着较大的差异，即便较大规模房企的拿地频率通常会高于较小房企，但获得同样大小的地块对他们的意义也不尽相同，市场也会作出不同的解读。因此，地块相对面积更能反映出所拿地块之于企业的意义，特别是对其股价波动的意义。本章选用地块相对面积作为企业拿地的主要指标，地块相对面积为地块出让总面积与企业期初总资产之比，其单位为每万元资产对应的土地面积。

3. 地块总价（Pri）

地块总价，即土地成交总价，其不仅反映了房地产企业的资金实力，也可能夹杂着房企非理性拿地、哄抬地价、借机炒作的因素。房地产企业获得高价地块，特别是拍得总价地王，往往会引发较大的市场轰动，这种效应在股票市场也会有所反映，地王之后的股价暴涨景象时有发生。但高价地块的另一面是开发成本的上升、资金的不合理使用，如果地块单价高于周边楼面价格，更可能带给投资者悲观的预期。因此地块总价也是股价变动的一个重要的影响因素。

4. 地块所在城市等级（City）

房地产市场具有显著的地域特征，不同城市的房地产市场发展状况各异，企业在不同城市的拿地行为对其股价也会有不同程度的影响。结合房地产市场发展状况，我们将所有城市分为一、二线城市和非一、二线城市①，分别赋值为 1 和 0。一般来说，一、二线城市的房地产市场通常面临着更为严格的政府管制。另外，本章还将总价高于均值的地块定义为高价地块，取值为 1，总价低于均值的地块定义为低价地块，取值为 0，并用它们的交互项（P×City）表示综合考虑城市等级因素的地块总价。

5. 拿地房企的股权性质（EQua）

引入拿地房企的股权性质这一虚拟变量，是为了分辨所有制背景对房企拿地股价效应的影响，如果拿地房企的第一大股东为国有性质，则取值为 0，反之为 1。一般认为，国有背景房地产企业在土地获取中更具优势，比如巫景飞、苏健（2012）利用 2005—2010 年的数据研究发现，国有房企拿地量明显高于非国有房企。同时，由于拥有更为宽广的融资渠道，更少面临金融约束，国有房企时常是地王的重要推动力量，其拿地行为并不完全从企业发展的真实需求出发，传递给投资者的信号也更为复杂。

6. 房地产市场调控方向（Dir）

住房市场化以来，房地产业迅猛发展，市场地位不断提升，针对房地产市场的调控政策也在不断革新。在不同的政策环境下，投资者会对房地产企业的发展前景作出不同的预期，进而会作出不同的投资决策，影响企业的股票价格。本章以利息调整为主线，综合考虑房地产调控细则②，将房地产市场的调控政策分为刺激政策和抑制政策，刺激政策对应上调期，取值为 1，抑制政策对应下调期，取值为 0。

7. 地产指数同期走势（Tre）

在股票市场，企业与行业表现往往呈现出较大的相关性，行业层面的消息会对企业股票波动产生影响，企业层面的消息又会带动行业指数的波动。因此，在对企业拿地行为的股价效应进行研究时，引入行业指数的走势，既能反映出板块对个股的作用，也能够更准确地定位其他因素的影响。我们将窗口期内的地产指数收益率作为地产指数同期走势的衡量指标。

（三）数据说明

本章采用土地出让实行"招拍挂"制度以来房企在土地市场的投资行为

---

① 本章的一二线城市主要指经济指标比较好的 35 个大中城市，具体名单可参见 http://estate.caijing.com.cn/2012-05-25/111861769.html。

② 最终确定的分界点为 2008 年 9 月 16 日、2010 年 4 月 17 日和 2012 年 2 月 24 日。

对其股价的影响进行研究,具体研究区间为2004年9月1日至2012年9月30日。本章研究的样本股票日收益率、上证综合指数(000001)、深证成份指数(399001)、上证地产指数(000006)日收益率、深证地产指数(399200)日收益率均来源于国泰君安大智慧软件;拿地信息、公司财务数据来自巨潮资讯网。此外,我们还利用中国土地挂牌网的微观数据对拿地信息进行补充。本章研究将国泰君安大智慧房地产板块中的房地产开发企业作为目标企业,将其拿地公告作为基础样本,筛选后共剩下85家公司,435个样本观测值,其中,国有企业40家,对应216个样本观测值,非国有企业45家,对应219个样本观测值[①]。

二、房地产企业股价对其投资的影响

(一)模型设定

本部分旨在验证上市房企股价对其投资的影响。在以往的股价对企业投资影响的研究中,股价水平的测度多采用托宾Q等静态指标(Xiao,2003;黄伟彬,2008;陈德球等,2012)。然而,股票市场存在着周期波动性,牛市中整体股价水平较高,熊市中整体股价水平较低。房地产企业又由于其自身的特征,对外部融资的依赖性很高,在熊市中也对外部融资有很强烈的渴求,从而会寻求股价的相对高点进行融资,绝对股价水平的高低与房地产企业融资的多少并不能完全对应。因此,使用绝对股价水平这一静态指标并不能全面地反映出股价对企业投资的影响。Barro(1990)使用美国股票市场年度数据考察了股票价格变化和投资增长率的关系,发现滞后1期的股票价格变化对投资增长率的解释力要高于托宾Q。本章利用Barro的指标设计思路,结合研究问题,使用股票季度收益率作为相对股价水平的测度指标。房企股价水平对其投资影响的模型设定具体如下:

$$\text{Inv}_{it} = \beta_0 + \beta_1 \text{RPri1}_{it} + \beta_2 \text{RPri2}_{it} + \beta_3 \text{RPri3}_{it} + \beta_4 \text{Size}_{it} + \beta_5 \text{IOpp}_{it}$$

---

① 筛选原则为:(1)为避免异常值的影响,剔除期间公司股票被评为ST、PT的拿地公告;(2)剔除因公司采取汇总公告的方式,无从得知具体拿地时间的拿地公告;(3)剔除事件窗口处于股票停牌期间,股票市场无从作出反应的拿地公告;(4)剔除由于假期的间隔,-1交易日出现在拿地日期之前,使事件窗口失效的拿地公告;(5)剔除事件窗口期有股利分配公告、股票增发公告、其他证券的发行公告、公司财务报告(包括年报、半年报和季报)发布的拿地公告。

$$+ \beta_6 FCF_{it} + \beta_7 HPro_{it} + \beta_8 SPro_{it} + \varepsilon_{it} \qquad (8-2)$$

(二) 主要变量说明

1. 房企投资支出 (Inv)

房企季度投资支出是模型中的被解释变量。由于房地产行业的特殊性，购建固定资产、无形资产和其他长期资产支付的现金等一般指标并不能有效衡量其投资支出，因此本章研究特意选择独营房地产业务或房地产业务占绝对主导地位的房地产企业作为研究样本，利用本期末与上期末的总资产差额来衡量当期投资支出，并除以上期末的总资产以消除企业规模的差异可能带来的影响，即 Inv = (本期末资产总额 - 上期末资产总额)/上期末资产总额。

2. 滞后期相对股价水平 (RPri)

基于绝对股价水平存在的缺陷与市场互动的实际特征，本章使用股票季度收益率衡量房地产企业的相对股价水平，即本期收盘价相对于上期收盘价的变动率。由于股价变动对房企投资的影响需要经历一定中间环节的传导，房企投资对股价的反应也往往存在滞后性，因此本章引入滞后1、2、3期股票季度收益率，分别表示为 RPri1、RPri2、RPri3，从而能够鉴别出更为合适的房地产投资滞后期。

3. 其他控制变量

企业规模 (Size)：本章选用一般指标期末总资产的自然对数加以衡量。企业规模的不同不仅表现为投资绝对额的不同，还预示着市场地位的差异，从而也会对其投资额产生影响。

期初投资机会 (IOpp)：本章采用托宾Q值作为衡量房企季度初期投资机会的代理变量，借鉴黄伟彬 (2008) 的计算方法，转化得到托宾Q值 = (上期末账面资产总额 - 上期末股东权益总额 + 上期最后一个交易日股价 × 总股数)/上期末账面资产总额。

期初自由现金流 (FCF)：依照赵中伟 (2011) 对自由现金流的衡量，本章在经营现金净流量的基础上加以处理，并消除企业规模对自由现金流绝对量的影响，计算公式如下：FCF = (经营活动现金净流量 - 股利和利息的现金支付)/总资产。

房市兴衰 (HPro)：房市兴衰用季度内国房景气指数的均值加以衡量，其反映了房地产市场基本运行状况，体现了房地产业的兴衰。国房景气指数作为一个综合指标，不仅包含房地产市场的投资情况，还融入了房地产企业的销售信息。

股市牛熊（SPro）：对于牛、熊市的界定，目前尚无统一的结论。本章参考何兴强（2006）的判别标准区分出牛、熊市，将完全处于牛市或熊市中的季度直接划为牛市季度或熊市季度，结合市场情绪，处于牛市转熊市拐点处的季度定义为牛市季度，处于熊市转牛市拐点处的季度定义为熊市季度，最终得到 12 个牛市季度，取值为 1，20 个熊市季度，取值为 0。

另外，我们还考虑了房地产企业投资的季节性差异，以第一季度为基础季度，引入第二季度、第三季度、第四季度三个季度虚拟变量。

（三）样本选取与数据来源

与前面的数据相对应，此处具体研究期间选为 2004 年第四季度至 2012 年第三季度，共 32 个季度。对于上市房企的选择，在前面选定的 85 家样本企业的基础上加以筛选①，最终得到了 38 家企业，由于部分企业部分季度数据的剔除，共获得 870 个观测值，其中，国有企业 21 家，包括 481 个样本观测值，非国有企业 17 家，包括 389 个样本观测值。股票季度收益率由国泰君安大智慧软件的基础数据计算获得，国房景气指数数据来自财新网"宏观数据"部分，公司财务数据由巨潮资讯网公司财务报告基础数据整理获得。

第三节
经验结果与分析

一、房地产企业拿地对其股价影响的经验分析

（一）样本收益率数据处理与分析

本章以市场收益率为基准，对拿地公告日、公告前 1 个交易日及公告后 2

---

① 筛选原则：为（1）独营房地产业务或房地产业务占绝对主导地位（房地产业务收入占总收入的 95% 以上）。之所以排除了其他房地产企业，是因为无从获取其新增投资进入房地产市场的具体份额；（2）由于新上市房企或由非独营房地产过渡到独营房地产的房企股价波动异常，剔除其上市后或过渡完成后的首个季度；（3）剔除公司评级为 ST、PT 的季度。

个交易日的超额收益率进行计算,共获得 1740 个数据,其统计性描述如表 8-1 所示。样本超额收益率的平均值为 0.17%,深交所与上交所样本的均值也都为正,最大值和最小值分别为 11.2% 和 -8.71%。总体而言,拿地公告确实对房地产企业的股价有一定的正面效应,但对于不同的个体,公告效应会在不同的外部条件下表现出一定的特殊性。综合测算分析后,事件窗口确定为 (-1, 1)[①]。

表 8-1　　　　　样本超额收益率描述性统计　　　　　单位:%

	深交所样本	上交所样本	全体样本
平均值	0.21	0.12	0.17
中值	-0.02	-0.05	-0.03
最大值	10.46	11.20	11.20
最小值	-8.71	-7.06	-8.71
观测数	924	816	1740

(二) 样本变量描述性统计

表 8-2 给出了样本变量的描述性统计。在窗口期 (-1, 1) 内的企业拿地公告效应总体为正,累计超额收益率平均为 0.63 个百分点,但个体之间差异较大;房企平均每次拿地支出 6.97 亿元,不同地块总价有很大差别,但最少也达到了 500 万元,反映出土地投资是房企投资的重要组成;房企所拿地块的平均相对面积为 0.20 平方米/万元,且个体差异较大;另外,地产指数在窗口期内的平均收益率为 -0.05%,但受其他因素的影响,在各窗口期存在较大的差异性。城市等级、拿地房企股权性质近似平均分布,拿地时间多处于政策下调期。

---

① 为更细致地描述公告前后的股价波动,本章考察了 (-1, 2) 窗口内的全体样本的平均超额收益率和累计超额收益率。结果表明,在 (-1, 2) 窗口期,拿地公告引起的平均超额收益率均为正,但数值在逐渐减小。(-1, 1) 的平均超额收益率在 5% 水平上均显著,而 +2 日的平均超额收益率,即便在 10% 水平上也不显著。分析表明,房企拿地公告效应强度在公告日后会逐渐减弱,选取 (-1, 1) 作为事件窗口最为合理。

表8-2 样本变量描述性统计

变量	均值	标准差	中值	最大值	最小值
CAR	0.63	4.86	0.13	28.22	-20.46
Area	0.20	0.42	0.08	4.78	0.01
Pri	6.97	7.80	4.24	50.03	0.05
City	0.51	0.50	1.00	1.00	0.00
EQua	0.50	0.50	1.00	1.00	0.00
Dir	0.34	0.47	0.00	1.00	0.00
Tre	-0.05	3.87	0.22	12.38	-11.94

(三)计量结果与分析

本部分主要采用带稳健标准差的普通最小二乘法(OLS)对计量模型(1)进行回归,并利用加权最小二乘法(WLS)进行稳健性检验,表8-3报告了回归结果。

表8-3 拿地公告股价效应的回归结果

变量	OLS				WLS
	(1)	(2)	(3)	(4)	(5)
Area	0.5197	0.8560**	0.8185**	0.7824**	1.5800**
	(1.17)	(2.42)	(2.33)	(2.26)	(2.03)
Pri	-0.0105	-0.0179			
	(-0.44)	(-1.37)			
City	-0.4866	-0.5142			
	(-0.97)	(-1.10)			
P × City			-0.9846**	-0.9672**	-1.4122***
			(-2.15)	(-2.14)	(-2.72)
EQua	0.6245**	0.8430***	0.8295***	0.8510***	0.8344***
	(2.24)	(3.87)	(3.40)	(4.11)	(3.18)
Dir				-0.5574	-0.1321
				(-1.28)	(-0.43)

续表

变量	OLS				WLS
	(1)	(2)	(3)	(4)	(5)
Tre		0.5190***	0.5183***	0.5161***	0.4933***
		(8.77)	(8.69)	(8.80)	(9.83)
Constant	0.3357	-0.2243	-0.0533	0.0732	-0.0830
	(0.66)	(-0.53)	(-0.16)	(0.19)	(-0.25)
R^2	0.0924	0.1880	0.1941	0.1969	0.1943

模型（1）主要考察地块相对面积、地块总价、地块所在城市等级、拿地房企的股权性质对窗口期（-1，1）内的累计超额收益率的影响。结果显示，拿地房企股权性质对累计超额收益率有显著正向影响。

模型（2）中加入地产指数同期走势之后，所有变量的系数和显著性均有所改善，显示出股票市场中板块走势与个股表现的紧密联系。房企土地储备增加的确能够得到投资者的肯定，特别是小规模企业获得较大地块时，投资者会作出更为乐观的预期。地块总价与累计超额收益率呈现出微弱的负相关性，在一定程度上说明了投资者对房地产企业不惜重金高价拿地持较为谨慎的态度。另外，投资者对房企在一二线城市的拿地行为作出了一定的负面反应，但并不显著。值得注意的是，非国有房企拿地公告的股价效应明显优于国有房企，可能是由于国有房企在融资、拿地等方面存在的优势致使其拿地行为更为频繁而缺乏理性，拿地决策并非完全从企业自身状况和市场开发需求出发；而非国有房企因为整体实力相比国有房企处于劣势，导致其拿地行为更加趋于理性和谨慎。

模型（3）引入了地块所在城市等级与地块总价高低的交叉项，结果显示其与 CAR 显著负相关，可能是因为一二线城市的房价已经处于很高的水平，调控政策也较为密集（魏成龙、张添丁，2009），市场认为所拿地块楼面价已经很高，高价拿地然后更高价卖房的模式很难奏效；另外，一二线城市也是投机者炒作的主要阵地，地价高于周边房价的景象也更易发生，投资者对房企拿地的合理性难以作出正面的评价。

模型（4）加入了控制变量房地产市场调控方向，其他变量的回归结果并无明显变化，其自身也并未对公告效应产生显著的影响，说明以利率调控为代表的金融管制政策并没有起到改变投资者预期的作用，房企的拿地行为依然得到了市场的认可，也为房企在金融约束条件下绕开直接管制，实现自身发展提供了可能。这从另一个侧面证实了房地产市场宏观调控的无效性。WLS 回归得出的所有变量的系数符号均与前者一致,且地块相对面积、地块所在城市等级与地块总价高低的交叉项对股价的影响要比前者更为强烈,说明结果是稳健的。

总体来看,表 8-3 证明了房地产企业所拿地块的基本特征及企业自身特性会影响到股票的超额收益。土地作为房地产开发企业的基础要素,拿地成为房地产企业开发中的重要一环,土地储备的增加不仅是企业进一步开发的基础,也能够提升其在股票市场的表现,但并不是利用资金优势高价拿地就能获得更大的超额收益,股票市场的反应表明投资者更加青睐合理的拿地行为。特别值得注意的是,国有房企与非国有房企拿地公告的股价效应存在着很大的差别。

二、房地产企业股价对其投资影响的经验分析

(一)样本变量描述性统计

为了能够更为准确地检测房企投资对其股价波动的反应,本章分别对全样本、国有企业样本、非国有企业样本展开研究。对样本变量进行描述性统计(见表 8-4、表 8-5、表 8-6),总结出以下数据特征:(1)国有房企投资增长率、股票季度收益率均高于非国有房企,但所拥有的投资机会却不如后者,说明自身优势致使国有房企更可能进行非理性的投资;(2)房地产企业的自筹资金难以满足其投资需求,需要借助外部融资,且各企业之间的状况存在着较大差异,对外部融资的依赖程度有所不同;(3)所选期间房地产市场总体形势较好,国有房企与非国有房企对应值的差异仅是由样本季度差异引起的。

表 8-4　　　　　　　总体样本变量描述性统计

变量	均值	标准差	中值	最大值	最小值
Inv	0.0474	0.0965	0.0410	0.6333	-0.4732
RPri1	3.34%	0.3249	2.23%	182.69%	-118.21%
RPri2	2.58%	0.3292	1.34%	182.69%	-118.21%
Rpri3	2.83%	0.3341	0.54%	182.69%	-118.21%
Size	22.4653	1.2952	22.5457	26.5748	19.5355

续表

变量	均值	标准差	中值	最大值	最小值
IOpp	1.7302	0.8889	1.4310	7.5622	0.7834
FCF	-0.0132	0.0684	-0.0133	0.5903	-0.4823
HPro	1.0127	0.0338	1.0214	1.0626	0.9453

表 8-5　　　　　　　　　国有房企变量描述性统计

变量	均值	标准差	中值	最大值	最小值
Inv	0.0527	0.0927	0.0443	0.6333	-0.4732
RPri1	3.65%	0.3234	2.46%	182.69%	-100.66%
RPri2	2.99%	0.3283	1.52%	182.69%	-100.66%
Rpri3	3.10%	0.3303	0.79%	182.69%	-100.66%
Size	22.6828	1.4175	22.7513	26.5748	19.5355
IOpp	1.6773	0.9224	1.3733	7.4923	0.8120
FCF	-0.0137	0.0628	-0.0135	0.3159	-0.3049
HPro	1.0130	0.0335	1.0214	1.0626	0.9453

表 8-6　　　　　　　　非国有房企变量描述性统计

变量	均值	标准差	中值	最大值	最小值
Inv	0.0407	0.1007	0.0373	0.5389	-0.3269
RPri1	2.95%	0.3272	1.75%	158.14%	-118.21%
RPri2	2.06%	0.3308	0.69%	158.14%	-118.21%
Rpri3	2.49%	0.3392	0.01%	158.14%	-118.21%
Size	22.1964	1.0679	22.2469	24.3369	19.5933
IOpp	1.7955	0.8421	1.5426	7.5622	0.7834
FCF	-0.0126	0.0749	-0.0110	0.5903	-0.4823
HPro	1.0123	0.0343	1.0214	1.0626	0.9453

(二) 计量结果与分析

我们利用上市房企面板数据，对计量模型 (2) 进行分析。通过豪斯曼检验，我们选用固定效应模型，首先对整体样本进行回归分析，然后再按照企业股权性质进行分组回归，回归结果见表 8-7 和表 8-8。[①]

---

① 考虑篇幅，检验过程与具体结果从略。

表 8-7　　总体样本股价对投资影响的回归结果

变量	(6)	(7)	(8)	(9)	(10)	(11)
RPri1	0.0227*	0.0236*	0.0231*	0.0227*	0.0216*	0.0240**
	(1.75)	(1.90)	(1.88)	(1.92)	(1.78)	(2.02)
RPri2	0.0423***	0.0444***	0.0428***	0.0472***	0.0410***	0.0514***
	(3.94)	(4.16)	(4.07)	(4.64)	(3.84)	(4.33)
RPri3	0.0050					
	(1.12)					
Size		0.0100	0.0156**	0.0149*	0.0152*	0.0327***
		(1.38)	(2.02)	(1.92)	(1.95)	(2.94)
IOpp			0.0279	0.0294***	0.0288***	0.0331***
			(5.00)	(5.09)	(5.39)	(4.58)
FCF				−0.0192	−0.0172	−0.0070
				(−0.43)	(−0.39)	(−0.16)
HPro					0.0039	
					(1.59)	
SPro						0.0563*
						(3.63)
季度	控制	控制	控制	控制	控制	控制
Constant	0.0309***	−0.1824	−0.3554**	−0.3521**	−0.4077*	−1.0048***
	(5.68)	(−1.13)	(−2.03)	(−2.01)	(−1.75)	(−3.09)
R^2	0.0918	0.1023	0.1433	0.1505	0.1575	0.1802

表 8-7 报告了总体样本股价对投资影响的回归结果。模型 (6) 包含了滞后 1、2、3 期的相对股价水平,控制住了季节性因素,结果显示,房企季度投资支出与三期的相对股价水平正相关；滞后 2 期相对股价水平对当期投资的影响力度最大,且最为显著；滞后 1 期紧随其后,也较为显著；而滞后 3 期的影响极为微弱,且很不显著。因此,我们在后面的回归中主要考虑滞后 1 期和滞后 2 期的影响。

模型 (7)、模型 (8)、模型 (9) 在剔除 RPri3 的基础上,先后引入了企业规模、期初投资机会、期初自由现金流等企业特征变量,RPri1、RPri2 的系数和显著性均有一定的改善。另外,与张庆、朱迪星 (2013) 的研究结果相同,企业规模、期初投资机会与企业投资表现出正相关性,特别是期初投资机会是企业投资决策的重要影响因素,但期初自由现金流与企业投资负相关,且很不显著。赵中伟（2011）对剔除了房地产行业的 A 股及香港上市公司的研究结果显示，期初自由现金流与企业投资呈显著的正向关系[①]。两者的差异可能是由房地产业资金需求大的特点所引起的，内部融资仅能满足房地产企业的小部分资金需求，在期初自由现金流为负或很小时，房企也会依赖外部融资来满足自身的投资需求，这一结果也为股价上涨向企业投资增加的传导提供了重要的外部条件。

模型（10）引入了房市兴衰作为控制变量，其与企业投资支出呈现出一定的正向关系，但并不显著。主要是由于近年来房地产市场一直处于繁荣周期当中，单个企业的投资周期并不与之完全吻合。

模型（11）使用股市牛熊替换房市兴衰，RPri1、RPri2 的系数也达到最大值，滞后 1、2 期的股票收益率上升 1 个百分点分别能够提升当期投资增长率 0.0240%、0.0514%。股市牛熊表现出与当期企业投资的正向关系，在 1% 水平上显著，说明了房地产企业投资支出与股票市场的走势一致，资本市场对房地产市场具有一定的推动作用。

表 8-8　　　　　　　　　分类样本股价对投资影响的回归结果

变量	国有企业			非国有企业		
	(12)	(13)	(14)	(15)	(16)	(17)
RPri1	0.0237*	0.0252**	0.0242*	0.0202	0.0194	0.0201
	(1.78)	(2.03)	(1.88)	(1.55)	(1.57)	(1.48)
RPri2	0.0360***	0.0343***	0.0358***	0.0568***	0.0560***	0.0601***
	(2.86)	(2.76)	(2.78)	(3.68)	(3.55)	(3.66)
Size	0.0184***	0.0183***	0.0219***	0.0372***	0.0374***	0.0438***
	(8.07)	(8.36)	(9.39)	(3.61)	(3.93)	(4.07)
IOpp	0.0168***	0.0143***	0.0212***	0.0266**	0.0233**	0.0338***
	(4.12)	(3.94)	(3.93)	(2.55)	(2.53)	(2.95)
FCF	-0.0574	-0.0630	-0.0494	-0.0201	-0.0163	-0.0148
	(-1.41)	(-1.50)	(-1.23)	(-0.36)	(-0.33)	(-0.29)
HPro		0.1422			0.1984	
		(1.02)			(0.76)	

[①] 本章与赵中伟（2011）对期初自由现金流的计算方法一致，而其样本均值分别为 -0.0132 和 0.0450，说明在房地产行业和剔除房地产行业之外的其他行业在资金需求方面存在着明显的差异。

续表

变量	国有企业			非国有企业		
	(12)	(13)	(14)	(15)	(16)	(17)
SPro			0.0373***			0.0413**
			(3.86)			(2.08)
季度	控制	控制	控制	控制	控制	控制
Constant	-0.4056***	-0.5404***	-0.5021***	-0.8523***	-1.0507***	-1.0221***
	(-4.77)	(-5.19)	(-4.31)	(-3.24)	(-3.11)	(-3.50)
R^2	0.1631	0.1653	0.1845	0.2124	0.2140	0.2306

表 8-8 报告了国有企业样本与非国有企业样本分别回归的结果。模型 (12) 和模型 (15) 包含了 RPri1、RPri2 与 3 个企业特征变量，结果显示，国有房企 RPri1 系数较非国有地产企业大，显著性也较高，但 RPri2 系数比非国有房企小得多，显著性也较低。结合两类企业的融资选择来看，国有房企融资渠道更加多元化，拥有更多的融资选择，导致其融资过程更为顺畅，从股价上涨到融资再到投资经历的时间更短。1 个季度之后，股价的投资效应就较快地释放出来，从而使其 RPri1 系数较非国有地产企业大。另外，从两者对投资机会的把握上，我们也能够寻找到一些可能的原因，从 IOpp 系数的差异可以看出，非国有地产企业显然更擅长对投资机会的把握，其投资行为也会更为理性而谨慎，这也导致了其股价投资效应的相对滞后性。同时，国有房企较小的融资约束使它预期在需要资金时能够以较低的成本筹集到所需资金 (Chow 和 Fung，1998；周黎安，2004)，其对股价上涨引起的融资机会的重视程度并不如非国有企业，致使股价的整体投资效应不及非国有房企明显。类似的，郝颖、刘星 (2009) 的研究也发现企业对股权融资的依赖程度越大，投资水平对股票市价的敏感性越高[①]。

模型 (13)、模型 (16) 和模型 (14)、模型 (17) 分别加入房市兴衰、股市牛熊变量，进一步印证了两者股价水平投资效应的差异。值得注意的是，三组回归的结果共同显示，期初自由现金流对国有房企当期投资的负面影响更为显著，主要还是由于国有房企通过其他渠道获取资金的便利性致使其面临的融资约束更小 (沈红波等，2010；黄新建、严虹，2012)。

---

① 也有研究认为国有企业迎合市场的倾向更强 (张庆、朱迪星，2013)，但他们的研究中解释变量为错误定价程度，且剔除了房地产公司。

通过对总体样本和分类样本的回归,我们发现,滞后1、2期的股价相对水平对房企投资具有一定的正面效应,房地产企业选择在股价相对较高的时机下进行融资,进而进行投资显然是一个不争的事实。就不同股权性质的企业而言,非国有房企相对股价水平的整体投资效应强于国有房企,从股价上涨到投资增加的传导时间也相对较长。

第四节
总结与讨论

本章利用2004—2012年上市房地产企业投资活动及股票市场表现的微观数据对"股地互动"机理进行实证研究。本章研究发现,房地产企业拿地行为对其股价有着明显的正面影响,这种影响在拿地公告前一交易日至拿地公告后一交易日最为显著。地块自身特性、拿地企业特征及市场状况都对其产生影响。具体而言,拿地成本较为合理、拿地相对地块面积较大的土地公告股价溢价更高;二线城市的高价地块通常会给企业带来负的股价效应;企业股权性质对拿地的股价效应具有相当大的影响,非国有房企拿地引起的股价涨幅要远远高于国有房企。以利率调控为代表的宏观调控政策对房地产开发企业的资本市场表现和投资者预期并无显著影响。

本章实证结果也表明上市房地产企业股价的上涨会在一定时期后引起企业投资的增加。房地产企业股价上涨1—2季度后,房地产投资显著增加,3个季度后投资则迅速衰减。不同股权性质的房企股价上涨后有不同的投资传导效应,非国有企业股价上涨的投资传导效应较大,传导时间较长,股价上涨1个季度之后的投资效应不及国有房企,但两个季度之后的投资效应远远超过国有房企。此外,企业期初自由现金流以及房地产景气指数等指标的股价投资效应不显著,而股市牛熊市指标的股价投资效应显著,也说明中国房地产市场投资规模受企业自身资金约束很小,与市场预期因素关系更大,资本市场指标对房地产市场投资有很大影响。

本章认为不论从房地产企业拿地行为推动股价上涨角度还是从房地产企业股价上涨引致企业投资角度看,直接针对房地产企业的金融调控政策基本无效。所以我们有必要反思过去十年的房地产市场宏观调控政策,建立更合理有效的房地产投融资体系。

房地产企业的股地互动循环作用和投融资行为不仅受到市场因素的影响，还会因企业所有制性质不同而产生显著差异。2008年金融危机之后，"地王"多数花落国有房企。国有企业利用其融资优势成为房地产市场低效率的"搅局者"。房地产市场和金融市场失序的原因部分要归咎于土地和资本要素市场管制和所有制歧视。因此推进要素市场改革，给企业公平待遇有利于提升房地产市场和金融市场的发展水平。

"股地互动"与"招拍挂"制度下"价高者得"的模式结合，更容易催生出高价地块。房地产企业"股地互动"模式的高价买地和地方政府高价卖地的"土地财政"发展模式互为依存，是理解房地产泡沫化与实体经济空心化和地方政府暴力开发与负债发展的关键机制。因此除了土地和资本市场改革之外，财政体制改革和经济社会转型升级也是解开"股地互动"困局的题中之意。

第九章
职业背景、户籍制度与城市新移民住房支付能力

第一节 背景介绍

20世纪90年代以来,随着城乡改革的深化和对外开放的扩大,中国出现了大规模人口流动。根据第六次人口普查公报显示,2010年我国流动人口为2.2亿,占总人口的16.53%,其中大中城市,特别是沿海开放的大中城市成为流动人口集中的地方。近年来,房价高速攀升,保障房供给乏力,给大城市居民的民生带来了极大的压力(陈健、邹琳华,2012)。相比城市原居民,以农民工和大中专毕业生为主体的城市新移民面临着更大的住房压力。对于新移民而言,住房的获取关系着他们能否在新的城市正常工作和生活,是他们融入城市社会的立足点。新移民解决住房的主要方式为租房,且居住条件较差,多数聚居在"城中村"地区(张展新、侯亚非,2009)。很多大中专毕业生以"蜗居"或者"蚁族"的方式聚居在大城市中,大多数农民工则居住在低矮的棚屋或者破旧的城中村。城市新移民不堪的居住状况不仅会通过损害人力资本积累而影响长期经济增长,而且由于城市内部空间不平等产生负外部性并诱发社会冲突(郑思齐等,2011)。在我国人力成本相对较低,住房保障制度尚未完善的情况下,研究城市新移民群体的住房支付能力无疑对改善住房保障制度,促进城乡融合,加快推进城镇化进程有重要意义。

住房支付能力研究作为住房市场研究领域的一个重要组成部分,引发了很

多学者的研究兴趣。目前有关住房支付能力的研究成果比较丰富,大致可以分为两类:第一类主要关注住房支付能力测度的指标、方法,以及用这些方法对某一地区居民住房支付能力的测度。从20世纪80年代起,有关住房支付能力的研究开始受到政策制定者的重视,到90年代越来越多的学者参与其中,探讨住房支付能力的概念和方法(Lux,2004),国内外学者曾就中国的住房支付能力进行过综述与实证研究(Zax,2003;张清勇,2007;陈杰、朱旭丰,2010)。第二类研究把关注点放在了影响住房支付能力的因素上面,这类研究多运用调查数据进行影响因素分析。比如学者 Skaburskis(2004)采用1991—1996年加拿大人口调查数据研究了地理位置、区域差异、身份、种族、收入和教育等因素对住房支付能力的影响,结果发现城市和区域差异以及教育水平基本上没有影响,而就业水平和收入来源才是主要影响因素。Wood 和 Stoakes(2006)运用澳大利亚1981—2001年的人口普查数据研究了维多利亚州居民的住房支付能力的变动趋势,结果发现在此期间居民的住房支付能力变差,其中低收入者的住房支付问题的恶化最为严重。廖俊平等(2011)对广州限价房申购群体的住房承受能力的研究表明,除了工资、住房福利和预期收入会提高住房支付能力外,居民的职业背景也会影响住房承受能力。

国内外学者对中国住房支出能力进行了大量的理论和实证工作,得出了很多有意义的结论。总体来看,住房支付能力的影响因素主要为工资收入、福利和预期收入,即住房支付能力的高低基本是劳动力市场制度安排的结果。但在具体研究中,由于研究设计的困难,主要存在以下几点缺憾:第一,就研究对象而言,目前国内已有的相关研究焦点主要是城市居民总体或城市中低收入家庭的住房支付能力(况伟大,2010;沈悦、张学锋,2011),较少关注城市新移民群体的住房支付能力。第二,就住房支付能力而言,大部分研究关注的是实际上的住房支付能力(周仁、郝前进,2011),居民主观的支付意愿却往往被忽略。第三,在研究过程中,没有将户籍制度纳入住房支付能力的影响因素之中。在现有研究中通常以农民工,或者外来务工群体为研究对象,而这部分群体基本没有纳入当地户籍人口,因而难以衡量户籍制度对住房支付能力的影响。从理论上来说,户籍制度对城乡福利制度安排起关键性作用,因此必然对住房支付能力有一定的影响。因此本章将综合考察劳动力市场制度安排下的职业背景与户籍制度安排对于城市新移民住房支付能力的作用。

基于上述的分析,本章将研究的对象聚焦在城市新移民群体,将其界定为出生地为外地,户籍在本地或在外地的群体,大致包括新生代农民工、来自外地的大学毕业生，以及其他城市迁入者。本章利用国内外已有的研究经验，以杭州市新移民群体为研究对象，通过问卷调查获取城市新移民住房问题的相关变量，分析城市新移民的客观支付能力与主观支付意愿及其影响因素。本章综合考察了劳动力市场制度安排与户籍制度安排对于城市新移民住房支付能力的作用。

第二节 数据来源与变量分析

一、数据来源

本章数据来源于浙江省杭州市，调查地区为城市新移民相对较为集中的杭州主城区边缘地带，主要地点集中在古荡、杨家牌楼、汽车西站、乌龙庙、三堡、下沙经济技术开发区等地。城区调查方法选择采用随机抽样调查，共发放问卷1000份，收回问卷641份。剔除部分不符合本章研究对象的问卷，回答不完整、数据缺失严重问卷，以及部分受访者由自身认知水平的限制导致的问卷回答结果不合理的问卷后，实际进行分析问卷为383份。

二、变量说明与描述性统计

（一）住房支付能力变量

考虑如何准确测度住房支付能力是非常困难和颇有争议的。目前，测度住房支付困难的指标包括收入指标、居住贫穷指标、质量指标、供给量指标和住房可支付性不匹配度5类，其中收入指标通过计算中间收入者住房支出占其收入比重来测度住房支付困难测度住房支付能力，是目前比较常用的指标。上面提到的方法虽然都能够在不同程度上衡量居民的住房承受能力，然而不可避免地出现一些缺陷，比如收入一项，就有可能因统计无法涵盖的隐性收入而导致低估收入现象，进而导致收入比率的数据不准确。如果将居民的住房支付能力指标分为客观经济支付能力和主观心理承受能力两个部分,会更好地解决这一问题。

本章汲取上述研究成果的经验,从客观和主观两个方面来分析住房支付能力,用3个变量DI、RO、RS作为测度新移民住房支付能力的指标,其中DI、RO是客观指标,DI表示新移民每月收入减去住房支出的差值,RO表示新移民每月住房支出占收入的比值;RS是主观指标,表示新移民可以接受的最高住房支出占消费比重。比值指标的值越大,表示新移民的住房可支付能力越弱,因此RO、RS的值越大,代表住房支付能力越弱;而差值指标DI越大,代表住房可支付能力越强。因此比值和差值的回归系数理论上应该符号相反。

(二)居民职业背景变量

居民一般从以下几个途径来获得收入:职业收入、财产性收入、转移支付收入和其他途径获得的收入。一般而言,居民的主要收入来源还是职业收入,而行业之间收入差距是明显存在的。本章把新移民的职业分为3个大类:体制内单位(国有企业、事业单位或街道社区)、外资参与企业(外资企业、中外合资企业)以及国内民营经济(私营企业、乡镇企业或个体户)。这种分类方法虽然相对粗略,但是对职业特征的概括是高度而有效率的。

此外,个体在单位中所处的位置也会对住房支付能力具有较大的影响,因此本章还将引入职位层级变量,将职位分为:一般员工、班组段长、中层管理者、高层管理者4个等级,以定类变量的方式加入到模型中。

(三)收入变量

收入变量很明显会影响居民的住房选择,进而影响居民的住房承受能力。这体现在以下两个方面:第一,住房的租或买与住房条件的选择;第二,政府住房救助制度对收入限定。本章收入这一变量是连续型数值变量。

(四)居住时间与户籍变量

居住时间(time)和户籍(huji)是与新移民的流动性有关的两个变量,与住房支付能力也有相应关系。居住时间按中间取值法处理为连续变量,户籍按是否杭州市区户口分别赋值1、0。

(五)其他控制变量

其他控制变量包括性别、婚姻状况、教育程度。性别分为男性、女性两类；婚姻状况分为已婚、未婚两类；教育程度分为高中及以下、大专、本科、研究生及以上4类。以二分类变量的形式加入模型中。本章研究中使用的变量描述如表9-1所示。

表9-1　　　　　　　　变量的赋值情况及描述性统计

变量名称	符号	平均值	标准差	变量说明
月收入与住房支出差	DI	2.340	2.577	每月收入减去住房支出的数值（单位：千元）
月住房支出收入比	RO	0.346	0.353	每月住房支出与每月收入的比值
最高承受住房支出比	RS	0.310	0.108	新移民主观可承受的最高住房支出占收入比重
体制内单位	gov	0.480	0.500	1=国有企业、事业单位或街道社区，0=其他
外资及合资企业	foreign	0.162	0.369	1=外资企业、中外合资企业，0=其他
国内民营经济	private	0.358	0.480	1=私营企业、乡镇企业或个体户，0=其他
居住时间	time	8.17	5.69	在本市居住时间范围的中间值
户籍	huji	0.535	0.499	1=杭州市户籍，0=其他
性别	gender	0.491	0.501	1=男性，0=女性
婚姻状况	married	0.428	0.495	1=已婚，0=未婚
月收入	salary	3.267	2.796	月收入区间范围的中间值（单位：千元）
专科以下学历	edu1	0.091	0.289	1=专科以下学历，0=其他
专科学历	edu2	0.3	0.459	1=专科学历，0=其他
本科学历	edu3	0.527	0.5	1=本科学历，0=其他
研究生及以上学历	edu4	0.081	0.273	1=研究生及以上学历，0=其他
一般员工	level1	0.651	0.477	1=一般员工，0=其他
班组段长	level2	0.088	0.284	1=班组段长，0=其他
中层管理者	level3	0.208	0.406	1=中层管理者，0=其他
高层管理者	level4	0.0533	0.225	1=高层管理者，0=其他

三、实证模型

被解释变量的指标DI和RO是连续型数值变量，RS是有排序特征的选择变量，而解释变量中既有连续型变量，也有哑元变量。因此在客观指标DI和RO影响因素分析中本章采用多元线性回归模型。而主观指标RS存在由低到高的层级递进关系，因此在分析中采取次序回归模型（Ordered logit model, ologit）是适宜的。此外为了比较，本章也将对RS指标作多元线性回归。

第九章 职业背景、户籍制度与城市新移民住房支付能力

次序回归模型也被称为比例优势模型(Proportional odds model, Plum),是离散因变量回归的一种特殊形式,当因变量为有序变量时候,可以采用该模型。有关多值离散模型的研究通常采用普通线性模型(最小二乘估计),或者普通多值逻辑回归模型。前者假定因变量为连续变量显然与实际不符合;而后者忽略因变量类别是有序的,可能需要估计超过需要的参数,进而得到不显著的结果。在次序回归模型中存在已观测到的因变量,即次序变量 Y;也假定存在连续的、不可观测的潜在变量 Y^*,该变量值将决定次序变量 Y 每一取值所对应的概率。次序回归模型中存在多个阈值点,比如在本章中模型存在 4 个阈值点。Y 与 Y^* 的关系如下:

$Y = 1/5$, if $Y^* \leqslant v_1$; $Y = 1/4$, if $v_1 < Y^* \leqslant v_2$; $Y = 1/3$, if $v_2 < Y^* \leqslant v_3$; $Y = 1/2$, if $v_3 < Y^* \leqslant v_4$; $Y = 2/3$, if $v_4 < Y^*$

其中 v_1、v_2、v_3、v_4 为阈值。确定了 Y 与 Y^* 的关系,阈值在估计结果中也被估计。为了便于比较和稳健性检验,本章同时给出了 OLS 估计的结果。

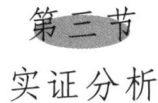

第三节 实证分析

一、客观住房支付能力的影响因素

本章分别采用月收入与住房支出差值(DI)和月住房支出与收入比值(RO)作为被解释变量,以职业背景、收入水平、居住时间、户籍、教育程度、性别、婚姻状况作为解释变量,采用 OLS 稳健回归模型进估计,结果如表 9-2 所示。

表 9-2 客观住房支付能力的影响因素回归结果

解释变量	月住房支出与收入比值(RO)			月收入与住房支出差值(DI)		
	系数	t 值	p 值	系数	t 值	p 值
体制内单位	-0.049*	-2.08	0.08	0.092*	1.87	0.084
外资及合资单位	-0.127**	-2.28	0.023	0.318**	2.42	0.016

续表

解释变量	月住房支出与收入比值（RO）			月收入与住房支出差值（DI）		
	系数	t值	p值	系数	t值	p值
月收入	-0.030***	-3.62	0	0.909***	45.85	0
居住时间	-0.001	-0.14	0.89	0.007	0.78	0.434
户籍	-0.005	-0.12	0.905	-0.027	-1.25	0.213
婚姻状况	0.106***	2.61	0.009	-0.398***	-4.17	0
专科学历	-0.075	-1.1	0.273	0.099	0.61	0.539
本科学历	-0.141**	-2.12	0.035	0.199	1.26	0.207
研究生及以上学历	-0.24	-0.25	0.806	0.246	1.07	0.284
性别	-0.076**	-2.01	0.045	0.032	0.36	0.721
班组段长	-0.008	-0.13	0.899	-0.030	-0.19	0.846
中层管理者	-0.022	-0.45	0.654	0.001	0.01	0.995
高层管理者	0.015	0.16	0.874	-0.026	-0.12	0.903
常数项	0.507	7.36	0	-0.486	-3	0.003
样本数	383			383		
Adj-R^2	0.0788			0.904		
F值	3.46			271.44		

注：***、**、*分别表示在1%、5%以及10%水平上显著，下同。

表9-2中，月住房支出与收入比值（RO）越大表示客观支付能力越弱，而月收入与住房支出差值（DI）越大表示客观支付能力越强。

（一）职业背景对新移民住房客观支付能力的影响

本章发现，城市新移民的职业背景对其住房支付能力有显著影响。在两组回归中，本章以民营企业背景的新移民作为参照组，在控制了收入、职位层级、其他个人社会经济特征的影响后，发现体制内单位和外资背景的新移民住房支付能力更强，且分别在10%以及5%的水平上显著。其中，以外资背景的新移民住房支付能力更强。因此，三种职业背景的住房支付能力由低到高排序为：民营企业背景、体制内单位以及外资背景。三种职业背景的企业分别代表效率和收入分配机制不同的部门：外资企业一向以高收入来吸引优质人才，多年来一直是备受青睐的职业归宿，而在货币买房的背景下，收入水平无疑是决定住房支付能力的关键因素。从表面看，公务员薪水待遇一般，然而其稳定的职业特征和隐含的福利待遇却是其他职业无法比拟的，此外体制内单位背景的群体，往往还享有在医疗保险和社会福利保障上的优势，这也导致了其住房支付能力的增强。民营企业从业者既没有高薪也无隐形福利待遇，相比以上二者，住房支付能力相对较差。

(二) 收入对于新移民的住房支付能力具有显著影响

收入是影响居民消费的重要因素之一，收入越高，住房承受能力越强。表 9-2 的收入项回归结果显示，收入水平与 RO 负相关，与 DI 正相关。具体而言，以差值指标为例，收入每提高 1000 元，每月扣除住房支出的余额就增加 909 元（或者以比值指标为例，收入每提高 1000 元，住房支出占总收入的比例会降低 3 个百分点）。

(三) 居住时间和户籍对新移民住房支付能力的影响

居住时间和户籍两项对两个被解释变量的影响都非常小，并且不显著，可能的原因是这两个变量与教育、收入等变量存在一定的共线性。

(四) 受教育程度对城市新移民住房客观支付能力的影响

本章发现，具有本科学历的群体住房支付能力要明显优于其他学历群体的住房支付能力。

二、主观住房支付能力的影响因素

主观住房支付能力（支付意愿）与客观住房支付能力是两个差别很大的概念，主观住房支付能力考察的是居民心理上最高愿意对住房支付的价格与收入的比值，它反映的更多是一种"预期"的概念，它不仅与居民当前的收入水平和财富积累密切相关，而且与居民所处的生命周期、对未来收入的预期以及在城市的定居意愿密切相关。为了更全面地了解新移民的背景对其主观住房支付能力的影响，本章采用新移民最高可接受的住房支出与收入比值（RS）作为被解释变量，以职业背景、收入水平、居住时间、户籍、教育程度、性别、婚姻状况作为解释变量，分别采用 OLS 回归模型和 Ologit 回归模型进估计，结果如表 9-3 所示。

表9-3　　　　　　　主观住房支付能力的影响因素回归结果

解释变量	OLS			Ologit		
	系数	t值	p值	系数	z值	p值
体制内单位	-0.001	-0.01	0.992	-0.283	-1.19	0.236
外资及合资单位	0.017	0.98	0.33	0.156	0.53	0.595
月收入	0.002	0.6	0.55	0.054	1.19	0.235
居住时间	-0.001	-0.61	0.543	-0.027	-1.25	0.21
户籍	0.035**	2.55	0.011	0.704***	2.94	0.003
婚姻状况	-0.011	-0.82	0.412	-0.301	-1.39	0.165
专科学历	0.012*	1.55	0.058	0.051*	1.72	0.074
本科学历	0.012*	1.57	0.068	0.117**	2.34	0.036
研究生及以上学历	0.022**	1.7	0.048	0.181*	1.85	0.078
性别	-0.004	-0.33	0.74	-0.031	-0.15	0.878
班组段长	0.011	0.54	0.587	0.182	0.53	0.595
中层管理者	0.005	0.31	0.753	0.053	0.21	0.835
高层管理者	-0.047*	-1.62	0.096	-1.007**	-2.04	0.041
常数项	0.290	13.33	0			
阈值点1				-1.46617		
阈值点2				0.130591		
阈值点3				1.89736		
阈值点4				3.578521		
Adj-R^2	0.0247			0.0240		
F	1.73			25.26		

表9-3中两种模型的回归结果显示了高度的一致性。由于被解释变量是有排序特征的选择变量，因此我们以Ologit模型的回归结果为主进行分析。表9-2与表9-3相比较，存在很多明显的差异，凸显了主观和客观指标衡量内容的不同。主要表现在以下几个方面：

（一）户籍对于新移民住房支付能力的影响

与客观指标的回归结果不同，户籍对主观指标的影响非常显著。这意味着具有本地户籍的新移民比不具有本地户籍的新移民愿意花费更高比例的收入在住房支出上。目前，中国社会仍然是以户籍分割为特征的"二元社会"格局，户籍的获取对于新移民的就业、社会保障、入学等意义重大。户籍的获取通常也意味着新移民定居意向的确定,因而主观上,相较于流动性较大的"迁徙式"城市新移民,取得本地户籍的新移民倾向于购买房产,因此住房上花费更多,住房支付能力相对较弱。而客观上之所以未出现这种结果可能是因为,获得本地户籍的新移民的住房购买力尚未完全释放。

(二)教育程度对新移民住房支付能力的影响

表9-3的回归结果显示,随着学历的升高,新移民愿意支付的住房支出占收入的比例有增加趋势。如前所述,年轻时对人力资本的投资将来会以经济资本或者社会资本的形式得到回收。而居民对住房的支付能力更多地取决于其一生的平均持久性收入,而非仅仅是当前财富和当前收入。因此,高学历新移民为实现效用最大化,选择在年轻时(本章调查样本以青年为主)花掉占据收入较多比例的收入来获得比较好的住房条件。

(三)其他变量对新移民住房支付能力的影响

职业类型、职位层级、居住时间、收入、婚姻、性别诸项均未对居民主观支付能力产生显著影响。值得注意的是,高层管理者项的回归系数为负并且显著性超过了5%,说明高层管理者比一般员工愿意花占比例少的收入在住房支出上,这是由于两者的工资水平差距太远而导致的,高层管理者的工资可能是普通员工的几倍甚至几十倍,尽管高管人员愿意支付的比例较小,但是绝对数值应该会远远超过普通员工愿意为住房支出的绝对数值。

第四节 结论与政策含义

本章对新移民进行了讨论,将研究对象定义为城市新移民,既包括流动人口(无本地户口),也包括出生地在外地,通过各种方式,获取城市户口的群体。然后对城市新移民与住房消费进行分析,识别出城市新移民住房支付能力及其影响因素。最后采用杭州市非中心城区(非上城区、西湖区),即杭州市郊区与城乡接合部抽样调查数据，进行统计性描述分析，并利用多元线性回归模型和次序回归模型对城市新移民的住房支付能力影响因素进行研究和实证检验。本章通过模型构建和回归分析，分别得到了影响新移民主观住房支付能力和客观住房支付意愿的因素。

新移民的职业背景、收入、性别、婚姻状况对其有显著影响。在控制了其他变量的情况下，体制内单位的职业背景和外资企业背景的新移民住房支付能力显著好于民营企业背景的新移民；随着收入增高，住房支出占收入比重下降（或收入减住房支出余额增大），住房支付能力增强；男性的住房支付能力好于女性；已婚新移民的住房支付能力弱于未婚新移民；随着受教育程度的提高，新移民的住房支付能力逐渐增强。其他人口统计特征比如户籍、居住时间等对实际住房支付能力没有显著影响。影响新移民主观支付意愿的因素有户籍、学历等。已经获得本地户口的新移民比未获得本地户口新移民愿意付出更多的比例的工资获得住房；随着学历的升高，新移民愿意承受的最多住房支出占工资比例也随之加大。

通过本章的分析，我们认为，新移民的居住状况和支付状况不容乐观，特别是对于低收入新移民而言。因此完善我国的住房保障制度、把新移民纳入其中的举措势在必行。本章的实证结果为识别不同类型新移民的住房问题提供了建议：

首先，由于单位背景的不同会导致住房支付能力的差异，因此，政策制定上就应该有更大的针对性。对于公务员、国有企业职工、事业单位工作者，应进一步推进收入和福利透明化，准确核实其收入状况，增加政府公信力，避免其利用各种特权挤占经济适用房的名额。而对于民营企业，应该努力敦促住房公积金制度的普及和落实。

其次，住房保障制度的对象要把低收入新移民群体囊括在内，并且要根据他们的特征区别对待：对于无本地户籍的低收入新移民，由于其支付意愿较低，所以应着重解决他们的当前居住问题，使他们有安身立命的居所；对于拥有本地户籍的低收入新移民，他们虽然在身份上已经等同于本地居民，但是由于其社会网络等方面的劣势，仍然是住房资源劣势群体，应该建立解决其住房问题的长效机制，统一兴建高品质公租房是可行的选择之一。

最后，由于教育是影响新移民主观和客观支付能力的重要因素，因此，加大对新移民群体的教育投入，引导新移民进行人力资本投资，是地方政府为了改善新移民居住条件、提高城市自身竞争力的双赢举措。

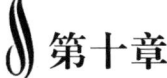

第十章
住房特征与城乡移民的定居意愿

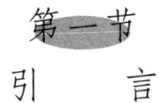

引 言

20世纪80年代以来,伴随着中国城市化进程的加快与城乡迁移限制的放松,流动人口数量迅猛增长,与世界上第一个工业化和城市化国家英国相比,中国的工业化和城市化规模扩大了10倍,时间只有其1/10,因此中国的城乡移民问题一开始就呈现出规模巨大和转变迅速的特征。从历史经验看,城乡移民既是城镇化发展的动力,也可能成为城市问题的渊薮,其中迁居意愿在城乡移民的迁移规律研究中居于重要位置,从工业化驱动的城市化浪潮以来,为理论研究和政策分析所重视(Stark,1984)。

长久以来,国内学者对定居意愿的研究集中于个体特征、经济收入、人力资本等更侧重经济性因素的研究,相对忽略了以住房为代表的社会性因素的作用。早期的移民住房特征差异性研究多基于供求关系理论,从需求的角度分析移民的住房变化,认为人口迁移改变了家庭结构,进而产生对住房的需求(Wu,2006),并提出"移民安置的两阶段理论";也有从迁移动机出发,把住房的区位位置与工作地点、经济收入联系在一起(董昕、张翼,2012;董昕、周卫华,2014)。但在城市移民定居意愿研究中,本质上还是将住房问题作为经济影响的一个因素去考虑,这与第一代城乡移民主体多为追求提高经济收入的农民工相吻合。

随着第二代农民工群体的成长和城市劳动力市场供求关系的逆转,由

"寄居"到"安居"的理念也在转变，住房的因素在二代农民工整个迁居和定居选择中的作用逐渐凸显。与快速城镇化农民工相伴的还有高等教育普及化趋势，高校扩招使城乡移民群体已经从农民工这一群体，逐渐拓展到具有更高教育水平的外地大中专学生。大学生群体的"蜗居"现象表明，移民整体教育水平的提升对住房问题提出了新的要求（廉思，2009）。此外，作为被研究对象的新移民，迁移决策行为的观测视角慢慢从个体决策转向以家庭为单位的群体决策，家庭迁移决定了以往被忽视的住房，以及依附于住房区位之上的教育资源、城市环境等问题在定居意愿的决定过程中变得越来越重要，从不影响新移民定居意愿到很大程度上决定其定居与否（毛丰付，2013）。住房的特征因素与城乡移民的定居意愿从逻辑上紧密地联系在一起，但是在迁居研究中还未引起足够的重视。

城乡移民定居意愿对农业劳动力迁移两步走的有效衔接，进而有序推进农业转移人口市民化、提高城镇化质量有重要意义；而住房因素则是影响新移民群体定居意愿的首要因素。在早期的城市移民研究中，囿于经济需求和教育水平等原因，住房在城乡移民中并没有被赋予很高的关注，随着人口结构的变动，新移民中"新生代"农民工和受过高等教育者的比例在逐渐增加，举家迁移和对非经济因素的追求逐渐成为新移民的主流，安居背后的住房需求引致的后果开始凸显，住房不再是人口迁移中一个次要的考量，住房本身的特征开始被新移民群体所关注和重视。不过从目前的人口迁移研究文献和住房研究文献看，显然都还没有对这一趋势给予充分的关注，住房特征的多维度性对新移民定居的影响还缺乏足够的讨论。本章基于国内四个大城市的新移民调查问卷，探讨了住房特征因素对新移民定居意愿的影响，以期对此有所补益。

第二节
分析框架与研究假设

本章基于主流的人口迁移理论，并结合我国当前现实背景和研究转向，建立城乡移民定居意愿影响因素的理论分析框架。首先，从基础性因素与定居意愿的关系角度进行分析，个体特征、人力资本、经济福利、社会资本的差别都会造成移民群体作出不同的定居决策。其次，从住房特征与定居意愿的关系角度进行分析，将住房特征分为住房产权、住房区位、住房环境、住房支出和住房面积五个维度。住房各个维度的特征综合能够反映出新移民的居住现状,并影响到工作、生活的方方面面,这会进一步改变他们定居城市的意愿程度,研究假设具体如下。

假设1:住房产权为自购商品房的新移民,城市定居意愿最为强烈。

相较其他来源方式,已经自购住房的个体显然具备了长期定居的条件和实力,在一定程度上也说明其愿意留下来。由于制度的限制以及房价的高昂,大多数新移民购买的都是商品房。

假设2:居住在城市中心区域的新移民,定居意愿更为强烈。

住房区位是一个空间概念,涉及距离所带来的通勤成本。人们在选择住房时,最佳居住区位是综合考虑通勤成本与居住费用的结果,城乡移民也不例外。从城市生活的学习效应看,居住在城市中心的移民会获得更多的学习机会,增强其在城市的生活能力。

假设3:住房环境更舒适便捷的城乡移民,定居意愿更为强烈。

住房环境既指房屋周边的公共设施和基础设施状况,也指房屋内部的居住条件、住房舒适性。良好的居住环境无疑为移民创造了更好的生活条件,提高移民对城市生活的认同。

假设4:住房支出更高的城乡移民,定居意愿更为强烈。

当务工者是以争取个人发展和个人自由、向往更高层次的生活方式为迁移动机来到城市时,长期的发展目标会促使其在住房方面花费更多。

假设5:住房面积更大的城乡移民,定居意愿更为强烈。

住房面积是衡量新移民住房综合状况的重要指标,在区位、环境条件相当的情况下,面积大的住房往往意味着费用更高,移民愿意在住房上投入更多。

第三节 数据和方法

一、数据来源

本章所使用的数据来源于国家自然科学基金项目"住房政策对劳动力迁

移的影响机制及政策模拟：基于获取能力的视角"课题组所做的问卷调查。本章选择了杭州、广州、大连、西安等东中部和东北地区有代表性的大城市，这些地区是目前中国主要的迁移劳动力聚集地；调查对象主要是来自异地的工作人员，包括农民工、外地大学毕业生以及其他移民群体等。在四大城市共发放问卷2700份，收回问卷2239份，剔除部分不符合本章研究对象、回答不完整或不合理、数据缺失严重的问卷后，获得有效问卷1620份。有效样本的地区分布如表10-1所示。

表10-1 有效样本的地区分布情况

城市	频数	占百分比
杭州	469	28.95%
广州	345	21.30%
大连	267	16.48%
西安	539	33.27%

注：数据来源于课题组问卷调查数据，下文相同。

二、变量选取与描述

本章基于问卷调查数据以及已有文献的相关结论，将变量分为三大类，即定居意愿变量、住房特征变量、基础性因素变量，具体变量的定义和描述性统计如表10-2所示。考虑到实证分析的便利性和有效性，本章将重点研究因素的第一手统计结果穿插在变量的选择与描述中，旨在更加清晰直观地反映城乡移民的定居意愿、住房特征、社会资本、人力资本等各方面现状。

三、模型构建

为了深入探讨与城乡移民定居意愿相关的影响因素、住房特征在定居决策过程中所起到的作用，文章将构建回归模型进行实证分析。并按照意愿程度的不同由低到高分为"很弱、较弱、很强、较强"四类，这种层级递进关系的被解释变量适合采用次序回归模型（Ordered Probit Model）进行分析研究。本章主要采用有序Probit模型进行分析讨论，构建如下计量方程：

第十章　住房特征与城乡移民的定居意愿

表 10-2　变量的定义和描述性统计

变量	符号	平均值	标准差	变量说明
被解释变量				
城市定居意愿	wish	2.775	0.970	很弱=1；较弱=2；较强=3；很强=4
解释变量				
	age1	0.088	0.283	"50后"/"60后"=1；其他=0
年龄组别	age2	0.213	0.410	"70后"=1；其他=0
	age3	0.486	0.500	"80后"=1；其他=0
	age4	0.213	0.410	"90后"=1；其他=0
性别	gender	0.613	0.487	男性=1；女性=0
	edu1	0.074	0.262	小学及以下=1；其他=0
	edu2	0.217	0.412	初中=1；其他=0
受教育程度	edu3	0.240	0.427	高中/中专=1；其他=0
	edu4	0.215	0.411	高职/大专=1；其他=0
	edu5	0.254	0.435	本科及以上=1；其他=0
迁移经历	exp	2.222	1.296	城市迁移次数
	salary1	0.169	0.375	2000元以下=1；其他=0
月收入	salary2	0.672	0.470	2000—5000元=1；其他=0
	salary3	0.159	0.365	5000元以上=1；其他=0
养老保险	end-ins	0.477	0.500	享有养老保险=1；没有=0
强关系依赖度	s-relation	3.027	0.937	很弱=1；较弱=2；一般=3；较强=4；很强=5
弱关系依赖度	w-relation	3.170	1.023	很弱=1；较弱=2；一般=3；较强=4；很强=5
住房特征变量				
住房产权	right	2.235	1.384	无产权单位房=1；无产权商品房=2；无产权保障房=3；有产权单位房=4；有产权保障房=5；有产权商品房=6
住房环境	envir	3.264	0.935	很差=1；较差=2；一般=3；较好=4；很好=5
住房区位	local	1.666	0.681	城市郊区=1；市区非中心=2；市区中心=3
住房支出	lpay	6.697	0.887	月租金（对数）
住房面积	lsquare	2.882	0.641	人均居住面积（对数）

$$\text{wish}^* = X\beta + e \qquad (10-1)$$

式中，wish 为观测到的因变量，代表城市定居意愿（取值 1、2、3、4）；X 为表 10-2 中所列示的影响定居意愿的自变量；β 为回归系数，是待估计参数；e 表示残差项，e 对变量 X 的条件分布假设为标准正态分布，即 e | X ~ Normal（0，1）；wish* 为定居意愿 wish 连续的、不可观测的潜在变量，该变量值将决定次序变量 wish 每一取值所对应的概率。wish 与 wish* 之间存在如下关系：

$$\text{wish} \begin{cases} =1, & \text{若 wish}^* \leq r_1 \\ =2, & \text{若 } r_1 \leq \text{wish}^* \leq r_2 \\ =3, & \text{若 } r_2 \leq \text{wish}^* \leq r_3 \\ =4, & \text{若 } r_3 < \text{wish}^* \end{cases} \qquad (10-2)$$

其中，r_1、r_2、r_3 为阈值，满足 $r_1 < r_2 < r_3$，使用极大似然估计可以估计出阈值和系数 β，而因变量 wish 对自变量 X 的条件概率就可以通过式（10-3）算出：

$$P(\text{wish}=1|X) = P(\text{wish}^* \leq r_1|X) = P(X\beta + e \leq) = \phi(r_1 - X\beta)$$

$$P(\text{wish}=2|X) = P(r_1 \leq \text{wish}^* \leq r_2|X) = \phi(r_2 - X\beta) - \phi(r_1 - X\beta)$$

$$(10-3)$$

$$P(\text{wish}=3|X) = P(r_2 \leq \text{wish}^* \leq r_3|X) = \phi(r_3 - X\beta) - \phi(r_2 - X\beta)$$

$$P(\text{wish}=4|X) = P(\text{wish}^* \geq r_3|X) = 1 - \phi(r_3 - X\beta)$$

通常情况下，方程的回归系数 β 表示自变量对因变量的边际效应，从而可以直接通过系数的大小比较不同影响因素的重要性。然而由于次序回归模型自身的特点，式（10-1）中的系数 β 并不能说明各类变量 X 对城乡移民定居意愿的影响程度，甚至系数的正负也只能反映出变量对移民选择留居在城市还是打算返回家乡概率的影响方向，而不能说明对中间两种选择的影响方向，这显然不能全面清楚地了解城乡移民定居意愿微观影响机制。为了深入探讨各变量对新移民群体定居意愿的影响程度和方向，计算各个变量的边际贡献尤为重要。某个变量的边际贡献指的是在其他变量取均值时，该变量变动 1 个单位对某项选择的概率有多大影响。具体计算方法如下：

$$\partial p_1 / \partial x_k = -\beta_k \phi(r_1 - X\beta)$$

$$\partial p_j / \partial x_k = \beta_k \phi(r_{j-1} - X\beta) - \phi(r_j - X\beta), \ 1 < j < 4 \qquad (10-4)$$

$$\partial p_4 / \partial x_k = \beta_k \phi(r_4 - X\beta)$$

式（10-4）中，φ( )为标准正态密度函数，利用此公式就可以计算出每个变量对相应选择的边际贡献。

因此，本章实证分析的重点分为两部分，一是求得城乡移民定居意愿影响因素的β系数，通过观察该系数的正负情况以及是否显著来判别住房特征因素与基础性因素对移民定居意愿的影响方向；二是计算出每一变量的边际贡献值，进一步比较分析各类因素的具体影响效应以及其在新移民定居决策过程中的相对重要性。

第四节 经验研究结果分析

一、不考虑住房特征的定居意愿影响因素分析

为了便于考察不同变量之间的共线性问题，本章将个体特征、人力资本、经济福利以及社会资本四类变量依次加入到模型中，回归结果如表10-3所示。同时为了确定四类基础性因素对城乡移民定居意愿的具体影响程度，从而更为合理、充分地探讨这一问题，文章进一步计算出模型4中各个变量的边际效应，回归结果如表10-4所示。

（一）个体特征

根据年龄变量结果可以看出年龄对新移民定居意愿存在显著的正向影响，尤其是"70后"和"80"后组别；回归结果显示，"70"后的城乡移民定居意愿最为强烈，相比"50/60后"的新移民，"70后"计划长期生活在城市的概率提高了9.0%，"80后"提高了7.3%，而"90后"群体的定居概率仅提高5.6%且影响不显著。

性别对定居意愿产生显著的负向作用，即女性比男性移民更倾向于长期生活在城市中。女性新移民选择定居城市的概率比男性高3.6%，即使是意愿较强的新移民比例，女性也比男性高0.5%。在工业化中期阶段以后，城市部门对女性劳动力需求会逐渐超过男性；而农村地区重男轻女的陈旧思想也是促使

女性移民愿意定居城市的推力之一。

表 10-3　基础性因素对城乡移民定居意愿的影响分析结果

	模型 1 （个体特征）	模型 2 （人力资本）	模型 3 （经济福利）	模型 4 （社会资本）
age2	0.397*** (0.109)	0.347*** (0.110)	0.309*** (0.110)	0.308*** (0.111)
age3	0.507*** (0.100)	0.254** (0.105)	0.270*** (0.105)	0.250** (0.106)
age4	0.454*** (0.110)	0168 (0.115)	0.229** (0.116)	0.190 (0.116)
gender	-0.192*** (0.056)	-0.122** (0.057)	-0.129** (0.057)	-0.124** (0.057)
edu2		0.203* (0.115)	0.172 (0.116)	0.143 (0.116)
edu3		0.438*** (0.116)	0.374*** (0.117)	0.314*** (0.118)
edu4		0.626*** (0.121)	0.548*** (0.123)	0.493*** (0.124)
edu5		0.767*** (0.120)	0.630*** (0.124)	0.529*** (0.125)
exp		-0.096*** (0.022)	-0.088*** (0.022)	-0.090*** (0.022)
salary2			-0.019 (0.075)	-0.036 (0.075)
salary3			0.261*** (0.100)	0.222** (0.101)
end-ins			0.217*** (0.056)	0.188*** (0.056)
s-relation				0.046 (0.030)
w-relation				0.127*** (0.028)
阈值点 r_1	-0.791 (0.104)	-0.717 (0.145)	-0.644 (0.153)	-0.222 (0.176)
阈值点 r_2	-0.132 (0.103)	0.031 (0.145)	-0.049 (0.152)	0.478 (0.177)
阈值点 r_3	1.016 (0.104)	1.154 (0.146)	1.244 (0.153)	1.686 (0.179)
样本数	1620	1620	1620	1620
LR chi2	42.55***	142.73***	173.20***	201.06***

注：(1) ***、**、* 分别表示在 1%、5%、10% 的水平上显著，系数下方为标准误；(2) 被解释变量城市定居意愿为次序变量，系数仅表示影响方向。下文相同。

（二）人力资本

受教育程度为高职/大专或本科及以上变量始终在 1% 的水平上显著；受教育程度越高，城乡移民的定居意愿就越强烈。以小学及以下学历为参照组，接受过高中或中专、高职或大专、本科及以上教育的移民选择留在城市的概率分别提高9.2%、14.5%和15.5%，而表达出"不愿定居""不确定"和"有可能定居"意愿的概率都有不同程度的下降。一方面，高学历代表着更强的学习能力和基本素质，也更易于获取一份体面、稳定的工作；另一方面，新移民群体中包含着部分外来大学生，他们对城市的认同感以及融入度显然更高。

迁移经历对移民的城市定居意愿产生显著的抑制作用，这说明迁移者对城市的不认同感所带来的负向影响远远超过由认知和技能优势而产生的较强社会融入水平。且新移民的迁移经历每增加一次，长期留在城市的可能性就降低2.6%，而选择离开的可能性会增加1.8%。

（三）经济福利

相对而言，收入状况的作用更加不明显。在控制其他变量的情况下，收入水平与定居意愿之间的关系比较复杂。与月收入在2000元以下的群体相比，收入水平为2000—5000元的新移民反而更不愿意留在城市中，具有很强和较强定居意愿的概率都有一定程度的下降，但当月收入达到5000元以上时，选择定居城市的概率会提高6.5%。就目前各大城市中移民的收入状况来看，大部分还集中在2000—5000元这一区间内，本章的结果反映出不少的迁居者将自己定位为城市的"过客"而不是"市民"。

养老保险对新移民的定居具有显著的正向作用，享有者的定居概率高出其他群体5.5%。迁居者在判断是否应该长期定居时，不仅会考虑当前的生活条件及各类相关因素，还会将整个生命周期纳入到决策模型中，养老保险保障了他们年老后的基本生活，为其定居城市消除了后顾之忧。

（四）社会资本

可以发现，加入社会资本后的模型4，在强关系依赖度和弱关系依赖度两个变量之中，仅有后者在1%的水平上显著，前者甚至没有产生显著的影响，这有效地佐证了居住城市中的同事或朋友对移民工作及生活的顺利进行、进而融入城市文化和地区氛围当中会起到至关重要的作用。

表10-4的分析结果显示，城乡移民对强关系的依赖度不会对其定居决策产生显著影响，而对弱关系的依赖度却会造成不同移民定居意愿的差异。本章将弱关系依赖度分为5个档次，每提升1档，新移民表现出强烈定居意愿的概率就会提高3.7%；换句话说，与同事及本地朋友联系很密切的移民希望长期在城市中生活下去的概率比那些与本地朋友基本不来往或没有本地朋友的群体

高14.8%。当外来劳动者开始与当地人频繁接触、成为朋友时,就表明他们已经逐渐从提供情感支持的亲缘地缘圈走向提供工具性支持的社会朋友圈,这有利于拉近自身与城市居民之间的"文化距离"和"社会距离",从而提高了定居城市的倾向性。

表 10 – 4　　　　　　　　基础性变量边际效应的计算结果

	很弱	较弱	较强	很强
age2 ***	-0.063	-0.041	0.013	0.090
age3 **	-0.051	-0.033	0.011	0.073
age4	-0.039	-0.025	0.008	0.056
gender **	0.026	0.016	-0.005	-0.036
edu2	-0.029	-0.019	0.006	0.042
edu3 ***	-0.065	-0.041	0.014	0.092
edu4 ***	-0.101	-0.065	0.021	0.145
edu5 ***	-0.109	-0.070	0.023	0.155
exp ***	0.018	0.012	-0.004	-0.026
salary2	0.007	0.005	-0.002	-0.011
salary3 **	-0.046	-0.029	0.010	0.065
end – ins ***	-0.039	-0.025	0.008	0.055
s – relation	-0.009	-0.006	0.002	0.014
w – relation ***	-0.026	-0.017	0.005	0.037

注:***、**、* 分别表示该变量在1%、5%、10%的水平上显著。

二、住房特征对定居意愿的影响分析

住房要素在城乡移民选择继续居住在大城市还是返回家乡的过程中扮演着极其重要的角色。本章基于住房特征视角,从住房区位、住房产权、住房环境、住房支出以及住房面积5个维度全面分析住房要素对新移民群体城市定居意愿的影响。由于住房特征变量之间可能存在一定的相关性,如地处市区中心地段的住房其周围公共设施往往更加健全、便捷,面积大的房子需要更高的支出等。因此,为了更准确地把握住房特征的各个方面对新移民定居意愿的影响状况，采用逐步添加变量的方法，并进一步求出了模型 5 至模型 9 中表达出强烈定居意愿时的边际效应情况，分析探讨住房特征如何影响愿意定居的城乡移民，计算结果如表 10-5 所示。

表 10-5　　　　　　　　住房特征变量边际效应的计算结果

	模型 5 （住房区位）	模型 6 （住房产权）	模型 7 （住房面积）	模型 8 （住房支出）	模型 9 （住房环境）
age2	0.0880***	0.081**	0.080**	0.078**	0.083***
age3	0.071**	0.077**	0.071**	0.066**	0.072**
age4	0.051**	0.059*	0.053	0.050	0.057*
gender	-0.034**	-0.029*	-0.026	-0.022	-0.019
edu2	0.041	0.030	0.027	0.024	0.023
edu3	0.088**	0.078**	0.071**	0.066*	0.065*
edu4	0.139***	0.127***	0.118***	0.106***	0.104***
edu5	0.147***	0.127***	0.115***	0.105***	0.098***
exp	-0.026***	-0.024***	-0.024***	-0.024***	-0.023***
salary2	-0.010	-0.008	-0.012	-0.019	-0.024
salary3	0.065**	0.048	0.040	0.024	0.016
end-ins	0.053***	0.042**	0.041**	0.035**	0.035**
s-relation	0.014	0.015*	0.015*	0.015*	0.015*
w-relation	0.036***	0.032***	0.032***	0.030***	0.028***
local	0.022*	0.017	0.015	0.012	0.004
right		0.034***	0.031***	0.029***	0.028***
lsquare			0.028**	0.019	0.014
lpay				0.026**	0.025**
envir					0.028***

（一）住房区位

模型 1 的结果显示，住房区位对城乡移民定居意愿具有显著的正向影响，与居住在城市郊区的新移民相比，在市区非中心居住的群体表达出希望留在城市中的概率会提高 2.2%，而在市中心居住会提高 4.4%，假设 2 得到支持。一方面，外来劳动者的居住地往往取决于工作地点，住房区位为市区的新移民一般都在周围上班，工作条件、收入福利可能相对市郊更好，这在一定程度上会提高他们的定居意愿;另一方面,居住在中心区域的新移民能够近距离感受到大城市的繁华以及当地的风土人情、历史文化,有利于快速适应并融入城市中。

(二) 住房产权

在住房产权方面,本章将按照住房来源和性质的不同将新移民的住房产权分为 6 种情况且带有次序关系。由表 10 - 5 可知,以无产权单位房为参照组,每提升 1 个层级,新移民选择留在城市的可能性将提高 3.4%;当居住房屋为无产权保障房时,表达出强烈定居意愿的概率会提高 6.8%;若居住房屋为有产权商品房,那么新移民的城市定居意愿将大幅提升 17%,这超过了其他相关因素的影响程度,假设 1 得到支持。其中的原因大致包括三点:第一,在国内大城市房价居高不下的背景下,拥有产权房意味着拿出了家庭中的大部分积蓄或从银行贷款,无论哪种情况都是新移民愿意长期定居的有力证明;第二,目前国内大城市的公租房或廉租房的住房申请条件中都对外来人口的居住时间、工作状况、学历背景等方面提出了明确要求,在一定程度上倾向于那些愿意长期居住在城市中的移民;第三,与居住在单位宿舍或出租房的新移民相比,自己购买住房或主动申请保障房实际上都表明了移民的一种喜欢并愿意留在城市生活、融入其中,这会使其在内心深处产生归属感和认同感。

(三) 住房面积

住房面积是影响新移民是否定居城市的重要因素,表 10 - 5 给出了其边际贡献值。在模型 7 中,人均住房面积每提升 1 个百分点,新移民选择定居城市的概率提高 2.8%,假设 5 得到支持。住房面积是居住条件的一种体现,人均面积越大,舒适度相对越高,从而带给新移民群体更强烈的愉悦感和幸福感,影响其城市定居意愿。

(四) 住房支出

模型 8 的计算结果显示,住房的月支出额每提升 1 个百分点,新移民选择定居城市的概率会提高 2.6%,假设 4 得到支持。实际上,住房支出对定居意愿的影响程度比住房面积更大,模型 8 的结果可以反映出这一点。月支出水平能够表现出外来劳动者愿意在住房方面投入多少,投入多一方面说明这部分移民对居住条件的要求相对较高,希望拥有良好的环境,另一方面反映了他们的收入水平能够负担起较高的住房费用,而这两方面原因都对新移民定居起到促进作用。

(五) 住房环境

住房环境对新移民定居城市具有积极作用,个体的评价越好、满意度越高,愿意留下来的欲望就越强烈,假设 3 得到支持。本章将住房环境评价从低到高分为 5 个级别,从表 10 - 5 的模型 9 中可以看出,每提高 1 个级别,新移民定居城市的概率就会增加 2.8%。居住环境以及周边的公共设施状况会影响到迁居者城市生活的方方面面,包括定居成本、子女教育、心理感受等,舒适宜人的环境以及完善便利的公共设施无不给人带来强烈的满足感和认同感,从而更加渴望一直在城市中定居下去。同时,移民会对居住过的环境进行比较,当目前的住房环境优于老家或其他地区时,他们会更倾向于在此地定居。

三、稳健性分析

本章将城乡移民界定为出生地为外地、户籍在本地,或出生地和户籍均在外地的现居本地居民,这实质上忽略了户籍在划分群体范围时所起的作用。然而,既有文献通常将户籍因素视为影响迁居者是否愿意留居城市的重要筹码,认为我国现有的地区户籍隔离制度大大降低了外来人员的城市定居意愿。因此,对于那些已经获得当地户口的城乡移民而言,住房特征在其定居决策中的作用可能会与其他新移民有所不同,这显然会对最终的研究结果造成偏差。为了保证分析结果的稳健性和可靠性,同时使本章的研究更加全面和细致,这一部分内容中仅保留户口为外地的城乡移民,从而排除户籍因素的干扰,深入探究住房特征对定居意愿的重要性,回归结果如表 10 - 6 所示。

表 10 - 6　考虑户籍因素的住房特征对城乡移民定居意愿的影响分析结果

	模型 10	模型 11	模型 10a 边际效应	模型 11a 边际效应
age2	0.288*** (0.111)	0.236** (0.119)	0.083***	0.062**
age3	0.250** (0.107)	0.233** (0.114)	0.072**	0.061**
age4	0.198* (0.118)	0.151 (0.127)	0.057*	0.040
gender	-0.067 (0.058)	-0.084 (0.068)	-0.019	-0.022

续表

	模型10	模型11	模型10a 边际效应	模型11a 边际效应
edu2	0.079 (0.117)	0.072 (0.122)	0.023	0.019
edu3	0.225* (0.119)	0.198 (0.127)	0.065*	0.052
edu4	0.361*** (0.127)	0.327** (0.136)	0.104***	0.086**
edu5	0.338*** (0.130)	0.412*** (0.146)	0.098***	0.108***
exp	-0.081*** (0.022)	-0.063*** (0.024)	-0.023***	-0.016***
salary2	-0.082 (0.076)	-0.041 (0.084)	-0.024	-0.011
salary3	0.056 (0.106)	-0.025 (0.123)	0.016	-0.007
end-ins	0.121** (0.058)	0.121* (0.066)	0.035**	0.032*
s-relation	0.053* (0.030)	0.051 (0.034)	0.015*	0.013
w-relation	0.099*** (0.029)	0.102*** (0.028)	0.027***	0.028***
local	0.015 (0.043)	0.034 (0.049)	0.004	0.009
right	0.097*** (0.021)	0.100*** (0.025)	0.026***	0.028***
lsquare	0.049 (0.051)	0.100* (0.058)	0.014	0.028*
lpay	0.087** (0.040)	0.023 (0.045)	0.025**	0.006
envir	0.095*** (0.032)	0.064* (0.035)	0.028***	0.017*
阈值点 r_1	0.815 (0.282)	0.054 (0.310)		
阈值点 r_2	1.526 (0.283)	1.215 (0.311)		
阈值点 r_3	2.754 (0.285)	2.486 (0.314)		
样本数	1620	1249		
LR chi2	253.46***	158.14***		

模型10中加入了住房特征的5个变量，结果显示，住房产权、住房面积和住房环境分别在1%、10%和10%的水平上显著，而住房区位与住房支出对定居意愿的影响并不显著，其中的原因可能同样是变量之间存在共线性。然而，对比模型10和模型9的实证结果以及根据前文的相关分析，可以推断出住房区位和住房支出实际上是显著影响城乡移民定居意愿的。在基础性因素方面，年龄组别、受教育程度、迁移经历、养老保险、弱关系依赖度都与定居意愿之间存在显著的相关性。通过比较不同模型中的实证结果我们发现，去除已经拥有本地户口的新移民之后，住房特征以及各类基础性变量的作用方向和显著性均与前文中的研究结果保持一致，从另一方面证明了住房在新移民定居决策过程中居于关键地位。

综上所述，无本地户口的新移民对住房区位和住房面积有着更高的敏感度，对住房费用和住房环境的要求相对较低，而受住房产权的影响依然最大。目前，国内大城市的户籍制度严格，对外来人员的迁居落户有着诸多条件，包括专业技术、学历背景、纳税标准等。这反映了能够落户的新移民往往拥有更体面的工作、更高的收入水平以及更便捷的交通工具，可以有效减少通勤成本，从而降低了他们对住房区位的依赖度。相反，那些难以达到落户条件的城乡移民通常属于低端劳动力，缺乏足够的工作技能和知识积累，大多集中于服务业、制造业和建筑业，工作地点靠近市中心以及工资水平相对较低决定了利用住房区位上的优势以降低通勤成本是最优的选择，因此，他们对住房区位的差异更加敏感。

根据模型10的结果显示，住房面积对城乡移民定居意愿的影响程度更加强烈。一方面可能是样本的住房支出水平差别不大，而住房面积却有着明显的内部差异性，这使得住房面积与定居意愿的相关性更加显著；另一方面也反映出，即使是处于社会底层的劳动者也希望居住条件不断改善，为更好地提高自身能力、适应新的环境奠定基础。

住房环境对定居意愿的作用强度大幅下降，主要的原因包括以下两点：第一，根据效用最大化理论，底层新移民的重心更多的是放在与经济收入相关的因素上，居住环境的舒适宜人虽然能够带来心理上的效用提升，但远不及降低生活成本来得重要；第二，无本地户口的新移民往往是工作决定住房，或住在单位宿舍或住在公司周边，这种模式削弱了新移民自己对住房环境的选择权，从而降低了住房环境在定居决策过程中的重要性。

在模型9中，住房产权对定居意愿的影响程度最强烈；同样地，当剔除已获得本地户口的部分样本之后，住房产权依旧是新移民选择是否定居城市时需要考虑的关键因素，作用强度变化不大。对每一个新移民而言，拥有属于自己的房子或者能够安心居住且价格合适的房子是在城市中落脚的根本，也是开展其他社交活动、融入新网络的基础。而查阅全国各大城市的外来人口落户政策后不难发现，多数地区都会涉及购房落户的条款或与住房相关的条件，这就意味着户口与住房之间存在着一定的关联性，部分新移民正是通过自购住房这种方式获取了当地户口。

除此之外，四类基础性因素对城乡移民定居意愿的影响也发生了不同程度的变化。在个体因素方面，年龄组别的边际贡献率存在一定程度的减小，尤其是"90后"群体。其中的原因可能是，底层务工人员的定居意愿普遍低于高级劳动者，无论是处于哪个年龄段。从人力资本的角度看，当受教育水平在大专/高职以下时，学历对定居意愿的影响程度变弱；当受教育水平为本科以上时，影响程度反而增强。这说明，对于那些受过高等教育的新移民而言，定居城市是他们的第一选择。收入状况与定居意愿之间依然不存在显著的相关性，除了与外来打工者工资相对较低以致无法负担起高昂的定居成本之外，与收入水平的过于集中也有一定的关系。关于强关系和弱关系依赖度在城乡移民定居决策过程中的作用，模型9与模型10的回归结果差别不大，弱关系对新移民留居、融入城市的重要性远胜过强关系。

第五节 结论及政策启示

本章从住房特征视角出发，综合探讨了住房特征对城乡移民定居意愿的影响程度和微观作用机理，得到如下结论。

第一，有近七成的新移民愿意在城市长期定居，从年龄上看，"70后"的群体定居意愿最高；定居意愿与教育水平呈正相关；收入水平与定居意愿之间呈现倒"U"形关系，收入在2000—5000元的新移民定居意愿更低；增强弱关系会提高新移民的定居意愿。

第二，在所有的住房特征中，住房产权对定居意愿的影响最大，相比无住房产权群体，有产权群体的新移民定居意愿提高了17%；住房区位越接近市中心的移民定居意愿越高；住房面积大、住房支出高的移民定居意愿更高；良好的住房环境也对提高移民定居意愿有显著影响。

第三，对于非本地户口的城乡移民而言，住房产权对定居意愿的影响更大；无本地户口的新移民对住房区位和住房面积的敏感度更高，对住房支出和住房环境的要求则相对较低。

结合上述研究结论，本章提出以下几点政策启示：

首先，政府部门应重视新移民在城市定居意愿方面的差异性，重点关注那些定居意愿强烈的群体。相关政策的制定必须把个体意愿考虑进来，积极通过政策引导将符合条件并且愿意定居的新移民留在城市中。

其次，住房是新移民实现城市"安居"的前提，政府部门应重视住房要素在推进新型城镇化过程中的基础性作用,使之成为吸引、激励外来人口长期留居城市的有效手段。一方面,政府应在购房政策上大胆求变,如提供住房补贴、降低首付比例等,使那些住房支付能力相对较低的农民工也能买得起房;另一方面,应将去库存、刺激房地产业复苏与促进经济发展、加快产业转型升级相结合,单纯地去库存而忽视移民的需求和想法是不可持续的。

再次,城市保障性住房的区位选择一定要充分考虑到移民群体的工作区位,避免由于供需错位而导致的社会资源浪费问题。因此,将保障房建在中心城区的外围区域(市区非中心区域)是较为恰当的选择。

最后,政府部门应重视对新移民群体居住环境的改善,加强对外来人口集聚区的公共交通及基础设施建设。应对农民工聚集的地区进行合理规划和建设,保证地铁、公交线路等常规交通工具全面覆盖,在为农民工提供出行便利的同时,也有利于他们与本地居民之间的互动交流,实现经济、社会、心理、文化等多个层面的融入。同时,政府应将新移民的居住环境问题纳入城市整体规划和布局中来,包括医院、学校、商场等各类公共设施的建设都应该考虑到移民群体的需求,体现出城市的平等态度和人文关怀。

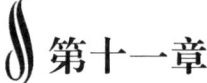

第十一章
住房政策与家庭财富积累[①]

家庭财富不平等已经成为中国收入分配中的突出问题(林芳、蔡翼飞、高文书,2014),在影响财富累积的劳动收入和资产收益两类机制中,后者往往被认为是促成财富不平等的主要机制。随着中国房地产市场化进程和住房价格的攀升,房产配置在中国的家庭资产配置中占有绝对主导地位,根据 CFPS 2014 的数据测算,中国家庭净房产占家庭总财产的 74.9%,住房资产的配置差异可以解释中国家庭财富差异的绝大部分[②]。由于住房商品的特殊性和住房市场与保障双轨并存的特征,住房制度成为影响家庭住房资产配置的重要制度性原因,因此对家庭财富不平等产生了重要影响(何晓斌、夏凡,2012;朱大鹏、陈鑫,2017)。住房公积金制度作为重要的住房保障制度,在支持家庭拥有住房产权,特别是第一套住房产权方面起到了很大作用。由于早期公积金覆盖面相对狭窄,一般机关事业单位及国有企业部门缴存比例较高,同时拥有住房公积金使用资格的群体中,又面临着高收入群体更容易使用而低收入群体虽然缴纳却很难使用的"倒挂"现象,所以公积金制度首先通过价格效应会对加入公积金的群体产生正向贡献,提高未加入群体的购房成本(顾澄龙等,2016),其次公积金群体中又因为信贷约束效应拉开了不同收入群体的公积金使用率(王先柱、吴义东,2017),因此一直以来,公积金制度面临着劫富济贫,助长社会不平等的拷问(周京奎,2011;陈友华,2014)。那么,公积金的获取和使用是否对家庭财富的平等产生了影响,公积金对家庭财富积累到底有多重要?

[①] 本章原发于郑州大学学报,2017(6),作者为毛丰付、韩爱娟和柳津妮,被人大复印资料《社会保障》全文转载,被《高校社会科学文摘》观点摘编。

[②] 靳永爱、谢宇,中国的家庭财富不平等,财新网 2017 - 03 - 07,http://china.caixin.com/2017 - 03 - 07/101063039.html。

第十一章 住房政策与家庭财富积累

第一节
公积金与住房不平等

公积金制度创始于20世纪50年代的新加坡。我国在20世纪80年代到90年代期间先后进行了多项政策促进住房市场改革，其中包括试点售房、提租补贴、以租促售等（陈杰，2009），但都未有很大起色，住房改革多次停滞不前。在总结经验教训的基础上，决策者认识到公房销售和出租金改革的最大困难是在当时的社会情况下，购买住房需要居民付出巨额的支出，而仅靠工资收入，当时大部分居民无法在短期内直接支付这笔资金，需要贷款的支持。在这种现实情况下，上海市在借鉴新加坡成功的住房公积金制度的基础上率先于20世纪90年代初推出了住房公积金制度试点改革，这一制度推出之后取得了可喜的成果，随之很快在全国开展起来。1994年国务院颁布《关于深化城镇住房制度改革的决定》，决定全国范围内推行住房公积金制度。

经过20多年的发展，住房公积金贷款因其期限长、利率低而备受青睐，一定程度上提高了公积金使用群体的住房购买能力，改善了他们的住房条件，现如今已经成为住房市场不可分割的重要组成部分。公积金体系汇集用于住房的专项资金，促进了住房消费，解决了大部分职工住房难的问题，在保障社会稳定和促进经济发展方面起到了重要的作用。住房公积金制度作为一种保障性的住房融资制度，对住房市场产生了不可估量的影响。早期的研究囿于认识和数据等原因，较少关注公积金的缴存随着家庭收入状况、家庭成员职业情况等变化，多数认为无论为低中收入家庭还是高收入家庭，公积金缴存额都有利于提高居民的住房支付能力，原因在于较低的非信贷成本有利于提高弱势群体的住房支付能力，从而在保障居民住房方面也起着重要的作用。

随着房地产市场的发展和住房体系多元化，特别是住房资产化的推进，住房公积金制度的受益群体出现利益分配不平等的趋势逐渐受到重视。比如认为住宅权属于福利，中低收入家庭的福利损失要小于其他收入类型家庭，公积金出现了严重错位现象。提出应降低公积金约束，以提高居民尤其是低收入家庭的住房福利水平。住房公积金制度的定位，居民的住房支付能力及住房价格与住房公积金制度之间的联动关系慢慢成为关注的重点。公积金制度初始定位是给予中低收入家庭购房以金融支持,但在运行过程中由于缴纳标准的公平性、使用机会的公平性以及收益分配公平性等问题受到诸多质疑,以至于提出公积金的性质是互助还是攫取,是扶助贫困还是"劫贫济富"?

由于我国住房公积金制度的强制性导致公积金参与者之间的不公平和公积金参与者和非参与者之间的不公平,参与者会因工作单位不同而缴纳的公积金不同,会导致最需要改善住房条件、最需要获得公积金扶持的群体无法享受到各种优惠政策带来的不公平。在此背景下,很多低收入的家庭因受住房支付能力的制约而无法使用其公积金,因而也就很难享受到住房公积金消费融资补贴。公积金约束对住房需求的影响过程中会因收入、单位类型、职业类型、职称差异和行业收入的不同而不同,并且差距较显著。在居民进行住房决策时,抵押贷款作为一项重要指标影响着居民的决定,不仅如此,房屋所在的区位也会影响购房决定,较高的抵押贷款比例将会减少区域内的房价波动情况,使房价梯度更平缓,此时居民在选择住房时也会更倾向选择郊区的住房,相反,较低的住房抵押贷款利率降低了居民的借贷成本,居民选择的余地扩大,会扩大对住房的需求。公积金制度作为一种特殊的住房金融保障制度,对缴纳公积金的群体实施抵押贷款利率优惠政策,在居民可以承受的公积金贷款范围内,公积金制度贷款额度越高,居民购房时公积金贷款总额占家庭住房价值的比例也会随之增加,这在一定程度上降低了居民的购房成本,提高了居民的住房支付能力,居民的住房需求也会随之增加。

同时不同的家庭类型的住房需求情况也有较大的差异,而在诸如住房公积金制度之类的住房金融保障制度的影响之下,不同的家庭类型受此影响表现更为不同。自住房公积金制度实施以来,中国城镇家庭居民的就业大环境发生了巨变,20世纪90年代中国国企以构建现代企业制度为重点,对不同岗位施行不同工资政策,扩大了职工之间的收入差距。在当时社会条件下,面向职业技能较低的职工培训很难跟上,使其面临着更换工作性质的风险,导致他们的收入预期有较大的波动性。到20世纪90年代中后期,国企为促进产权多样化改革侧重点在退出竞争性行业和减少企业的冗员,这段时期一部分受教育程度低、职业技能低的劳动者纷纷下岗或转换工作岗位,该时期城镇居民面临着巨大的收入不确定性风险(周京奎,2011),会影响居民的持久收入预期。从生命周期理论理解,消费者会因预期收入的变化考虑整个生命周期所能获得的最大资源,从而进行消费决策,即居民的收入不确定性会通过影响居民的持久收入预期从而影响居民的住房需求。

住房公积金制度规定职工的公积金缴存额由其工资收入水平决定，当城镇居民面临较高的收入不确定性时，居民缴存的公积金额度也受到影响，同时影响一个家庭所面临的信贷约束，进而影响家庭的住房需求。不仅如此，住房市场化改革及住房公积金制度也会促进居民住房条件的改善，由于居民的住房信贷成本受到的约束较少，原有住房的居民会考虑改善住房面积及住房环境。公积金约束对居民的住房需求存在正向的影响关系，在居民可以承受的公积金贷款范围内，公积金制度贷款额度越高，居民购房时公积金贷款总额占家庭住房价值的比例也会随之增加，这在一定程度上节约了居民的购房成本，提高了居民的住房支付能力，居民的住房需求也会随之增加。也有学者研究指出降低公积金贷款利率虽然能够降低消费者的购房成本，但是对公积金贷款利率的调整政策并不会对住房需求产生显著的影响。在收入分配制度、劳动者雇佣制度以及企业所有制等制度变迁的冲击下，城镇家庭缴存公积金数量以及获得公积金贷款的能力也随着家庭类型的多样化而有较大差异。

从上述分析中可以看到，经济学研究认为居民所受到的公积金约束、不同家庭类型和住房需求之间有一定的关联，因此会对住房资产配置产生较大影响。社会学为住房不平等提供了另一个观察视角。社会学的研究表明住房问题一直是关系着国计民生的重大问题，尤其是在城镇化快速发展的大背景下，住房在提高居民的生活质量、提升社会幸福感和维护社会稳定方面起到了重要作用。社会分层的研究发现，中国阶层的差异体现在很多方面，在日益发展的住房商品市场，是否拥有住房产权是衡量居民以及家庭经济能力财富状况的重要标准，同时住房面积、住房环境也是衡量家庭地位的重要因素（边燕杰、刘勇利，2005），住房产权又影响着家庭的幸福感，拥有住房的居民幸福感强于租房的，拥有多套住房的幸福感要强于仅有一套住房的家庭（林江、周少君和魏万青，2012），可见得住房有利于提升家庭幸福感，有助于社会稳定和谐。

在住房分配体制改革的过程中，不同人群因种种原因其受益机会确实存在较大差异性（李斌，2002），在住房市场并未成熟的住房改革初期，居民的工作单位在当时发挥了主导作用，而居民的个人特征（例如收入等）的作用并不显著。以农村人口流动为典型的人口流动现象是影响城镇住房面积不平等的重要因素（罗楚亮，2014），户主受教育程度、职业类型等对城镇住房不平等的影响并不显著。同时住房销售价格等也对居民购买住房面积的影响最显著，城镇居民平均工资对居民购买住房面积的影响也较为显著，这两个因素几乎决定了城镇居民的购买住房面积。而住房面积相对于收入排序的集中率呈上升趋势，但是住房面积不平等性却基本稳定，并且不平等程度相对较低（罗楚亮，2013）。因此考察住房不平等可以有更多的观察维度。

第二节
住房与家庭财富

在中国居民家庭所拥有的财产中，固定资产占了家庭财富的大部分，而固定资产中占比例最大的则是住房。进入 21 世纪以来，中国经济资本化表现为城市化进程中土地、住房等价值的重估。住房市场化改革直接促进了城镇家庭房产对财富增长的巨大贡献，但这个过程中是否拥有住房、住房的环境和面积差异直接导致了不同家庭财产水平的不同，也成为不同家庭财富差异较大的关键来源。近年来由于不断上涨的房价以及不断上涨的住房自有率，家庭财富越来越聚集在住房上，住房逐渐成为居民家庭财富和社会地位的象征。

无论是国家层面的研究，还是城乡层面的研究，住房的不平等都被认为是造成家庭财富不平等的一个重要的来源，其次才是金融资产的持有程度不同。在住房改革过程中，由于政策和改革的不连续性，住房的分配存在较大的差距和不公平。不完善的、发展过快的住房市场化改革是造成目前居民家庭财富差距扩大的重要原因。

中国自 1998 年住房市场化以来，不到 20 年时间，住房资产剧增，达到 200 万亿元左右[①]。中国的住房市场化改革直接促进了城镇家庭房产对财富增长的巨大贡献，就目前我国情况而言，住房制度改革对居民收入差距、居民财富拥有量有较大影响（李实等，2005；国家统计局城市司，2009）。住房制度改革拉大了城乡居民收入差距，扩大了城镇居民收入分配的差距，从而导致城镇家庭财富存在一定的差距，也是影响不同家庭财富不平等的最重要的因素。

住房市场化改革使得一部分家庭迅速获得住房，积累起家庭财富，随后住房商品化发展，使得他们手中的住房可以在住房市场上出售或出租产生高额的利润和新的财富，从而加剧了家庭财富不平等。就目前的中国城镇家庭而言，住房占家庭资产很大一部分比例，普通中低收入家庭一般只拥有一套房产用于

---

① 对于中国家庭住房的价值估计存在较大分歧，估值从 130 万亿元至 250 万亿元。

自有居住，他们不会选择将房屋租赁出去获取财产性收入，更多地将收入用于消费或进行储蓄。而高收入家庭受到的冲击影响明显要小得多，他们在满足家庭日常生活需要后可以将多余的财富用于购买多余房产租赁出去或者投资于资本市场从而增加家庭财富。这种房产的再分配效应使住房财产差距与家庭收入不平等之间形成了一种相互强化的作用机制，这种高中低收入家庭之间的"马太效应"会导致居民的社会分层不同，住房不平等问题加剧。

同时随着目前投资门槛的提高，房价持续上涨，相对于金融资产，投资性房产占家庭财产比重越来越大，房产投资由于住房的非流动性，往往伴随着抵押负债，缺少对风险的分散，房产投资相对于金融资产有更明显的推动作用（黄静等，2013）。由于资本市场风险过大，金融资产投资渠道狭窄、收益率低、服务范围小，投资收益不高，对财富积累贡献率较低（刘向耘等，2009），致使家庭更倾向于选择风险较小的住房投资。因此，住房投资对家庭资产配置的影响显得尤为重要。

第三节
公积金与家庭财富积累

一、经验分析模型

综合上述分析，本章拟从家庭住房产权、家庭住房面积和家庭财富数量三个方面考察公积金制度对家庭财富积累的影响。

本章采用的是西南财经大学和中国人民银行共同组织的"中国家庭金融调查 CHFS"数据。CHFS 数据对 2010 年中国家庭金融信息进行抽样调查，是全国名列前茅的大型微观数据库，涵盖了全国 25 个省、80 个县、320 个社区共 8438 个家庭，数据涉及家庭资产、负债、收入、消费、保险、保障等各个方面的数据，全面客观地反映了 2010 年中国家庭金融的基本状况，为国内外研究者提供了研究中国家庭金融问题的高质量微观数据，也是中国家庭金融微观数据领域的重大突破。基于本章的研究目的，我们删除农村地区数据，选取 4851 组城镇家庭作为本章分析样本。

根据数据结构，本章的住房所有权模型为 Logistic 模型。

被解释变量表示家庭是否拥有住房，家庭若拥有住房所有权则取值 1 否则取值 0，为二元变量。$Odds = \frac{\pi}{1-\pi}$ 表示家庭拥有住房所有权的概率，$\lambda = \ln(Odds) = \ln\left(\frac{\pi}{1-\pi}\right)$ 为此概率的 Logit 变换，本章设定 logistic 模型为：

$$\text{logit}(P) = \chi_0 + \chi_1 fund + \sum \chi_{2i} household + \chi_3 province + \sum \chi_{4i} work_i + \varepsilon_i \tag{11-1}$$

其中 fund 代表家庭成员是否拥有公积金（是为 1 否则为 0）；household 代表模型控制的家庭社会经济特征变量，包括户主性别、年龄、民族、婚姻状况、受教育程度、政治面貌、家庭收入、家庭总人口；work 为户主的职业性质，包括职业类型（occupt）和职称类型（title）。

在住房面积实证分析过程中，为了减少异方差，对住房的建筑面积取对数，在选择实证方法时，我们选取多元回归模型对住房建筑面积的对数进行回归分析，加入地区变量、户主受教育程度、职业类型和职称类型等变量，实证模型如下：

$$Lnarea = \alpha_0 + \alpha_1 fund + \sum \alpha_{2i} household + \alpha_3 province + \sum \alpha_{4i} work_i + \varepsilon_i \tag{11-2}$$

式（11-2）中被解释变量为家庭拥有住房面积的对数，其他变量含义与式（11-1）相同。

在研究城镇家庭财富时，本章采取王江（2010）的方法将家庭资产分为实物资产和金融资产。实物资产主要包括：住房、大件耐用消费品以及私营生意等。住房项目还可以细分为居民家庭自住房地产和非营利组织房地产等。金融资产则包括储蓄存款、债券等安全性较高的资产和股票、基金等风险性较高的资产以及现金等形式。在分别对调查者所在地区、户主受教育程度、户主职业类型、职称情况等指标加入控制变量进行回归，进而检验公积金制度对不同家庭类型家庭财富的影响程度。在选择实证模型时，我们选取多元回归模型对家庭财富进行回归分析：

$$Lnasset = \alpha_0 + \alpha_1 fund + \sum \alpha_{2i} household + \alpha_3 province + \sum \alpha_{4i} work_i + \varepsilon_i \tag{11-3}$$

式（11-3）中被解释变量为家庭财富数量的对数，其他变量含义与式

(11-1) 相同。

二、样本的统计性描述

本章从户主职业类型、户主职称类型、户主受教育程度和所在地区来划分家庭类型：（1）户主职业类型，根据调查问卷信息，结合国内城镇特殊情况，将户主职业类型分为三组，依次为政府事业单位（work1）、企业（work2）、其他（work3）。（2）户主职称类型，职称类型分为无职称（title1）、技术员（title2）、初级职称（title3）、中级职称（title4）、高级职称（title5）。（3）户主受教育程度，依次分为小学以下（edu1）、小学（edu2）、初中（edu3）、高中（edu4）、中专（edu5）、大专（edu6）、大学及以上（edu7）。（4）所在地区分为东部（pro1）、中部（pro2）、西部（pro3）。数据的统计性描述如表11-1所示。

表11-1 数据的统计性描述

变量	定义	均值	标准差	最小值	最大值
被解释变量					
住房所有权	拥有住房1；否0	0.878	0.327	0	1
住房面积	建筑面积（对数）	12.529	1.373	0.693	15.424
家庭财富	家庭总资产（对数）	3.616	1.557	-5.203	8.208
解释变量					
fund	有公积金1；否0	0.255	0.436	0	1
age	户主年龄（周岁）	47.981	14.157	21	98
gender	户主男=1；女=0	0.683	0.465	0	1
marry	户主婚=1；否=0	0.970	0.172	0	1
party	户主党员=1；否=0	0.209	0.407	0	1
population	家庭人口数	3.286	1.330	1	13
lnincome	家庭收入（对数）	10.447	1.245	4.382	14.914
虚拟变量					
work	户主工作单位（政府事业单位=1；企业=2；其他=3）				
title	户主职称（无职称=1；技术员=2；初级职称=3；中级职称=4；高级职称=5）				
province	所在地区（东部=1，中部=2；西部=3）				
education	户主受教育程度（小学以下=1；小学=2；初中=3；高中=4；中专=5；大专=6；大学及以上=7）				

三、经验研究结果

本章依次检验了住房公积金制度对住房所有权拥有、住房建筑面积和家庭财富的影响，整理后的回归结果如表 11-2 所示①。

从表 11-2 回归结果可以看出，东中西部在拥有住房产权上并没有显著差别，在单纯考虑地区和受教育程度时这种差别也不显著，但在加入户主职业类型和职称情况后，可以看到户主受教育程度越高，住房所有权的拥有概率逐渐变大。但是有趣的是在住房产权拥有上，受教育程度的增加和住房产权拥有水平并不是一个线性关系，而是略呈倒"U"形，其中以中专、高中水平的受教育程度拥有住房有权的可能性最大，大专次之，大学及以上群体的住房产权水平反而更低。其中一部分原因可以归结为中专和高中受教育水平的户主职业以技术性为主导，有专业化技能的工作相对稳定；另一个很重要的原因也许在于，中国住房市场化进程与高等教育由精英化向大众化转变的进程几乎同时启动，大批接受高等教育的年轻人与没有进入大学的同龄人相比，错过了房地产市场化的机遇。当我们把家庭类型分类中户主职业类型和户主职称情况分别放入计量模型进行回归检验后发现，户主职业类型对住房所有权的拥有并没有较明显的影响，而户主为高级职称的家庭拥有住房的概率显著大于没有职称的家庭的概率。

在研究住房不平等情况时，按照中国家庭的实际情况，边燕杰和刘勇利（2005）认为是否拥有住房产权是衡量居民以及家庭经济能力财富状况的重要标准，同时住房面积、住房环境也是衡量家庭地位的重要因素。本章利用 CHFS 数据对住房面积的不平等情况也进行了回归，检验住房公积金制度对住房面积的影响，分别将调查者所在地区、户主受教育程度、户主职业类型、职称情况等指标加入控制变量进行回归，进而检验住房公积金制度对不同家庭类型的住房面积的影响程度。在研究住房面积时，对问卷中关于家庭首套住房面积取建筑面积对数。从表 11-2 回归结果可以看出，拥有住房公积金的家庭的住房面积显著小于没有住房公积金的家庭。其中可能的原因可以归结为我国住房公积金制度的贷款配额机制所限。因住房公积金的贷款利率比一般贷款利率小，拥有住房公积金的家庭在选择购房时大多会选择使用家庭成员的住房公积

---

① 限于篇幅，本章略去了大量对照检验结果，如有需要，可以向作者索取。

金购房，然而因为住房公积金贷款总额通常远小于商业贷款，这就导致了拥有住房公积金的家庭在购房时会受到贷款金额的限制从而选择的住房面积相对较小，反而没有住房公积金的家庭大多是有自己的资金来源，在购房时选择的商业贷款额度限制小于住房公积金贷款额度限制，更倾向于选择面积更大的住房。在研究东中西部的住房面积这一变量时可以看出，西部地区家庭的住房面积显著大于东部地区，其主要原因可以归结为地理位置导致的人地关系比例和住房相对价格。从房价收入比看，东部地区一些较大城市房价涨幅巨大，而西部地区房价一直很平稳，在家庭收入情况短期不会发生变化的情况下，高房价地区家庭购买住房的面积会显著偏小，进而导致东部地区居民住房面积显著小于西部地区。当我们把家庭类型分类中户主职业类型和户主职称情况分别放入计量模型进行回归检验后发现，户主职业类型和户主职称情况对家庭的住房面积并没有较明显的影响。

从表 11-2 回归结果可以看出，住房公积金制度对家庭财富积累有显著的正向影响，住房公积金制度为住房贷款提供了稳定的资金来源，提高居民的住房购买能力，改善他们的住房条件，随着市场化改革浪潮的发展，住房价值上升，带动家庭财富急速增长。从地域差别的角度来看，东部地区借助得天独厚的地理优势和发展契机，家庭财富显著高于中西部地区。受教育程度对家庭财富的影响大体呈现出边际递减的倾向，受教育程度越高，家庭财富积累越多。当把家庭类型分类中户主职业类型和户主职称情况分别放入计量模型进行回归检验后发现，户主职业类型对家庭财富并没有较明显的影响，而户主具有高级或者中级职称的家庭财富显著多于无职称非技术员户主类型的家庭，原因可以归结为户主职称较高的家庭相对职称较低的家庭更易获得劳动机会，收入来源较广泛，家庭财富显著多于职称较低家庭。

表 11-2　　　　　　　　　经验研究结果汇总

	住房所有权		住房面积（对数）		家庭财富（对数）	
住房公积金	1.500**	1.431*	-0.125**	-0.061*	0.299***	0.278**
	(2.13)	(1.87)	(-2.54)	(-0.97)	(4.46)	(3.23)
年龄	1.050***	1.047***	0.011***	0.008***	0.0009	0.004
	(5.31)	(5.01)	(4.76)	(2.75)	(0.27)	(0.95)
性别	1.137	1.093	0.071	0.059	0.006	0.023
	(0.79)	(0.55)	(1.56)	(0.96)	(0.10)	(0.28)

续表

	住房所有权		住房面积（对数）		家庭财富（对数）	
家庭收入	1.155*	1.120	−0.045*	−0.040	0.515***	0.475***
	(1.72)	(1.33)	(−1.92)	(−1.32)	(1624)	(11.66)
婚姻状况	1.447	1.46	−0.366***	−0.328***	−0.201*	−0.329**
	(1.46)	(1.48)	(−3.73)	(−2.79)	(−1.71)	(−2.29)
政治面貌	0.755	0.772	0.041	−0.018	−0.062	−0.115
	(−1.36)	(−1.25)	(0.77)	(−0.24)	(−0.85)	(−1.07)
家庭人口	1.557***	1.575***	0.084***	0.094***	−0.002	0.025
	(5.56)	(5.70)	(4.65)	(4.01)	(−0.09)	(0.78)
Pro12（中部）	1.075	1.087	0.027	0.048	−0.593***	−0.540***
	(0.42)	(0.49)	(0.61)	(0.81)	(−9.68)	(−6.60)
Pro13（西部）	1.696	1.836	0.019	0.009	−0.663***	−0.678***
	(1.26)	(1.44)	(0.22)	(0.08)	(−5.36)	(−4.04)
Edu2（小学）	3.151*	3.44*	−0.233	−0.35	0.748**	0.824**
	(1.67)	(1.81)	(−0.95)	(−1.33)	(2.40)	(2.31)
Edu3（初中）	2.516	2.678	−0.273	−0.426*	0.697**	0.736**
	(1.44)	(1.54)	(−1.14)	(−1.69)	(2.31)	(2.14)
Edu4（高中）	4.481**	4.626**	−0.505**	−0.691***	0.905***	1.075***
	(2.26)	(2.32)	(−2.10)	(−2.72)	(2.96)	(3.07)
Edu5（中专）	4.848**	5.096**	−0.611**	−0.812***	0.962***	1.010***
	(2.27)	(2.35)	(−2.47)	(−3.08)	(3.05)	(2.79)
Edu6（大专）	3.593*	3.768**	−0.556**	−0.803***	1.153***	1.337***
	(1.90)	(1.97)	(−2.27)	(−3.04)	(3.70)	(3.70)
Edu7（大学及以上）	2.821	3.010	−0.676***	−1.008***	1.25***	1.457***
	(1.52)	(1.61)	(−2.74)	(−3.77)	(3.96)	(3.97)
Work2（企业）	0.847		0.766		−0.003	
	(−0.85)		(1.57)		(−0.04)	
Work3（其他）	1.156		0.062		−0.092	
	(0.41)		(0.73)		(−0.78)	
Title2（技术员）		1.220		0.016		0.150
		(0.52)		(0.13)		(0.89)
Title3（初级）		0.888		−0.106		0.141
		(−0.43)		(−0.97)		(0.93)

续表

	住房所有权		住房面积（对数）		家庭财富（对数）	
Title4（中级）		1.094		0.008		0.230**
		(0.40)		(0.09)		(2.01)
Title5（高级）		4.932***		-0.143		0.262
		(2.99)		(-1.30)		(1.62)
常数项	0.005***	0.006***	1.517***	1.703***	-2.556***	-2.321***
	(-4.39)	(-4.34)	(4.01)	(3.77)	(-5.26)	(-3.91)
样本量	1755	1750	1519	897	1755	2281
R-square	0.131	0.139	0.130	0.140	0.332	0.131

为了进一步分析家庭类型差异条件下住房公积金对住房不平等情况的影响，本章还在式（11-1）—式（11-3）中引入了住房公积金和家庭类型（户主职业类型、户主职称类型）的交叉项①。从住房所有权看，本章发现在户主职称类型方面，无论是政府事业单位还是普通企业抑或是除此之外的其他类型单位在拥有住房所有权方面的差距并不大，其他类型的企业在拥有住房方面略微高于政府事业单位拥有住房的概率。而具体考虑户主的职称情况，户主为高级职称的家庭拥有住房的概率显著高于其他职称的家庭，户主为技术员或中级职称相较于无职称无技术来说拥有住房的概率也较高，具体分析为工作单位社会地位越高，住房公积金影响的效应也越高，住房公积金对职称较高的家庭的住房影响要明显高于职称低的家庭。

从住房面积看，受教育程度尽管对住房面积的影响不显著，但还是可判断出大致趋势，呈现边际效用递减的趋势；东中西部的差距仍然比较明显，东部地区住房面积显著大于中西部地区。在考虑不同家庭类型条件下住房公积金制度对住房面积不平等的影响时，户主职业类型为普通企业且拥有住房公积金的家庭的住房面积显著高于政府事业单位拥有住房公积金的家庭的住房面积，原因是政府事业单位人员的最初的房屋来源于政府提供的福利住房，另外政府事业单位人员由于计划生育的要求而导致家庭人口规模偏小，所需住房面积相对普通企业家庭较小，普通企业家庭鉴于谋生的诉求，相较于政府事业单位类型家庭谋求财富的方式相对丰富，而对于大多数家庭而言，都会选择把财富用于购买住房，进而会带动家庭住房面积相对较大。单纯考虑户主职称条件下住房

---

① 限于篇幅，本章略去了引入交叉项后的表格，有需要者可以与作者联系。

公积金制度对住房面积的影响时,户主为高级职称拥有住房公积金的家庭住房面积显著高于无职称非技术员的家庭,并且有住房公积金家庭且户主为技术员的家庭住房面积最高,显著高于无职称非技术员的家庭。

从家庭财富情况看,户主职业类型是普通企业且拥有住房公积金的家庭财富显著多于政府事业单位,原因可以归结为政府事业单位的人员依靠政府福利购买住房,普通企业家庭相较于政府事业单位类型家庭谋求财富的方式相对丰富,住房公积金制度的广泛覆盖不仅解决了政府事业单位家庭的住房问题,也解决了绝大部分普通企业家庭的住房问题,根据之前分析结果,户主职业类型为普通企业家庭住房面积大于政府事业单位家庭,住房面积和住房的区位是衡量住房价值的两大重要因素,作为家庭财富的重要组成部分,会直接导致户主职业类型为普通企业且拥有住房公积金的家庭财富显著多于政府事业单位家庭财富。而在考虑户主的职称时,户主为中级职称且拥有住房公积金的家庭财富显著高于户主为无职称无技术的家庭的财富。

综合几项检验,本章还发现:住房公积金对是否拥有住房产权作用很大,但是对于住房面积影响为负数,对于家庭财富的影响要远远小于对住房产权的影响,并没有想象的那么大;换言之,住房公积金制度对于有房住有很大帮助,对于住大房子和提高家庭财富作用不大。说明住房公积金制度的住房保障功能还是在某种程度上实现了政策设计的初衷。年龄和婚姻对于取得一套房子具有正向影响,这可能与中国单位体制下福利分房的制度安排有关。从财富的积累效果看,收入是一个远比是否拥有住房公积金更重要的影响要素,收入的系数几乎是住房公积金系数的 2 倍。在引入交互项的分析中不难发现,户主职业类型是普通企业且拥有住房公积金的家庭,财富积累最多。在 2010 年之前,正常缴纳住房公积金的"企业"绝大多数是国有企业,特别是垄断性国有企业,这也意味着收入不平等的原因,行业间差距是比住房公积金制度更有力的解释(陈钊、万广华、陆铭,2010)。

第四节
结论与政策建议

本章利用 CHFS 数据,从住房所有权、住房面积和家庭财富三个方面,考

察了住房公积金制度对家庭财富积累的影响,本章发现:

第一,从住房所有权方面看,住房公积金对东中西部地区是否拥有住房的影响没有显著差别;户主受教育程度与住房所有权的拥有概率之间呈现偏态的倒"U"形关系,中专、高中水平的教育程度拥有住房所有权的可能性,而大专和大学及以上学历者住房所有权拥有的概率依次下降;专业化技能更易于获得住房,户主为高级职称的家庭拥有住房的概率显著大于没有职称的家庭。不同类型家庭的住房公积金对住房所有权的影响不明显,无论就职于政府事业单位、企业还是其他类型单位在拥有住房所有权方面的差距并不大。

第二,从家庭住房面积看,拥有住房公积金的家庭的住房面积显著小于没有住房公积金的家庭住房面积;西部地区家庭的住房面积显著大于东部地区;户主为普通企业人员且拥有住房公积金的家庭的住房面积显著大于政府事业单位拥有公积金的家庭的住房面积;户主为高级职称拥有住房公积金的家庭住房面积显著大于无职称非技术员的家庭。

第三,从家庭财富积累看,住房公积金制度对家庭财富积累有显著的正向影响,但是从财富积累效果看,收入的作用远高于住房公积金的作用;东部地区家庭财富显著高于中西部地区;户主具有高级或者中级职称的家庭财富显著多于无职称非技术员户主类型的家庭;户主是普通企业人员的家庭财富显著多于政府事业单位。

针对本章的分析结果,为改善家庭财富不平等状况,从住房公积金制度方面提出以下几点政策建议:

第一,进一步明确住房公积金制度定位,不能对住房公积金制度寄予不切实的期望。住房公积金制度的初始定位,是满足城镇职工住房改革需要,根据本章的分析结果,这一点是有效的。至于后期定位在具有普惠色彩,希望为更多居民解决住房问题,成为一项很普及的住房贷款优惠制度,或者兼具住房保障性质,从目前看并不现实,是住房公积金制度本身无法承担之重。住房公积金制度的定位要准确,应定位于城市中等和中等偏下的40%的普通职工家庭,为他们拥有第一套房提供融资支持。

第二,根据家庭类型实行差异化的住房公积金标准。住房公积金对不同类型家庭的影响程度不同,应对不同家庭类型设定不同的住房公积金配贷标准,对那些收入相对较低的家庭、非技能型人员等群体在支付利率、起付标准和贷款总量上给予适度倾斜。这类群体是住房保障的主体,提高他们的住房支付能力,对于稳定我国的住房市场以及社会稳定具有重要作用。

第三，完善住房金融制度和保障制度，实现多项制度的统筹联动。住房改革普遍改善了中国城市居民的居住条件，但随着社会发展、房价快速的上涨以及目前住房公积金缴存与贷款过程中存在明显的强制性缴存机制与市场化配贷错位问题，使得住房公积金制度的作用和地位正在逐步弱化，因此不仅应从住房公积金制度本身着手，还应对整个住房金融制度进行完善改革，使住房金融制度真正做到惠及大众。另外还需要统筹住房公积金和其他社会保障制度安排，提高资金使用效率和保障政策针对性，使更多群体从经济增长中获益，促进社会的公平发展。

第十二章
保障性住房与人口流动

改革开放后，特别是进入21世纪，我国流动人口规模增长迅速。根据第五次和第六次人口普查的调查数据，我国总流动人口由2000年的1.2亿人增长到2010年的2.6亿人，增长速度约为116.7%，其中省际流动人口增幅达到158%。2010年我国从乡村流出的人口为17042万人，其中14265万人直接由乡村流入城镇。农业转移人口进城务工就业，为城镇提供了丰富的劳动力资源，有力地促进了城市化进程，人口迁移流动对我国城镇人口增长的贡献率达到65.36%，是我国城镇化发展最主要的驱动力（邹湘江，2011）。随着流动人口群体的日益扩大，社会各界越来越关注这一群体的未来发展。中央城镇化工作会议提出"解决好人的问题是推进新型城镇化的关键"，让农业转移人口住有所居是促进这一群体定居城市，进而实现农业转移人口市民化的关键因素。

住房是家庭最基本的物质生活资料，也是衡量社会排斥和社会融入的重要指标，直接关系到流动人口的城市融入和市民化进程。由于流动人口群体以中低收入群体占比重较大，进入城市后很难购买商品房，保障性住房成为他们解决住房问题的重要途径。近几年，全国各地更加重视保障性住房建设，投资力度不断增大、建设数量逐年增加、保障房类型逐渐完善、覆盖率大幅提高，保障房建设有了很大的发展，取得了显著的效果。根据住建部公布的数据，2011—2014年，全国累计开工建设各类保障性住房和棚户区安置住房超过3200万套，基本建成2000多万套。2014年中央财政分批下达城镇保障性安居工程中央补助资金1980亿元，较2013年增加251亿元。但是在户籍制度和"城市偏向"政策的约束下，流动人口很难跨越城镇住房保障制度中"持本市城镇居民户口"的门槛，进而无法直接被纳入城镇住房保障体系中。在实践中，许多地区采用了不同的形式来解决流动人口住房问题，比较典型的是给从事诸如制造业的外来中低端劳动力提供职工宿舍、园区公寓等住房保障措施。那么保障房建设是否能够产生"涓滴效应"从而惠及流动人口呢？已有文献证实保障性住房建设能有效分散商品房需求，导致商品房价格下降，降低城市生活成本（王先柱、赵奉军，2009；陈涛、何宜庆，2011；毛丰付，2008；陆铭，2014），从这个意义上讲，流动人口也会间接受益于保障房建设。换句话说，保障性住房建设有可能会增加城市的吸引力，促进更多的人口流入。研究保障性住房和人口流动问题，有助于对中国新型城镇化情景下人口流动规律的认识和把握，然而关于这一问题的理论探讨和经验性检验还非常少见。

从现实层面看，随着人口红利的消失和老龄化社会的来临，摆在各城市面前的首要问题由如何推动经济增长变成如何吸引更多人口的流入。保障性住房建设真的能够促进人口流动吗？保障性住房如果会为各城市再次吸引人口流入提供新的转机，妥善解决好流动人口的住房问题，进而通过保障性住房吸引流动人口的流入，对各地区乃至整个中国的城市化和工业化进程都具有重要的意义。

基于此，本章利用"五普""六普"的人口流动数据和各省与保障房建设相关的财政数据，以引力模型为分析框架，研究了我国省际人口流动的影响因素和机制，着重分析了保障性住房与省际人口流动的影响。

第一节
住房与人口迁移：文献与理论

人口流动的研究源远流长，从威廉·配第和雷文斯坦等人的先驱性研究开始，先后经历了古典的人口推拉理论、新古典经济学的刘易斯二元经济模型和托达罗迁移模型，以及社会网络理论等几个主要阶段，在探讨人口流动的影响因素和动力机制方面形成了丰富的研究成果。近几年，从福利政策角度探讨人口流动的文献逐渐增加。一些文献如 Borjas（1999）和 Fiva（2009）对福利政策导致的人口迁移进行了实证研究，一定范围内住房保障也是一种福利政策。Fiva（2009）发现，挪威的地方福利支出对人口迁移有显著作用。Koethenbuerger（2014）认为，人口迁移与政府的税收—转移支付体系间有内在的相互影响，人口进行迁移时也会考虑社会福利水平和征税水平。张丽、吕康银

(2011）参考 Lewer 等 2008 年提出的人口迁移引力方程对地方财政支出对人口迁移的影响进行检验，结果表明，地方财政支出差异对我国省际人口迁移的作用是显著的，另外，相对于地方政府基本建设支出，文教、卫生和社会保障支出差异对人口迁移的影响更大。董理、张启春（2014）基于空间动态面板模型对我国地方政府公共支出规模对人口迁移的影响进行了实证研究，结果显示我国地方政府公共支出的规模对净迁移人口的影响显著为正。从研究方法看，引力模型在国内人口流动中也逐渐得到广泛应用，结果表明地区收入差距是人口流动的主要驱动力。

关于住房和住房保障对人口流动的影响，学者们在这方面已进行了一定的研究，发现两者之间存在一定的关系。曾国安、张河水（2011）指出城市化过程就是经济资源和经济活动向城市集中的过程，从人口角度来看，就是农村人口向城市集中的过程，他们研究得出住房保障的发展不是城市化的障碍，而是会促进城市化的发展，不应将住房保障视为吸引穷人聚集的因素，而应将之视为促进城市发展的基本因素。谭鹏（2011）分析了我国保障性住房建设和人口流动之间的关系，实证结果显示了二者存在显著的正相关关系，该文提到了人口流动与保障性住房建设之间起到相互促进的作用，但是该文献并没有直接研究我国保障性住房建设对人口流动的影响，目前尚缺乏保障性住房和人口流动之间的直接关系的研究。

已有文献关于保障性住房对人口流动的影响更多是间接的。这种影响大致可分成两阶段，第一阶段是保障性住房对商品房体系的影响。多数学者认为保障性住房建设会吸收商品房一部分刚性需求，这将导致市场对商品房需求降低。王先柱、赵奉军（2009）通过供求分析得出保障性住房分流了住房需求并提供更低价格的房源，商品房价格因此会走低，保障性住房每增加1%，将导致房价降低0.046%。高波（2010）进一步分析了保障性住房建设对房地产价格产生影响的内在机制，认为保障性住房可以抑制房价上涨，促使房价稳定。潘爱民等（2012）通过1999—2010年的全国数据分析发现当保障性住房销售面积增加1%时，会促使房地产价格下降0.4442%。然而，也有学者认为保障性住房建设挤占了商品房建设，从而使商品房供应量减少，导致房价上涨（茅于轼，2008；张跃松、连宇，2011）。不过苟兴朝（2011）认为我国保障性住房对商品房不仅没有"挤出效应"，还有"挤入效应"。王先柱、赵奉军（2009）也认为保障性住房挤占商品房现象在实践中不存在，我国商品房建设所需的土地短缺并不是由于大建保障房造成的，而主要与开发商对未来房价的乐观预期造成的土地需求增加和地方政策采取的非饱和供地政策有关。第二阶段是商品房价格下降，导致生活成本下降，从而间接促进人口流动。比如陆铭（2014）在研究人口迁移与房价问题中指出移民和房价存在双向因果关系，移民的到来增加城市住房需求，在住房供给短期缺乏弹性的情况下，移民的到来会推高房价，高房价意味着城市生活成本的提高，从而抑制移民的到来，由此得出加大保障性住房建设，有利于房价的下降，降低流动人口在城市的生活成本，从而吸引更多的流动人口的到来。

也有少量研究探讨了保障性住房对人口流动的直接影响。毛丰付（2008）基于劳动力成本的视角，分析发现房价的上升直接推动了劳动者居住成本和直接消费品价格的上升，进而提高了劳动者直接生活成本，如果企业无力提高工资水平，多数劳动力会选择再流动，使流入地出现民工迁移和回流的"民工荒"现象，为了缓解这种压力，他提出增加城市住房供给，提高劳动力住房保障水平。有学者认为近年来国家不断出台相关政策，明确将流动人口确立为城市住房保障人群的一部分，而且在实践中，许多地区确实采用了不同的形式来解决流动人口住房问题，最为典型的就是许多地区提供给从事诸如制造业的外来中低端劳动力职工宿舍、园区公寓等（施晓俭，2010；熊景维，2013；吕萍，2012；李英东，2005；高准成，2006），提供给外来中低端劳动力保障性住房，可以直接降低外来流动人口居住消费支出，从而降低生活成本，促进更多外来人口向城市流入，为加快我国城市化进程保驾护航。

通过梳理以上文献，可以发现加大保障性住房建设力度，一方面有利于抑制房价上涨，降低流动人口在城市的生活成本，进而吸引更多流动人口的到来；另一方面，伴随户籍制度限制的放宽以及各地区为外来中低端劳动力提供住房保障措施，降低流动人口生活成本，进而促进人口的流入。但是在现有的省际人口流动的文献中还缺乏关于流动人口的保障性住房建设对省际流动人口影响的直接的实证研究。本章在对我国现有关于住房保障和人口流动文献梳理基础上，运用引力模型，采用人口普查数据和保障性住房建设指标对省际人口流动进行实证研究。

第二节
引力模型与变量说明

1880年,英国人口统计学家雷文斯坦(Ravenstein E G)首次将引力模型用于人口分析,美国社会学家齐夫正式提出了引力模型(Zipf,1946),最初的引力模型较为简单,即假定区域之间的人口流动,与人口规模成正相关关系,而与地区之间的距离成负相关关系。该模型表达式为:

$$M_{ij} = k \times (P_i P_j)/D_{ij} \qquad (12-1)$$

M_{ij}为地区i到地区j的迁移人数,P_i、P_j分别为地区i和地区j的人口数,D_{ij}为地区i到地区j的距离,k为系数。通过对数线性化以及调整,该模型公式转变为:

$$\ln M_{ij} = \beta_0 + \beta_1 \ln P_i + \beta_2 \ln P_j + \beta_3 \ln D_{ij} \qquad (12-2)$$

其中,$\beta_0 = \ln k$。

国内一些学者对该模型进行了扩展,逐步将多个影响因素纳入到引力模型中,以增强解释力。马伟、王亚华(2012)通过加入人口规模、人均GDP、目的地城镇居民人均可支配收入与来源地农村人均纯收入之比变量的引力模型来分析省际人口流动的影响因素;张丽、吕康银(2011)通过采用加入人均地区财政支出水平的改进版引力模型对人口省际流动影响进行回归分析。这些研究都得到了预期的结果。

根据国内外学者关于人口流动影响因素的分析,结合本章需要,为了进一步验证保障性住房建设对省际人口流动的吸引作用,本章采用加入保障性住房建设面积指标的引力模型对省际人口流动影响进行回归分析,设定以下计量经济模型:

$$\begin{aligned}\ln M_{ij} = & \beta_0 + \beta_1 \ln POP_j + \beta_2 \ln PCG_j + \beta_3 \ln AIH_j + \beta_4 \ln PCEXP_j + \beta_5 \ln POP_i \\ & + \beta_6 \ln PCG_i + \beta_7 \ln AIH_i + \beta_8 \ln PCEXP_i + \beta_9 \ln u_j\_u_i + \beta_{10} \ln d_{ij} \\ & + \beta_{11} ADJ_{ij} + \varepsilon_{ij} \end{aligned} \qquad (12-3)$$

其中,j表示目的地特征变量,i表示来源地特征变量,M_{ij}表示从来源地到目的地的人口流量,POP表示人口规模数据,PCG表示人均GDP,AIH表示2004—2010年平均保障性住房建设面积,PCEXP表示人均文教科卫财政支出水平，$u_j\_u_i$ 表示目的地城镇居民人均可支配收入与来源地农村人均纯收入之比，d_{ij} 表示来源地与目的地之间的地理距离，ADJ_{ij} 表示来源地与目的地相邻与否的虚拟变量。在本章中，$ADJ_{ij}=1$ 表示相邻，$ADJ_{ij}=0$ 表示不相邻。除了被解释变量和保障性住房建设面积、地理距离、相邻与否虚拟变量的解释变量外，其他所有解释变量都采用 2010 年第六次人口普查的起始年份数据，即 2000 年的年度数据，本章中的这些变量数据都是根据 2001 年《中国统计年鉴》中有关数据取得，以下对被解释变量和各解释变量进行详细说明：

M_{ij} 表示来源地与目的地人口流量，本章是根据 2010 年第六次人口普查中分省际人口流动数据取得，是不包括港澳台在内的中国大陆 31 个省级层面的截面数据，即剔除了省内人口流动的 $31\times30=930$ 对来源地与目的地组合的观测数据。

POP_j、POP_i 分别表示目的地和来源地的人口规模数据，本章是根据 2000 年第五次人口普查数据获得，康维斯（Converse. P. D，1949）、G. K. 齐夫（Zipf，1946）最初的引力模型较为简单即假定区域之间的人口流动，与人口规模成正相关关系，因此预测这两个变量系数均为正。

PCG_j、PCG_i 分别表示目的地和来源地的人均 GDP 水平，一个地区人均 GDP 就代表着该地区的经济发展水平和贫富程度，进而就表征了该地吸引人口、吸纳劳动力的"引力"大小。很多学者得出经济发展水平仍然是影响人口流动的重要因素。马伟、王亚华（2012）加入人均 GDP 指标的引力模型，得出同样的结论。

AIH_j、AIH_i 表示的是本章的核心解释变量，反映我国住房保障政策的保障性住房竣工建设面积，我国的保障性住房是我国城镇住宅建设中较具特殊性的一种类型住宅，与商品房指标对应的，本章保障性住房指标采用：保障性住房竣工面积＝城镇住宅竣工面积－商品房住宅竣工面积。由于国家统计局从 2004 年才开始对城镇住宅竣工面积进行统计，本章选取了 2004—2010 年保障性住房竣工面积的年平均值来表示。选择多年的平均值，主要是因为保障性住房竣工面积在不同年份间波动很大，用平均的指标可以在一定程度上降低保障性住房竣工面积的波动。保障性住房重点保障的是来到目的地的流动人口，因此这种保障性住房的建设水平越高的区域就将吸引越多的收入较低的人群来购买保障性住房，从而使越多的流动人口流入目的地。所以预测该变量系数为正。

$PCEXP_j$、$PCEXP_i$ 表示目的地和来源地人均文体广播、教育、科学、卫生事业等财政支出水平，张丽、吕康银（2011）对地方财政支出对人口流动的影响进行检验，结果表明，地方财政支出差异对我国省际人口流动的作用是显著的，然而文教科卫支出差异对省际人口流动作用更显著，当目的地支出水平越大，人口流量就越大。来源地支出水平越小，人口流量越大。

d_{ij}表示来源地与目的地之间的地理距离，本章是根据各省级政府所在地间的距离来衡量，最初的引力模型就是地区间人口流量与地理距离成反比，预测系数为负。

$u_j\_u_i$表示目的地城镇居民人均可支配收入与来源地农村人均纯收入之比，王桂新（2013）认为由于省际人口流动也是以城乡流动为主，他参考扩展引力模型，研究了城乡收入对人口省际流动的影响；马伟、王亚华（2012）基于引力模型研究了城乡收入差距对人口迁移的影响；著名的发展经济学家托达罗（Todaro，1970）认为决定农民能否实现由农村向城市迁移的主导因素是城乡实际收入的差别。因此，人口流向大多是从收入水平低的农村到收入水平高的城镇，而且城乡收入差距越大人口流量越大，预测其系数为正。

ADJ_{ij}表示来源地与目的地相邻与否的虚拟变量，在本章中，$ADJ_{ij} = 1$表示相邻，$ADJ_{ij} = 0$表示不相邻。相邻不仅仅意味着地理距离近，往往还代表着更相似的风俗文化传统，更紧密的交通设施网络、经济贸易往来和教育文化交流。

各变量的描述性统计结果如表12-1所示。

表12-1　　　　　变量的描述性统计结果（n = 930）

变量	均值	中位数	最大值	最小值	标准差	偏度	峰度
M_{ij}（人）	92340.15	15785.5	4602147	71	316653.1	7.92	82.12
POP_j（人）	4.01e+07	3.54e+07	9.12e+07	2616329	2.57e+07	0.48	2.26
PCG_j（元/人）	8589.90	5872	34547	2662	6420.48	2.47	9.59
AIH_j（万平方米）	684.55	561.09	2027.93	35.23	496.11	0.81	3.18
$PCEXP_j$（元/人）	244.89	197.88	826.88	116.24	167.48	2.38	8.05
POP_i（人）	4.01e+07	3.54e+07	9.12e+07	2616329	2.57e+07	0.48	2.26
PCG_i（元/人）	8589.90	5872	34547	2662	6420.48	2.47	9.59

续表

变量	均值	中位数	最大值	最小值	标准差	偏度	峰度
AIH_i（万平方米）	684.55	561.09	2027.93	35.23	496.11	0.81	3.18
$PCEXP_i$（元/人）	244.89	197.88	826.88	116.24	167.48	2.38	8.05
$u_j - u_i$	3.02	2.79	8.805	0.84	1.33	1.06	4.66
d_{ij}（千米）	1740.22	1619.9	4861.3	137.2	957.55	0.77	3.19
ADJ_{ij}	0.15	0	1	0	0.36	1.98	4.91

第三节 计量过程及结果分析

一、计量过程及结果

根据模型的设定，对模型（3）采用逐步回归的方式，利用stata12.0软件对各解释变量对被解释变量的影响进行了实证研究，研究结果如表12-2所示。

表12-2　全国省级人口流动截面数据回归结果（n=930）

变量	模型1	模型2	模型3	模型4	模型5
$lnPOP_j$	0.4125*** (12.02)	0.1037 (1.60)	0.0746 (1.20)	0.1854** (2.27)	0.2448*** (3.01)
$lnPCG_j$	1.3084*** (24.28)	1.5166*** (23.27)	1.0901*** (13.61)	0.9161*** (7.96)	0.9637*** (8.46)
$lnAIH_j$		0.3272*** (5.52)	0.3756*** (6.55)	0.3539*** (6.19)	0.2967*** (5.15)
$lnPCEXP_j$				0.3081* (1.93)	0.2783* (1.76)

续表

变量	模型1	模型2	模型3	模型4	模型5
$lnPOP_i$	0.9794***	0.8301***	1.0401***	0.7900***	0.8294***
	(28.54)	(12.83)	(15.54)	(9.78)	(10.36)
$lnPCG_i$	-0.5011***	-0.4097***	0.3277***	0.7418***	0.7483***
	(-9.30)	(-6.29)	(3.08)	(4.84)	(4.94)
$lnAIH_i$		0.1493**	0.0237	0.0644	0.0170
		(2.52)	(0.40)	(1.09)	(0.29)
$lnPCEXP_i$				-0.7038***	-0.7572***
				(-4.92)	(-5.35)
$lnu_{j\_}u_i$			1.3260***	1.2099***	1.1447***
			(8.57)	(7.07)	(6.76)
lnd_{ij}	-1.1088***	-1.2017***	-1.2493***	-1.2338***	-1.0255***
	(-22.13)	(-23.06)	(-24.75)	(-24.71)	(-15.91)
ADJ_{ij}					0.5133***
					(5.02)
_cons	-13.3008***	-10.3288***	-16.7178***	-14.4448***	-17.0673***
	(-10.26)	(-7.45)	(-10.94)	(-8.72)	(-9.95)
Adj R-squared	0.7461	0.7548	0.7727	0.7792	0.7849
F—statistic	547.06***	409.50***	395.67***	328.87***	309.12***

注：括号内为t值；*、**和***分别代表10%、5%与1%显著性水平。

表12-2显示了逐个加入有关解释变量进行逐步回归的结果，回归结果显示：每个模型的拟合优度都比较高，说明这些解释变量都是很好的被解释变量的影响因素，模型结构比较合理。从模型2到模型5都显示，核心解释变量目的地保障性住房竣工面积弹性系数显著为正，符合我们的预期，这表明目的地保障性住房竣工面积增加显著地使来源地到目的地的人口流量增加。在控制了目的地与来源地人口规模、经济规模、地理距离的效应后，目的地保障性住房竣工面积的弹性系数为0.3272，表明在其他条件不变的情况下，当目的地保障性住房竣工面积增长1%，从来源地到目的地人口流量增加0.3272%，而加入来源地农村地区到目的地城镇地区的收入差距的影响后，目的地保障性住房竣工面积影响的弹性系数增加为0.3756，在模型中进一步控制来源地与目的地人均文体广播、教育、科学、卫生事业等财政支出水平的影响后，结果这种影响缩小到0.3539，再考虑来源地与目的地临近的空间因素，这种影响进一

步缩小到 0.2967，这些系数的变化表明，我们所观察到的目的地保障性住房竣工面积影响人口流入的差异，在一定程度上来自地区收入差距、财政支出水平、临近空间因素上的差异。然而表征来源地特征的保障性住房竣工面积弹性系数不显著，且与预期不符，得不到有效的结论，这主要是保障性住房是针对来到目的地的流入人口的，来源地保障性住房建设多少和流出人口关系不大。我国第五次和第六次人口普查数据显示，从来源地流出的省际流动人口以务工经商经济活动为主要目的，因此他们更多考虑的是出去能带来收入的问题，并不会因为本地保障性住房建设情况而限制他们流动。

模型 1 显示最初的引力模型的估计结果，目的地人口规模与省际人口流量显著正相关，两地间距离与人口流量都显著负相关，这也验证了最初的引力模型。模型 1 到模型 5 显示目的地人均 GDP 与人口流量显著正相关，完全符合我们的预测，也与大量文献指出的经济规模是吸引人口流入的一个重要作用相符合，只有模型 1 和模型 2 显示了来源地的人均 GDP 对人口流出有显著的"推动"力作用。从模型 3 开始加入了城乡收入差距的解释变量，其弹性系数显著为正且数值较大，说明目的地城镇收入与来源地农村收入相差越大，人口流量越大，"六普"省际人口流动中城乡人口流动占据比例很大，大量研究表明城乡收入差距是造成我国省际人口流动的主要因素。虽然伴随着本省经济的发展，提供的就业机会的确增多，但是大部分机会被本地能力较强的人获得，而本地的农村劳动力由于工作经验和知识储备的缺乏无法和本地省内流动人口竞争，只能选择背井离乡远赴外地寻求一份工作。

人均文体广播、教育、科学、卫生事业等财政支出水平对省际人口流动的作用表现在与目的地文教科卫支出水平显著正相关与来源地文教科卫水平显著负相关，完全符合预期，这说明伴随流动人口收入水平、自身素质和精神追求的提高，人们越来越关注与生活息息相关的文体、教育、卫生等城市设施，不再过度依赖物质上享受。表示来源地与目的地相邻与否的虚拟变量 ADJ_{ij} 的影响显著为正，这说明人们总是倾向于在相邻地区流动，相邻不仅仅意味着地理距离近，往往还代表着更相似的风俗文化传统，更紧密的交通设施网络、经济贸易往来和教育文化交流，这也暗含了可能存在来源地和目的地的空间溢出效应，对附近地区有一种相互影响的作用力。

为了明确当人口迁往东、中、西部时保障性住房竣工面积的作用特点，我们将样本按目的地省份所在地划分为东部、中部、西部三部分。在这里，东部包括 12 个省级行政单位：北京、天津、河北、辽宁、上海、江苏、浙江、福建、山东、广东、广西、海南;中部包括9个省级单位:山西、内蒙古、吉林、黑龙江、安徽、江西、河南、湖北、湖南;西部包括10个省级单位:重庆、四川、贵州、云南、西藏、陕西、甘肃、青海、宁夏、新疆。实证分析结果如表12-3、表12-4和表12-5所示。

表12-3 目的地为东部地区的省级人口流动数据回归结果(n=228)

变量	模型1	模型2	模型3	模型4	模型5
$\ln POP_j$	0.5543***	-0.1396	0.0371	-0.1113	-0.1196
	(7.10)	(-0.78)	(0.21)	(-0.60)	(-0.65)
$\ln PCG_j$	1.4627***	2.0289***	0.9899***	1.5074***	1.5518***
	(11.96)	(11.47)	(3.78)	(3.98)	(4.13)
$\ln AIH_j$		0.6552***	0.4135***	0.3784**	0.3782**
		(4.28)	(2.72)	(2.54)	(2.56)
$\ln PCEXP_j$				-0.9474**	-0.9397**
				(-2.20)	(-2.20)
$\ln POP_i$	1.2525***	1.3106***	1.6300***	1.2341***	1.2261***
	(16.98)	(9.43)	(11.21)	(5.78)	(5.79)
$\ln PCG_i$	0.1986	0.2393	1.1778***	1.6690***	1.6964***
	(0.82)	(0.97)	(3.97)	(5.16)	(5.29)
$\ln AIH_i$		-0.0696	-0.3074**	-0.1743	-0.1848
		(-0.50)	(-2.19)	(-1.23)	(-1.23)
$\ln PCEXP_i$				-1.2185***	-1.2390***
				(-2.93)	(-3.24)
$\ln u_j\_u_i$			1.8796***	2.5250***	2.5099***
			(5.16)	(6.02)	(6.04)
$\ln d_{ij}$	-1.1132***	-1.0969***	-1.2083***	-1.1845***	-1.0219***
	(-9.28)	(-8.92)	(-10.21)	(-10.00)	(-7.39)
ADJ_{ij}					0.5690**
					(2.23)
_cons	-27.5739***	-25.7351***	-31.4901***	-21.7974***	-22.7338***
	(-8.05)	(-8.97)	(-7.86)	(-4.16)	(-4.36)
Adj R-squared	0.7918	0.8063	0.8265	0.8343	0.8373
F—statistic	173.67***	135.99***	136.19***	115.29***	107.17***

注:括号内为t值;*、**和***分别代表10%、5%与1%显著性水平。

表 12-4　目的地为中部地区的省级人口流动数据回归结果（n=198）

变量	模型 1	模型 2	模型 3	模型 4	模型 5
$lnPOP_j$	0.0384 (0.33)	0.0342 (0.25)	-0.0452 (-0.31)	-1.6208** (-2.05)	-1.3626* -1.74
$lnPCG_j$	0.3745 (1.35)	0.4471 (1.58)	0.4117 (1.45)	1.8312** (2.33)	1.5562** (1.99)
$lnAIH_j$		-0.0205 (-0.17)	0.0494 (0.38)	0.4470** (1.99)	0.4030* (1.82)
$lnPCEXP_j$				-3.3547** (-2.01)	-2.9162* (-1.77)
$lnPOP_i$	0.8295*** (16.50)	0.6555*** (6.22)	0.7388*** (6.08)	0.5701*** (4.45)	0.6281*** (4.91)
$lnPCG_i$	-0.3940*** (-4.99)	-0.2900*** (-3.01)	-0.0058 (-0.03)	0.3519 (1.23)	0.3488 (1.24)
$lnAIH_i$		0.1759* (1.88)	0.1266 (1.26)	0.0751 (0.75)	0.0751 (0.75)
$lnPCEXP_i$				-0.5995*** (-2.85)	-0.5987*** (-2.89)
$lnu_j - u_i$			0.5000 (1.36)	0.4335 (1.16)	0.3894 (1.06)
lnd_{ij}	-1.2518*** (-13.17)	-1.3157*** (-13.09)	-1.3177*** (-13.13)	-1.2723*** (-12.82)	-1.0818*** -8.94
ADJ_{ij}					0.4748*** (2.67)
_cons	3.6629 (0.31)	4.6943 (1.26)	1.8765 (0.44)	34.1473** (2.15)	28.0825* (1.78)
Adj R-squared	0.7790	0.7807	0.7817	0.7934	0.7999
F—statistic	139.84***	101.20***	89.18***	76.64***	72.60***

注：括号内为 t 值；*、**和***分别代表 10%、5%与 1%显著性水平。

表 12-5　目的地为西部地区的省级人口流动数据回归结果（n=210）

变量	模型 1	模型 2	模型 3	模型 4	模型 5
$lnPOP_j$	0.7308 ***	0.4959 ***	0.4614 ***	0.7087 ***	0.7847 ***
	(15.04)	(3.49)	(3.35)	(3.92)	(4.34)
$lnPCG_j$	1.5426 ***	1.2811 ***	1.2673 ***	1.3458 ***	1.4118 ***
	(7.36)	(5.06)	(5.18)	(5.77)	(6.11)
$lnAIH_j$		0.2431 *	0.2919 **	0.1939	0.1127
		(1.77)	(2.19)	(1.38)	(0.80)
$lnPCEXP_j$				0.6274 **	0.5772 **
				(2.42)	(2.26)
$lnPOP_i$	1.2164 ***	1.3483 ***	1.2572 ***	0.7468 ***	0.7544 ***
	(16.50)	(10.35)	(9.82)	(4.76)	(4.88)
$lnPCG_i$	-0.1241	-0.2133 *	-0.9499 ***	0.3344	0.3141
	(-1.28)	(-1.68)	(-4.23)	(0.96)	(0.92)
$lnAIH_i$		-0.1397	-0.1036	0.0295	0.0261
		(-1.29)	(-0.98)	(0.29)	(0.26)
$lnPCEXP_i$				-1.6571 ***	-1.6883 ***
				(-4.90)	(-5.06)
$lnu_j\_u_i$			-1.2501 ***	-1.5559 ***	-1.6658 ***
			(-3.92)	(-5.05)	(-5.44)
lnd_{ij}	-0.9568 ***	-1.0630 ***	-0.8724 ***	-1.0228 ***	-0.8096 ***
	(-8.22)	(-7.93)	(-6.31)	(-7.55)	(-5.19)
ADJ_{ij}					0.6088 ***
					(2.64)
_cons	-29.2041 ***	-24.3622 ***	-16.4003 ***	-17.2288 ***	-19.6184 ***
	(-10.67)	(-5.84)	(-3.63)	(-3.35)	(-3.81)
Adj R-squared	0.7956	0.7986	0.8120	0.8337	0.8385
F—statistic	163.69 ***	119.36 ***	113.81 ***	105.75 ***	99.65 ***

注：括号内为 t 值；*、** 和 *** 分别代表 10%、5% 与 1% 显著性水平。

表 12-3 到表 12-5 回归结果显示：当选择目的地是东部地区时，模型 2 到模型 5 目的地保障性住房竣工面积对省际人口流动的影响显著为正，而且影响人口流动的弹性系数比较大，分别为 0.6552、0.4135、0.3784、0.3782，明显大于全国样本数据，说明了东部地区建设保障性住房的意义更加重大。当选

择目的地是中部地区时，在控制了目的地与来源地人口规模、经济规模、地理距离的效应后，目的地保障性住房竣工面积的弹性系数为负且不显著，而加入来源地农村地区到目的地城镇地区的收入差距的影响后，目的地保障性住房竣工面积影响的弹性系数为正但不显著，但是在模型中进一步控制来源地与目的地人均文体、广播、教育、科学、卫生事业等财政支出水平的影响以及来源地与目的地临近的空间因素后，目的地保障性住房竣工面积的弹性系数显著为正而且弹性系数比较大。但当选择目的地是西部地区时，与选择目的地是中部地区时的实证结果相比，目的地保障性住房竣工面积弹性系数符号和显著性恰恰相反，在控制了目的地与来源地人口规模、经济规模、地理距离的效应后，目的地保障性住房竣工面积的弹性系数为正且显著，而加入来源地农村地区到目的地城镇地区的收入差距的影响后，目的地保障性住房竣工面积影响的弹性系数也为正且显著，但是弹性系数都比较小，但是在模型中进一步控制来源地与目的地人均文体、广播、教育、科学、卫生事业等财政支出水平的影响以及来源地与目的地临近的空间因素后，目的地保障性住房竣工面积的弹性系数不符合预期且不显著。这说明目前我国中西部地区保障性住房建设还不够完善，受到的影响还比较大，也可能由于中西部地区保障性住房政策还没有进行调整和完善，还没有真正扩大保障性住房覆盖范围，没有真正做到从流动人口出发的保障举措，对人口的吸引力极其有限。

来源地保障性住房对省际人口流动的影响分析与表 12-2 相同。目的地人口规模的"拉力"作用只对西部地区显著为正，东中部地区并不显著甚至为负，说明随着东中部主要城市流入人口越来越多，人口规模越来越大，大城市已经相当"拥挤"，通常会因这些大城市生活压力越来越大而产生排斥，来源地人口规模的"推力"作用在各个地区显著为正，对于代表地区经济发展水平的变量，人们选择东部地区作为目的地，主要还是基于东部地区的经济实力和与来源地中西部地区的城乡收入巨大的差异。近年来随着西部大开发战略的实施，西部地区经济水平不断上涨，对东中部地区人口的吸引力不断增大。对于城乡收入差距的变量，中部地区并不显著，西部地区甚至为显著负相关，这说明，西部地区城镇居民收入高于中东部农村人口收入，迁往西部地区的人口也较少，这可能由于西部地区城镇化水平比较低，地区文教科卫事业费财政支出少，城镇建设差，不具有对中东部地区人口的"拉力"作用，这也刚好与以西部地区为目的地的文教科卫事业费财政支出对人口的流入显著正相关相吻合。然而当选择目的地为东中部地区时，目的地人均文教科卫事业费财政支出的影响显著为负,乍看起来与预期不符,然而仔细分析一下,这可能是由于东中部地区这些城市设施将流入的西部地区人口排斥在外,使他们根本得不到在目的地的这些服务。表示来源地与目的地相邻与否的虚拟变量 ADJ_{ij} 的影响显著为正,这说明人们总是倾向于在相邻地区流动,表示地理距离变量都显著为负,人口流动是需要流动成本,地理距离远,流动成本很高,自然就成了限制人口流动的一个因素。

二、稳健性检验

本章将表示来源地和目的地各自特征解释变量人均 GDP、人均文教科卫财政支出变成两地区比值来表示,根据前面实证分析,剔除来源地保障性住房竣工面积的影响,建立如下稳健性检验方程:

$$\ln M_{ij} = \beta_0 + \beta_1 \ln POP_j + \beta_2 \ln POP_i + \beta_3 \ln PCG_j/\ln PCG_i + \beta_4 \ln AIH_j \\ + \beta_5 \ln PCEXP_j/\ln PCEXP_i + \beta_6 \ln u_j\_u_i + \beta_7 \ln d_{ij} + \beta_8 ADJ_{ij} + \varepsilon_{ij}$$

$$(12-4)$$

回归结果如表 12-6 所示。

表 12-6　全国省级人口流动截面数据稳健性检验回归结果（n = 930）

变量	模型1	模型2	模型3	模型4	模型5
$\ln POP_j$	0.4571 *** (12.33)	0.2569 *** (3.75)	0.3018 *** (4.49)	0.4696 *** (6.70)	0.5458 *** (7.66)
$\ln POP_i$	0.9956 *** (26.93)	0.9893 *** (26.89)	1.0289 *** (28.26)	0.8972 *** (22.19)	0.8964 *** (22.41)
$\ln PCG_j/\ln PCG_i$	0.5469 *** (22.41)	0.5940 *** (19.87)	0.4078 *** (10.16)	0.1888 *** (3.73)	0.1933 *** (3.86)
$\ln AIH_j$		0.2203 *** (3.46)	0.1556 ** (2.48)	0.1515 ** (2.47)	0.0980 (1.59)
$\ln PCEXP_j/$ $\ln PCEXP_i$				0.4017 *** (6.83)	0.4306 *** (7.36)
$\ln u_j\_u_i$			0.6938 *** (6.76)	0.5854 *** (5.77)	0.4760 *** (4.68)
$\ln d_{ij}$	-1.1567 *** (-21.52)	-1.2079 *** (-21.79)	-1.2368 *** (-22.77)	-1.1964 *** (-22.42)	-0.9969 *** (-14.65)

续表

变量	模型1	模型2	模型3	模型4	模型5
ADJ_{ij}					0.5157***
					(4.65)
_cons	-7.5674***	-5.0753***	-6.3667***	-7.3632***	-9.7947***
	(-6.67)	(-3.79)	(-4.82)	(-5.67)	(-7.07)
Adj R-squared	0.7052	0.7087	0.7221	0.7352	0.7410
F—statistic	556.64***	453.01***	403.36***	369.51	333.24

注：括号内为 t 值；*、** 和 *** 分别代表 10%、5% 与 1% 显著性水平。

表 12-6 的结果显示：从模型 2 开始，控制了目的地与来源地人口规模、经济规模、地理距离的效应后，然后依次分别加入来源地农村地区到目的地城镇地区的收入差距的影响后、来源地与目的地人均文体、广播、教育、科学、卫生事业等财政支出水平的影响后，目的地保障性住房竣工面积系数显著为正，说明目的地保障性住房竣工面积越多，目的地的人口流入就越多，这也符合预期，只有当考虑来源地与目的地临近的空间因素后，目的地保障性住房竣工面积系数不显著为正。目的地人口规模越大、经济实力越雄厚、文教科卫财政支出越大、城乡收入差距越大，对人口流入都有显著的"拉力"作用，相反来源地人口规模越大、经济实力越差、文教科卫财政支出越小对人口流出有显著的"推力"作用，这都符合预期。地理距离相近、地区相邻都显著地促进了人口流动。从结果中发现，本章的结论是稳健的。

第四节 结论和政策建议

伴随人口城镇化进程，住房问题随之产生，而保障性住房成为流动人口解决住房问题的主要途径。随着人口红利的消失和老龄化社会的来临，保障性住房可能会成为各城市再次吸引人口流入的重要"武器"，妥善解决好流动人口的住房问题进而通过保障性住房吸引流动人口的流入对各地区城市化和工业化进程都具有重要的意义。本章利用"五普""六普"的人口流动数据和各省与保障房建设相关的数据，以引力模型为分析框架，研究了我国省际人口流动的影响因素和机制，着重分析了保障性住房对省际人口流动的影响。本章实证结果发现，整体上看，保障性住房建设显著促进了人口的流入，目的地省份保障性住房竣工面积每增加1%，流入人口数量增加约0.3%；分区域看，相比于全样本回归结果，东部地区保障性住房对人口流入的促进作用更大，而中西部地区保障性住房建设虽然能够促进人口流入，但是相比于东部地区的回归结果，其显著性和系数明显下降，说明我国中西部地区保障性住房建设不够完善，受到的影响比较大，对人口流动的促进作用有限。

基于上述结论，我们建议：第一，增加对保障性住房的投资，加大保障性住房建设面积，尤其是东部地区应更加重视保障房建设。近年来，虽然保障性住房投资力度不断加大、建设规模逐年增加，然而保障房供给仍然满足不了中低收入群体住房需求。第二，着重强化政府职责，加大对保障房建设的扶持力度也是政府"供给侧改革"的应有之义。近年来，尽管各地区为外来中低端劳动力提供职工宿舍、园区公寓等住房保障措施，但是这些措施基本上都是以企业为实施主体的。保障房保障对象的特殊性决定了保障房建设不能过度依赖市场机制调节，政府必须减轻企业负担，加大政策扶持力度。第三，加快户籍制度改革，扩大保障性住房的保障范围。目前，我国许多地区保障房建设不够完善，对人口吸引作用有限，因此，各地区应该继续改革户籍制度，扩大保障房覆盖范围，实施鼓励外来流动人口落户的住房政策，从而使流动人口迅速融入目的地，加速市民化和城镇化进程。

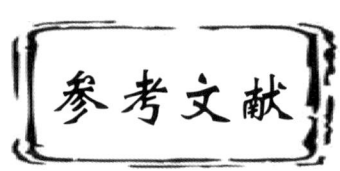

参考文献

[1] 安虎森,皮亚彬.半城市化与人口城市化研究[J].经济与管理评论,2013(3):5-10.

[2] 白南生,李靖.城市化与中国农村劳动力流动问题研究[J].中国人口科学,2008(4).

[3] 边燕杰,刘勇利.社会分层、住房产权与居住质量——对中国"五普"数据的分析[J].社会学研究,2005(3):82-98.

[4] 蔡昉.城市化与城乡移民的贡献——后危机时期中国经济增长潜力的思考[J].中国人口科学,2010(1):2-10.

[5] 蔡昉.人口转变、人口红利与刘易斯转折点[J].经济研究,2010(4):4-13.

[6] 蔡昉,都阳.转型中的中国城市发展——城市级层结构、融资能力与迁移政策[J].经济研究,2003(6):64-71.

[7] 蔡昉,王德文.作为市场化的人口流动——第五次全国人口普查数据分析[J].中国人口科学,2003(5):11-19.

[8] 蔡龙,章波,黄贤金等.我国城市基础设施现代化水平综合评价研究[J].城市发展研究,2004,11(4):50-54.

[9] 曹广忠,袁飞,陶然.土地财政、产业结构演变与税收超常规增长——中国"税收增长之谜"的一个分析视角[J].中国工业经济,2007(12):13-21.

[10] 曹吉云.我国总量生产函数与技术进步贡献率[J].数量经济技术

经济研究, 2007, 24 (11): 37-46.

[11] 曹萍. 城市基础设施与区域经济发展关系研究 [J]. 中国人口·资源与环境, 2011, 136 (s2): 451-453.

[12] 陈健, 邹琳华. 扩大内需下保障房的最优供给区间研究——基于财富效应的分析视角 [J]. 财贸经济, 2012 (1): 115-122.

[13] 陈杰. 中国住房公积金制度的历史与改革思路 [J]. 党政干部学刊, 2009 (4): 27-29.

[14] 陈杰, 朱旭丰. 住房负担能力测度方法研究综述 [J]. 城市问题, 2010 (2): 91-96.

[15] 陈杰. 城市居民住房解决方案: 理论与国际经验 [M]. 上海财经大学出版社, 2009.

[16] 陈涛, 何宜庆. 基于SD的城镇住房保障规模对商品房价格抑制效应仿真研究 [J]. 企业经济, 2011 (8): 142-145.

[17] 陈锡文. 新生代城乡移民需要融入城镇, 关键在住房 [J]. 农村工作通讯, 2010 (6): 8.

[18] 陈友华. 住房公积金制度: 问题、出路与思考 [J]. 山东社会科学, 2014 (3): 40-47.

[19] 陈德球, 李思飞, 雷光勇. 政府治理、控制权结构与投资决策——基于家族上市公司的经验证据 [J]. 金融研究, 2012 (3): 124-138.

[20] 陈欢, 马永强. 货币政策调整与房地产企业融资决策: 由2008—2011年房地产上市公司观察 [J]. 改革, 2013 (5): 25-32.

[21] 陈钊, 万广华, 陆铭. 行业间不平等: 日益重要的城镇收入差距成因——基于回归方程的分解 [J]. 中国社会科学, 2010 (3): 65-76+221.

[22] 董理, 张启春. 我国地方政府公共支出规模对人口迁移的影响——基于动态空间面板模型的实证研究 [J]. 财贸经济, 2014, 35 (12): 40-50.

[23] 董昕, 张翼. 农民工住房消费的影响因素分析 [J]. 中国农村经济, 2012 (10): 37-48.

[24] 董昕, 周卫华. 住房市场与农民工住房选择的区域差异 [J]. 经济地理, 2014 (12): 28-31.

[25] 董新龙, 林金忠. 高品质公租房: 国家战略与民生抉择 [J]. 经济学家, 2012 (1): 30-40.

[26] 杜敏杰, 刘霞辉. 人民币升值预期与房地产价格变动 [J]. 世界经

济, 2007, 30 (1): 81-88.

[27] 都阳. 人口转变、劳动力市场转折与经济发展 [J]. 国际经济评论, 2010 (6): 136-148.

[28] 段成荣. 省际人口迁移迁入地选择的影响因素分析 [J]. 人口研究, 2001, 25 (1): 56-61.

[29] 邓曲恒, 古斯塔夫森. 中国的永久移民 [J]. 经济研究, 2007 (4): 137-148.

[30] 范剑勇. 产业集聚与地区间劳动生产率差异 [J]. 经济研究, 2006 (11): 72-81.

[31] 范剑勇, 邵挺. 房价水平与制造业的区位分布——基于长三角的实证研究 [J]. 中国工业经济, 2010 (10): 24-33.

[32] 范剑勇, 邵挺. 房价水平、差异化产品区位分布与城市体系 [J]. 经济研究, 2011 (2): 87-99.

[33] 方创琳, 姚士谋, 刘盛和等. 中国城市群发展报告 [M]. 科学出版社.

[34] 方辉振, 黄科. 新型城镇化的核心要求是实现人的城镇化 [J]. 中共天津市委党校学报, 2013 (4): 63-68.

[35] 干春晖, 郑若谷, 余典范. 中国产业结构变迁对经济增长和波动的影响 [J]. 经济研究, 2011 (5): 4-16.

[36] 高波. 全球化视野的中国房地产市场: 泡沫、调控及走向 [J]. 改革, 2005 (10): 18-23.

[37] 高波. 房价波动、住房保障与消费扩张 [J]. 理论月刊, 2010 (7): 5-9.

[38] 高波, 陈健, 邹琳华. 区域房价差异、劳动力流动与产业升级 [J]. 经济研究, 2012 (1): 66-80.

[39] 高波, 毛丰付. 房价与地价关系的实证检验: 1999—2002 [J]. 产业经济研究, 2003 (3): 19-24.

[40] 顾澄龙, 周应恒, 严斌剑. 住房公积金制度、房价与住房福利 [J]. 经济学 (季刊), 2016 (1): 109-124.

[41] 顾小云, 卢佳宁. 中国基础设施资本规模: 过量还是不足 [J]. 经济问题, 2014 (7): 31-35.

[42] 顾昕. 公共财政转型与政府卫生筹资责任的回归 [J]. 中国社会科

学,2010(2):103-120.

[43] 国家统计局城市司广东调查总队课题组,程学斌,陈铭津. 城镇居民家庭财产性收入研究[J]. 统计研究,2009(1):11-19.

[44] 郭庆旺,贾俊雪,赵志耘. 中国传统文化信念、人力资本积累与家庭养老保障机制[J]. 经济研究,2007(8):58-72.

[45] 郭英,陈飞翔. 外商直接投资与发展中国家的人力资本发展[J]. 国际经贸探索,2005,21(4):77-80.

[46] 郝寿义,高炽海. 对养老保险基金,养老金基金投资房地产的思考[J]. 南开经济研究,1998(4):3-9.

[47] 郝颖,刘星. 大股东控制下的股权融资依赖与投资行为研究——基于行为财务视角[J]. 商业经济与管理,2009(10):73-79.

[48] 何晓斌,夏凡. 中国体制转型与城镇居民家庭财富分配差距——一个资产转换的视角[J]. 经济研究,2012(2):28-40.

[49] 何炤华,杨菊华. 安居还是寄居?不同户籍身份流动人口居住状况研究[J]. 人口研究,2013(6):17-33.

[50] 何兴强,周开国. 牛、熊市周期和股市间的周期协同性[J]. 管理世界,2006(4):35-40.

[51] Henderson. 中国的城市化:面临的政策问题与选择[J]. 城市发展研究,2007,14(4):32-41.

[52] 黄静,王洪卫,柯昇沛. 基于行为金融学的房价预期对地价的动态作用机制研究[J]. 财经研究,2013(7):134-144.

[53] 黄少安. 为什么中国土地浪费严重?[J]. 广东财经大学学报,2012,27(6).

[54] 黄伟彬. 非理性股价与企业投资行为:来自中国上市公司的经验证据[J]. 经济管理,2008(16):16-25.

[55] 黄小虎. 当前土地问题的深层次原因[J]. 中国税务,2007(2):46-47.

[56] 黄新建,严虹. 中国上市公司股权性质对信贷资源配置及其效率的影响——基于投资的视角[J]. 印度洋经济体研究,2012(2):112-116.

[57] 姜凤珍. 房价水平、劳动力迁移与区域产业分工协调研究[D]. 江苏:南京大学,2013.

[58] 江小涓,李蕊. FDI对中国工业增长和技术进步的贡献[J]. 中国

工业经济, 2002 (7): 5-16.

[59] 金碚. 中国工业的转型升级 [J]. 中国工业经济, 2011 (7): 5-14.

[60] 金相郁. 中国城市全要素生产率研究: 1990—2003 [J]. 上海经济研究, 2006 (7): 14-23.

[61] 孔善广. "土地财政": 地方政府增收的理性行为与相关制度的缺陷 [J]. 学习与实践, 2007 (5): 18-25.

[62] 况伟大. 房价与地价关系研究: 模型及中国数据检验 [J]. 财贸经济, 2005 (11): 56-63.

[63] 况伟大. 住房特性、物业税与房价 [J]. 经济研究, 2009 (4): 151-160.

[64] 况伟大. 中国存在住房支付困难吗 [J]. 财贸经济, 2010 (11): 125-130.

[65] 李斌. 中国住房改革制度的分割性 [J]. 社会学研究, 2002 (2): 80-87.

[66] 李斌. 城市住房价值结构化: 人口迁移的一种筛选机制 [J]. 中国人口科学, 2008 (4): 53-60.

[67] 李泊溪, 刘德顺. 中国基础设施水平与经济增长的区域比较分析 [J]. 管理世界, 1995 (2): 106-111.

[68] 李福柱, 李忠双. 我国人力资本产业配置结构变动与调控研究 [J]. 科学管理研究, 2008, 26 (2): 80-83.

[69] 李金滟, 宋德勇. 专业化、多样化与城市集聚经济——基于中国地级单位面板数据的实证研究 [J]. 管理世界, 2008 (2): 25-34.

[70] 李楠. 农村外出劳动力留城与返乡意愿影响因素分析 [J]. 中国人口科学, 2010 (6): 102-108.

[71] 李强, 龙文进. 农民工留城与返乡意愿的影响因素分析 [J], 中国农村经济, 2009 (2): 46-54.

[72] 李实, 魏众, 丁赛. 中国居民财产分布不均等及其原因的经验分析 [J]. 经济研究, 2005 (6): 4-15.

[73] 李英东. 阻碍农民工在城市定居的因素及其解决路径 [J]. 经济与管理研究, 2005 (2): 77-80.

[74] 李珍珍, 陈琳. 农民工留城意愿影响因素的实证分析 [J]. 南方经济, 2010 (5): 3-9.

[75] 李志刚. 中国大都市新移民的住房模式与影响机制 [J]. 地理学报, 2012 (2): 189-200.

[76] 梁润, 余静文, 冯时. 人力资本对中国经济增长的贡献测算 [J]. 南方经济, 2015, 33 (7): 1-14.

[77] 梁云芳, 高铁梅. 中国房地产价格波动区域差异的实证分析 [J]. 经济研究, 2007 (8): 133-142.

[78] 林芳, 蔡翼飞, 高文书. 城乡居民财富持有不平等的折射效应: 收入差距的再解释 [J]. 劳动经济研究, 2014 (6): 152-172.

[79] 林江, 孙辉, 黄亮雄. 财政分权、晋升激励和地方政府义务教育供给 [J]. 财贸经济, 2011 (1): 34-40.

[80] 林江, 周少君, 魏万青. 城市房价、住房产权与主观幸福感 [J]. 财贸经济, 2012 (5): 114-120.

[81] 刘国恩, WilliamH. Dow, 傅正泓等. 中国的健康人力资本与收入增长 [J]. 经济学 (季刊), 2004, 4 (4): 101-118.

[82] 刘鹤. "十二五" 规划《建议》的基本逻辑 [J]. 中国改革, 2011 (6): 18-21.

[83] 刘洪玉, 任荣荣. 开发商的土地储备与竞买行为解析 [J]. 中国土地科学, 2008, 22 (12): 11-16.

[84] 刘佳, 吴建南, 马亮. 地方政府官员晋升与土地财政——基于中国地市级面板数据的实证分析 [J]. 公共管理学报, 2012, 9 (2): 11-23.

[85] 刘琳 (2004):《房地产市场互动机理与政策分析》, 中国经济出版社.

[86] 刘尚希. 土地财政是高房价的罪魁祸首吗——土地财政的新变局 [J]. 人民论坛, 2010 (25): 40-41.

[87] 刘世锦. 陷阱还是高墙: 中国经济面临的真实挑战和战略选择 [M]. 中信出版社, 2011.

[88] 刘向耘, 牛慕鸿, 杨娉. 中国居民资产负债表分析 [J]. 金融研究, 2009 (10): 107-117.

[89] 刘新争. 比较优势、劳动力流动与产业转移 [J]. 经济学家, 2012, 2 (2): 45-50.

[90] 刘修岩. 集聚经济与劳动生产率: 基于中国城市面板数据的实证研究 [J]. 数量经济技术经济研究, 2009 (7): 109-119.

[91] 吕萍. 农民工住房理论、实践与政策 [M]. 中国建筑工业出版社, 2012.

[92] 陆铭, 欧海军, 陈斌开. 理性还是泡沫: 对城市化、移民和房价的经验研究 [J]. 世界经济, 2014 (1): 30-54.

[93] 陆铭, 向宽虎, 陈钊. 中国的城市化和城市体系调整: 基于文献的评论 [J]. 世界经济, 2011 (6): 3-25.

[94] 罗长远. 外国直接投资、国内资本与中国经济增长 [D]. 复旦大学, 2005.

[95] 罗楚亮. 城镇居民住房面积的不平等——基于 2000 年和 2005 年人口调查的经验分析 [J]. 学海, 2014 (1): 80-90.

[96] 罗楚亮. 城镇住房分配体制改革及其分配效应 [J]. 财经研究, 2013 (2): 134-144.

[97] 马红旗, 陈仲常. 我国省际流动人口的特征——基于全国第六次人口普查数据 [J]. 人口研究, 2012, 36 (6): 87-99.

[98] 马伟, 王亚华, 刘生龙. 交通基础设施与中国人口迁移: 基于引力模型分析 [J]. 中国软科学, 2012 (3): 69-78.

[99] 毛丰付, 潘加顺. 资本深化、产业结构与中国城市劳动生产率 [J]. 中国工业经济, 2012 (10): 32-44.

[100] 毛丰付, 潘家顺, 邹琳华. 职业背景、户籍制度与城乡移民住房支付能力——来自杭州的调查 [J]. 城市发展研究, 2013 (10): 57-68.

[101] 毛丰付, 倪鹏飞, 卞加俊. 金融约束与房地产市场发展: 基于房企"股地互动"视角的研究 [J]. 财贸经济, 2014 (3): 124-134.

[102] 毛丰付, 姚剑锋. 城镇化与"胖中国": 收入、收入不平等与 BMI [J]. 商业经济与管理, 2015 (4): 84-96.

[103] 毛丰付, 韩爱娟, 柳津妮. 住房政策与家庭财富积累: 公积金到底有多重要? [J]. 郑州大学学报 (哲学社会科学版), 2017, 50 (6): 54-59+156.

[104] 毛丰付, 王建生, 毛璐琪. 房价水平对区域工业结构调整的影响: 促进还是抑制——全国 36 个大中城市样本的实证检验 [J]. 现代财经: 天津财经学院学报, 2016 (6): 89-102+113.

[105] 毛丰付. 住宅标准化与保障性住房建设 [N]. 光明日报, 2013-5-11 (07).

[106] 廖俊平, 应千伟等. 什么决定了居民住房承受能力: 基于广州限价房申购群体的经验证据 [J]. 世界经济, 2011 (3): 109-126.

[107] 倪鹏飞. 中国城市竞争力与基础设施关系的实证研究 [J]. 中国工业经济, 2002 (5): 62-69.

[108] 倪鹏飞, 李冕. 沪苏浙皖正在形成世界超级经济区——基于主体、空间和联系的研究 [J]. 经济社会体制比较, 2015 (6): 30-43.

[109] 倪鹏飞. 中国住房制度的目标设计和深化改革 [J]. 经济社会体制比较, 2017 (2): 14-27.

[110] 潘爱民, 韩正龙. 经济适用房、土地价格与住宅价格——基于我国29个省级面板数据的实证研究 [J]. 财贸经济, 2012 (2): 106-113.

[111] 潘敏, 朱迪星, 熊文静. 市场时机效应难以对资本结构产生持久性影响的原因——基于债务成本视角的实证研究 [J]. 技术经济, 2011, 30 (1): 105-111.

[112] 平新乔, 陈敏彦. 融资、地价与楼盘价格趋势 [J]. 世界经济, 2004 (7): 3-10.

[113] 戚迪明, 张广胜. 农民工流动与城市定居意愿分析——基于沈阳市农民工的调查 [J]. 农业技术经济, 2012, (4): 44-51.

[114] 齐良书. 收入、收入不均与健康: 城乡差异和职业地位的影响 [J]. 经济研究, 2006 (11): 16-26.

[115] 齐讴歌, 周新生, 王满仓. 房价水平、交通成本与产业区位分布关系再考量 [J]. 当代经济科学, 2012 (1): 100-108.

[116] 钱雪亚, 刘杰. 中国人力资本水平实证研究 [J]. 统计研究, 2004, 21 (3): 39-45.

[117] 单豪杰. 中国资本存量K的再估算: 1952—2006年 [J]. 数量经济技术经济研究, 2008 (10): 17-31.

[118] 邵军, 徐康宁. 我国城市的生产率增长、效率改进与技术进步 [J]. 数量经济技术经济研究, 2010 (1): 58-66.

[119] 沈红波, 寇宏, 张川. 金融发展、融资约束与企业投资的实证研究 [J]. 中国工业经济, 2010 (6): 55-64.

[120] 沈坤荣, 耿强. 外国直接投资、技术外溢与内生经济增长——中国数据的计量检验与实证分析 [J]. 中国社会科学, 2001 (5): 82-93.

[121] 沈悦, 张学锋. 住房支付能力稳定性: 理论解读与实证分析 [J].

财贸经济, 2011 (2): 118-124, 94.

[122] 盛科荣, 金耀坤, 纪莉. 城市规模分布的影响因素——基于跨国截面数据的经验研究 [J]. 经济地理, 2013, 33 (1): 66-71.

[123] 石亚东. 我国房地产开发资金来源结构状况分析 [J]. 中央财经大学学报, 2005 (10): 60-64.

[124] 宋启林. 论中国独特的城镇化道路 [J]. 城市规划学刊, 2013 (1): 37-42.

[125] 唐小飞, 康毅, 郭达等. 我国房地产上市公司融资约束比较研究——基于股权结构的实证分析 [J]. 宏观经济研究, 2011 (5): 70-74.

[126] 陶然, 陆曦, 苏福兵等. 地区竞争格局演变下的中国转轨: 财政激励和发展模式反思 [J]. 经济研究, 2009 (7): 21-33.

[127] 陶然, 苏福兵, 陆曦等. 经济增长能够带来晋升吗?——对晋升锦标竞赛理论的逻辑挑战与省级实证重估 [J]. 管理世界, 2010 (12): 13-26.

[128] 陶然, 袁飞, 曹广忠. 区域竞争、土地出让与地方财政效应: 基于1999—2003年中国地级城市面板数据的分析 [J]. 世界经济, 2007 (10): 15-27.

[129] 王桂新, 潘泽瀚. 我国流动人口的空间分布及其影响因素——基于第六次人口普查资料的分析 [J]. 现代城市研究, 2013 (3): 4-11.

[130] 王江, 廖理, 张金宝. 消费金融研究综述 [J]. 经济研究, 2010 (s1): 5-29.

[131] 王勉, 唐啸峰. 我国房地产投资波动与经济周期的相关性 [J]. 四川大学学报 (哲学社会科学版), 2000 (3): 40-43.

[132] 王少瑾. 收入不平等对人口健康影响的研究综述 [J]. 当代经济科学, 2007, 29 (6): 116-121.

[133] 王文剑, 覃成林. 地方政府行为与财政分权增长效应的地区性差异——基于经验分析的判断、假说及检验 [J]. 管理世界, 2008 (1): 9-21.

[134] 王文剑, 仉建涛, 覃成林. 财政分权、地方政府竞争与FDI的增长效应 [J]. 管理世界, 2007 (3): 13-22.

[135] 王先柱, 吴义东. 公众认知视角下住房公积金制度的改革 [J]. 郑州大学学报 (哲学社会科学版), 2017 (2): 68-74.

[136] 王先柱, 赵奉军. 保障性住房对商品房价格的影响——基于1999—

2007 年面板数据的考察 [J]. 经济体制改革, 2009 (5): 143-147.

[137] 王先柱, 赵奉军. 房地产市场货币政策效应: 基于我国 35 个大中型城市的实证分析 [J]. 经济体制改革, 2010 (3): 157-161.

[138] 王小鲁. 中国城市化路径与城市规模的经济学分析 [J]. 经济研究, 2010 (10): 20-32.

[139] 王晓中. 房地产过热、外汇储备增长与货币政策操作——谈宏观经济的央行视角 [J]. 金融研究, 2004 (5): 134-138.

[140] 王玉君. 农民工城市定居意愿研究——基于十二个城市问卷调查的实证分析 [J]. 人口研究, 2013 (4): 19-30.

[141] 王岳龙. 地价对房价影响程度区域差异的实证分析——来自国土资源部楼盘调查数据的证据 [J]. 南方经济, 2011, 29 (3): 29-42.

[142] 魏成龙, 张添丁. 房地产宏观调控与地产公司股价波动的相关性——基于 A 股市场的实证分析 [J]. 中国工业经济, 2009 (11): 141-150.

[143] 吴老二, 祝平衡. 房地产价格与房地产投资来源结构 [J]. 当代经济科学, 2006, 28 (1): 75-80.

[144] 吴群, 李永乐. 财政分权、地方政府竞争与土地财政 [J]. 财贸经济, 2010 (7): 51-59.

[145] 夏怡然. 农民工定居地选择意愿及其影响因素分析——基于温州的调查 [J]. 中国农村经济, 2010 (3): 35-44.

[146] 谢小平, 王贤彬. 城市规模分布演进与经济增长 [J]. 南方经济, 2012, 30 (6): 58-73.

[147] 熊彩云. 农民工城市定居转移决策因素的推——拉模型及实证分析 [J]. 农业经济问题, 2007 (3): 74-81.

[148] 熊景维. 我国进城农民工城市住房问题研究 [D]. 武汉大学, 2013.

[149] 徐程, 尹庆双, 刘国恩. 健康经济学研究新进展 [J]. 经济学动态, 2012 (9): 120-127.

[150] 徐现祥, 王贤彬, 舒元. 地方官员与经济增长——来自中国省长、省委书记交流的证据 [J]. 经济研究, 2007 (9): 18-31.

[151] 姚树洁, 冯根福, 韦开蕾. 外商直接投资和经济增长的关系研究 [J]. 经济研究, 2006 (12): 35-46.

[152] 杨亚平, 周泳宏. 成本上升、产业转移与结构升级——基于全国大

中城市的实证研究 [J]. 中国工业经济, 2013 (7): 147-159.

[153] 叶鹏飞. 农民工的城市定居意愿研究——基于七省（区）调查数据的实证分析 [J]. 社会, 2011 (2): 153-169.

[154] 余官胜. 贸易开放和人力资本形成的非线性关系——理论和基于我国省际动态面板数据的实证研究 [J]. 财经科学, 2009 (9): 110-116.

[155] 袁志刚, 樊潇彦. 房地产市场理性泡沫分析 [J]. 经济研究, 2003 (3): 34-43.

[156] 曾国安, 张河水, 胡晶晶. 论中国城市化过程中的城市住房保障需求与供给增长思路 [J]. 中国流通经济, 2011, 25 (3): 53-58.

[157] 张车伟, 蔡翼飞. 中国城镇化格局变动与人口合理分布 [J]. 中国人口科学, 2012 (6): 44-57.

[158] 张帆. 中国的物质资本和人力资本估算 [J]. 经济研究, 2000 (8): 65-71.

[159] 张汉江, 魏艳丽, 陈晓红等. 基础设施建设投资推动城市经济增长的测算 [J]. 系统工程, 2012 (11): 59-65.

[160] 张军, 高远, 傅勇等. 中国为什么拥有了良好的基础设施？[J]. 经济研究, 2007 (3): 4-19.

[161] 张坤. 中国农村人口流动的影响因素与实施对策——基于推拉理论的托达罗修正模型 [J]. 统计与信息论坛, 2014 (7): 22-28.

[162] 张丽, 吕康银, 王文静. 地方财政支出对中国省际人口迁移影响的实证研究 [J]. 税务与经济, 2011 (4): 13-19.

[163] 张青, 胡凯. 中国土地财政的起因与改革 [J]. 财贸经济, 2009 (9): 77-81.

[164] 张清勇. 中国城镇居民的住房支付能力：1991—2005 [J]. 财贸经济, 2007 (4): 79-84.

[165] 张庆, 朱迪星. 投资者情绪、股权结构与企业实际投资 [J]. 财经问题研究, 2013 (3): 101-108.

[166] 张晏, 龚六堂. 分税制改革、财政分权与中国经济增长 [J]. 经济学（季刊）, 2005, 5 (4): 75-108.

[167] 张翼. 农民工"进城落户"意愿与中国近期城镇化道路的选择 [J]. 中国人口科学, 2011 (2): 14-26.

[168] 张跃松, 连宇. 基于挤出效应的住房保障规模对商品住房价格的影

响 [J]. 工程管理学报, 2011, 25 (2): 206-209.

[169] 张展新, 侯亚非. 城市社区中的流动人口 [M]. 北京: 社会科学文献出版社, 2009: 12.

[170] 赵冈. 中国城市发展史论集 [M]. 新星出版社, 2006.

[171] 赵文华, 翟屹. 保持健康体重应成为预防和控制慢性病的一项公共卫生策略 [J]. 首都公共卫生, 2007, 1 (1): 5-7.

[172] 赵雅楠, 范志华. 我国保障性住房制度政策的形成、实施效果及对策建议 [J]. 辽宁行政学院学报, 2012 (12): 8-9.

[173] 赵中伟. 债务融资、成长性与企业投资行为——对A股和香港上市公司的比较研究 [J]. 当代经济科学, 2011 (6): 116-121.

[174] 郑思齐, 廖俊平等. 农民工住房政策与经济增长 [J]. 经济研究, 2011 (2): 73-86.

[175] 郑思齐, 师展. "土地财政"下的土地和住宅市场: 对地方政府行为的分析 [J]. 广东社会科学, 2011 (2): 5-10.

[176] 周飞舟. 分税制十年: 制度及其影响 [J]. 中国社会科学, 2006 (6): 100-115.

[177] 周飞舟. 大兴土木: 土地财政与地方政府行为 [J]. 经济社会体制比较, 2010 (3): 77-89.

[178] 周京奎. 货币政策、银行贷款与住宅价格——对中国4个直辖市的实证研究 [J]. 财贸经济, 2005 (5): 22-27.

[179] 周京奎. 公积金约束、家庭类型与住宅特征需求——来自中国的经验分析 [J]. 金融研究, 2011 (7): 70-84.

[180] 周黎安. 晋升博弈中政府官员的激励与合作——兼论我国地方保护主义和重复建设问题长期存在的原因 [J]. 经济研究, 2004 (6): 33-40.

[181] 周黎安. 中国地方官员的晋升锦标赛模式研究 [J]. 经济研究, 2007 (7): 36-50.

[182] 周仁, 郝前进等. 剩余收入法、供需不匹配与住房可支付能力的衡量——基于上海的考察 [J]. 世界经济文汇, 2010 (1): 39-49.

[183] 周晓波, 倪鹏飞. 城市群体系的规模分布结构及其经济增长效应 [J]. 社会科学研究, 2018 (2).

[184] 周业安, 冯兴元, 赵坚毅. 地方政府竞争与市场秩序的重构 [J]. 中国社会科学, 2004 (1): 56-65.

[185] 邹湘江. 基于"六普"数据的我国人口流动与分布分析 [J]. 人口与经济, 2011 (6): 23 - 27.

[186] 朱大鹏, 陈鑫. 房产价格、家庭财富再分配与货币政策有效性——基于动态随机一般均衡模型的分析 [J]. 南方金融, 2017 (5): 18 - 36.

[187] 朱平芳, 徐大丰. 中国城市人力资本的估算 [J]. 经济研究, 2007 (9): 84 - 95.

[188] 朱宇, 余立, 林李月, 董洁霞. 两代流动人口在城镇定居意愿的代际延续和变化——基于福建省的调查 [J]. 人文地理, 2012 (3): 1 - 6.

[189] ADES A, GLAESER E. Trade and circuses: Explaining urban gains [J]. Quarterly Journal of Economics, 1995, 110 (1): 195 - 227.

[190] AGHION, P., CAROLI, E., CECILIA, G.. Inequality and economic growth: The perspective of the new growth theories [J]. Journal of Economic Literature, 1999 (37): 1615 - 1660.

[191] ALESINA, A., PEROTTI, R., Income distribution, political instability, and investment [J]. European Economic Review, 1996, 40 (6): 1203 - 1228.

[192] ALONSO W. Five bell shapes in development [J]. Papers in Regional Science, 1980, 45 (1): 5 - 16.

[193] ANDERSON G, GE Y. The size distribution of Chinese cities [J]. Regional Science and Urban Economics, 2005, 35 (6): 756 - 776.

[194] Baldwin, Forslid, Martin. Economic Geography and Public Policy [M]. Princeton: Princeton University Press, 2003.

[195] Barro R J. The Stock Market and Investment [J]. Review of Financial Studies, 1990, 3 (1): 115 - 131.

[196] BARRO, R. J. Inequality and Growth in a Panel of Countries [J]. JOURNAL OF ECONOMIC GROWTH, 2000, 5 (1): 5 - 32.

[197] Blanchard O, Rhee C, Summers L. The Stock Market, Profit, and Investment [J]. Quarterly Journal of Economics, 1993, 108 (1): 115 - 136.

[198] Becker G S, Tamura R. Human Capital, Fertility and Economic Growth [J]. Journal of Political Economy, 1990, 98 (S5): 323 - 350.

[199] Baker M., Stein J. C. and Wurgler J. When Does the Market Matter? Stock Prices and the Investment of Equity DependentFirms [J]. Quarterly Journal of

Economics, 1992, 118 (3): 969 – 1005.

[200] BERRY B. City size distributions and economic development [J]. Economic Development and Cultural Change, 1961, 9 (4): 573 – 588.

[201] Bhargava A, Franzini L, Narendranathan W. Serial Correlation and the Fixed Effects Model [J]. Review of Economic Studies, 1982, 49 (4): 533 – 549.

[202] Brakman S., Garretsen H., Schramm M. The Spatial Distribution of Wages and Employment: Estimating the Helpman – Hanson Model for Germany [J]. Journal of Regional Science, 2004 (44): 113 – 127.

[203] Borjas G J (1999). Immigration and welfare magnets [J]. Journal of labor economics, 1999, 17 (4): 607 – 637.

[204] Bourassa S. C., Yin M. Tax deductions, tax credits and the homeownership rate of young urban adults in the United States [J]. Urban Studies, 2008, 45 (56): 1141 – 1161.

[205] BURKE, G. L. et al.. Correlates of obesity in young black and white women: the CARDIA Study [J]. Am J Public Health, 1992, 82 (12), 1621 – 1625.

[206] Cameron, Gavin and John. Muellbauer. Earnings, Unemployment and Housing: Evidence From A Panel Of British Regions, CEPR Discussion Papers, No. 2404.

[207] Chow C K W, Fung M K Y. Ownership Structure, Lending Bias, and Liquidity Constraints: Evidence from Shanghai's Manufacturing Sector [J]. Journal of Comparative Economics, 1998, 26 (2): 301 – 316.

[208] CHOU, S., GROSSMAN, M., SAFFER, H.. An economic analysis of adult obesity: results from the Behavioral Risk Factor Surveillance System [J]. Journal of Health Economics, 2004, 23 (3): 565 – 587.

[209] Ciccone A, Hall R E. Productivity and the Density of Economic Activity [J]. American Economic Review, 1996, 86 (1): 54 – 70.

[210] COHEN, S. S., et al.. Chronic social stress, social status, and susceptibility to upper respiratory infections in nonhuman primates [J]. Psychosomatic Medicine, 1997, 59 (3): 213 – 221.

[211] DAVIS JC, HENDERSON JV. Evidence on the political economy of the

urbanization process [J]. Journal of Urban Economics, 2003, 53 (1): 98 – 125.

[212] DEATON, A.. Health, Inequality and Economic Development [J]. Journal of Economic Literature, 2003 (41): 113 – 158.

[213] Driscoll J C, Kraay A C. Consistent Covariance Matrix Estimation with Spatially Dependent Panel Data [J]. Review of Economics & Statistics, 1998, 80 (4): 549 – 560.

[214] Dumais, Guy, Glenn Ellison and Edward L. Glaeser. Geographic Concentration as a Dynamic Process, NBER working paper, No. 6270.

[215] Durantou G. and Puga D. Micro – foundations of urban agglomeration economies in Henderson JV and J – F. Thisse, eds., Handbook of Urban and Regional Economics [M]. Volume 4, New York: North Holland, 2004.

[216] ECKHOUT J. Gibrat's law for (all) cities: A reply [J]. American Economic Review, 2009, 99 (4): 1676 – 1683.

[217] ECKHOUT J. Gibrat's law for (all) cities [J]. American Economic Review, 2004, 94 (5): 1429 – 1451.

[218] EINBNER, C. E., EVANS, W. N.. Relative deprivation, poor health habits, and mortality [J]. Journal of Human Resources, 2005, 40 (3): 591 – 620.

[219] Ellison G, Glaeser E L. The Geographic Concentration of Industry: Does Natural Advantage Explain Agglomeration [J]. American Economic Review, 1999, 89 (2): 311 – 316.

[220] EL – SHAKHS S. Development, primacy, and systems of cities [J]. Journal of Developing Areas, 1972, 7 (1): 11 – 35.

[221] Fama E. F., Macbeth J. D. Risk, Return, and Equilibrium: Empirical Tests [J]. Journal of Political Economy, 2000, 81 (3): 607 – 636.

[222] Fischer S. and Merton R. C. Macroeconomics and Finance: The Role of the Stock Market. NBER Working Paper, No. 1291.

[223] Fiva J. H. Does welfare policy affect residential choices? An empirical investigation accounting for policy endogeneity [J]. Journal of Public Economics, 2009, 93 (3): 529 – 540.

[224] FORBES, K. J.. A Reassessment of the Relationship between Inequality and Growth [J]. The American Economic Review, 2000, 90 (4): 869 – 887.

[225] FRIEDMANN J. A general theory of polarized development [M]. Los Angeles: University of California, School of Architecture and Urban Planning, 1969.

[226] FRIEDMANN J. Urbanization and national development: A comparative analysis [M]. Los Angeles: University of California, School of Architecture and Urban Planning, 1970.

[227] Glaser. Triumph of the City: How Our Greatest Invention Makes Us Richer, Smarter, Greener, Healthier, and Happier [M]. Penguin Press H. C., 2011.

[228] Glaeser E L, Mare D C. Cities and Skills [J]. Journal of Labor Economics, 2001, 19 (2): 316 – 342.

[229] Lucas and Robert E., Jr. On the mechanics of economic development [J]. Journal of Monetary Economics, 1999, 22 (1): 3 – 42.

[230] Hanson Gordon. Market Potential. Increasing Returns and Geographic Concentration [J]. Journal of International Economics, 2005 (67): 125 – 132.

[231] Hanson, G. H. and Matthew J. Slaughter. TheRybczynski Theorem, Factor – Price Equalization and Immigration: Evidence from U. S. States, NBER Working Paper. No. 7074.

[232] HANSEN N. Impacts of small and intermediate – Sized cities on population distribution: issues and response [J]. Regional Development Dialogue, 1990, 11 (1): 60 – 76.

[233] Helpman E. The Size of Regions in Topics in Public Economics: Theoretical and Applied Analysis [M]. Cambridge University Press, 1998, 34 – 54.

[234] Henderson JV. The Sizes and Types of Cities [J]. American Economic Review, 1974, 64 (9): 640 – 656.

[235] Henderson JV. Efficiency of Resource Usage and City Size [J]. Journal of Urban Economics, 1986, 19 (1): 47 – 70.

[236] HENDERSON JV. The effect of concentration on economic growth. NBER Working Paper, No. 7503.

[237] HENDERSON JV. The urbanization process and economic growth: The so – what question [J]. Journal of Economic Growth, 2003, 8 (1): 47 – 71.

[238] HENDERSON JV. Urbanization in developing countries [J]. The World Bank Research Observer, 2002, 17 (1): 89 – 112.

[239] HSIEH, C., MEREDITH, P. D.. Poverty, inequality, and violent

crime: A meta - analysis of recent aggregate Data Studies [J]. Criminal Justice Review, 1993, 18 (2): 182 - 202.

[240] JEFFERY, R. W., French, S. A.. Epidemic obesity in the United States: are fast foods and television viewing contributing [J]. Am J Public Health, 1998, 88 (2): 277 - 280.

[241] KAHN, H., TATHAM, S., PAMUK, L. M., HEATH, C. W.. Are geographic regions with high income inequality associated with risk of abdominal weight gain [J]. Social Science and Medicine, 1998, 47 (1): 1 - 6.

[242] KETTER, P., . The hidden disability [J]. TD, 2006, 60 (6), 34 - 40.

[243] Koethenbuerger M (2014). Competition for migrants in a federation: Tax or transfer competition. Journal of Urban Economics, 2014 (80): 110 - 118.

[244] KRIEGER, N.. Epidemiology and the web of causation: has anyone seen the spider [J]. Social Science and Medicine, 1994, 39 (7): 887 - 903.

[245] KRISTEN, E.. Addressing the Problem of Weight Discrimination in Employment [J]. California Law Review, 2002, 90 (1): 57 - 109.

[246] Krugman P. Increasing Returns and Economic Geography [J]. Journal of Political Eeonomy, 1991, 99 (3): 483 - 499.

[247] KUCZMARSKI, R. J.. Prevalence of overweight and weight gain in the United States [J]. The American journal of clinical nutrition, 1992, 55 (2): 495 - 502.

[248] LAKDAWALLA, D., Tomas, P.. The growth of obesity and technological change [J]. Economics and Human Biology, 2009, 7 (3): 283 - 293.

[249] LEVY M. Gibrat's law for (all) cities: comment [J]. American Economic Review, 2009, 99 (4): 1672 - 1675.

[250] Lewis W A. Economic Development With Unlimited Supplies of Labor. The Manchester School, 1954, 22 (2): 139 - 191.

[251] Li H, Zhou L A. Political turnover and economic performance: the incentive role of personnel control in China [J]. Journal of Public Economics, 2003, 89 (9): 1743 - 1762.

[252] LI, H., ZHU, Y.. Income, income inequality, and health: Evidence from China [J]. Journal of Comparative Economics, 2006, 34 (4): 668 - 693.

[253] Lin J Y, Liu Z. Fiscal Decentralization and Economic Growth in China [J]. Economic Development & Cultural Change, 2000, 49 (1): 1-21.

[254] LINK, B. G., PHELAN, J.. Social conditions as fundamental causes of disease [J]. Journal of Health and Social Behavior, 1995, Extra Issue, 80-94.

[255] LOANNIDES Y, SKOURAS S. US city size distribution: Robustly Pareto, but only in the tail [J]. Journal of Urban Economics, 2013, 73 (1): 18-29.

[256] Lucas D. J., McDonld R. L Equity Issues and Stock Price Dynamics. The Journal of Finance, 1990, 45 (4): 1019-1043.

[257] Lux M. The Quasi-Normatives for Housing Affordability [R]. ENHR Paper, Cambridge, 2004: July.

[258] Ma J. Intergovernmental Relations and Economic Management in China [M]. Palgrave Macmillan, 1996.

[259] MARMOT, M. G., et al.. Health inequalities among British civil servants: the Whitehall II study [J]. Lancet, 1991, 337 (1): 1387-1393.

[260] Martinez-Vazquez, Jorge and R. M. McNab. Fiscal Decentralization and Economic Growth [J]. World Development, 2003, 31 (9): 1597-1616.

[261] Massey D. S. Understanding Mexican Migration to the United States [J]. American Journal of Sociology, 1987 (92): 1372-1403.

[262] MCKINLAY, J. B., MARCEAU, L. D.. A tale of 3 tails [J]. American Journal of Public Health, 1999, 89 (3): 295-298.

[263] MGI, 2012, Urban world: Cities and the rise of the consuming class [EB/OL].

[264] http://www.mckinsey.com/insights/mgi/research/urbanization/urban_world_cities_and_the_rise_of_the_consuming_class.

[265] Mincer Jacob. Human Capital Response to Technological Change in the Labor Market. NBER Working Paper, No. 3207.

[266] Miraftab F. Revisiting informal-sector home ownership: the relevance of household composition for housing options of the poor [J]. International Journal of Urban and Regional Research, 1997 (21): 303-322.

[267] MRLLOR, J. M., MILYO, J.. Income Inequality and Health Status in the United States: Evidence from the Current Population Survey [J]. The Journal of Human Resources, 2002, 37 (3): 510-539.

[268] Mulligan C B, Sala-I-Martin X. Measuring Aggregate Human Capital [J]. Journal of Economic Growth, 2000, 5 (3): 215-252.

[269] NICOLAOU, N., SHANE, S.. Can genetic factors influence the likelihood of engaging in entrepreneurial activity [J]. Journal of Business Venturing, 2009, 24 (1): 1-22.

[270] OFFER, A., R. PECHEY, S. U. Obesity under affluence varies by welfare regimes: The effect of fast food, insecurity, and inequality [J]. Economics & Human Biology, 2010, 8 (3): 297-308.

[271] PARR J. A note on the size distribution of cities over time [J]. Journal of Urban Economics, 1985, 18 (2): 199-212.

[272] PETRAKOS G, BRADA JC. Metropolitan Concentration in Developing Countries [J]. KYKLOS, 1989, 42 (4): 557-578.

[273] Polk C, Sapienza P. The Stock Market and Corporate Investment: A Test of Catering Theory [J]. Review of Financial Studies, 2009, 22 (1): 187-217.

[274] PRICE, R. A., CADORET, R. J., STUNKARD, A. J. and Troughton E.. Genetic contributions to human fatness: an adoption study [J]. American Journal of Psychiatry, 1987, 144 (8): 1003-1008.

[275] PRICE, R. A., STUNKARD, A. J.. Commingling analysis of obesity in twins [J]. Human Heredity, 1989, 39 (3): 121-135.

[276] PRIDEMORE, W. A.. What We Know About Social Structure and Homicide: A Review of the Theoretical and Empirical Literature [J]. Violence and Victims, 2002, 17 (2): 127-156.

[277] Quigley, J. M. (1997). The Economics of Housing and Housing Market [M]. London: Edward Elgar.

[278] Rabe, Birgitta and Taylor. Differences in Opportunities? Wage, Unemployment and House-price Effects on Migration [R]. ISER Working Paper, 2010, 5-6.

[279] Ralph, J. B., Measures of Geographical Differences in the Cost of Living, prepared for the Governor's Wage Study Task Force, 1999.

[280] Ravenstein E G. The Laws of Migration [J]. Journal of the Statistic Society, 1976, 151 (1385): 289-291.

[281] ROSEN K, RESNICK M. The size distribution of cities: An examination

of the Pareto law and primacy [J] . Journal of Urban Economics, 1980, 8 (2): 165 – 186.

[282] Schultz T W. Reflections on Investment in Man [J] . Journal of Political Economy, 1962, 70 (5): 1 – 8.

[283] Segal D. Are there returns to scale in city size? [J] . The Review of Economics and Statistics, 1976, 58 (3): 339 – 350

[284] SILVENTOINEN, K. et al.. Trends in obesity and energy supply in the WHO MONICA Project [J] . International Journal of Obesity, 2004, 28 (5): 710 – 718.

[285] Skaburskis. Decomposing Canada's Growing Housing Affordability Problem: Do City Differences Matter? [J] . Urban Studies, 2004, 41 (1): 117 – 149.

[286] SOBAL, J. , STUNKARD, A. J.. Socioeconomic status and obesity: a review of the literature [J] . Psychol Bull, 1989, 105 (2): 260 – 275.

[287] Stark O. Migration Decision Making: A Review Article [J] . Journal of Development Economics, 1984 (14): 251 – 259.

[288] Stein J C. Rational Capital Budgeting In An Irrational World [J] . Journal of Business, 1996, 69 (4): 429 – 455.

[289] Sveikauskas L. The Productivity of Cities [J] . Quarterly Journal of Economics, 1975, 89 (3): 393 – 413

[290] Harris J R, Todaro M P. Migration, Unemployment and Development: A Two – Sector Analysis [J] . American Economic Review, 1970, 60 (1): 126 – 142.

[291] Tu Y, Goldfinch J. A two – stage housing choice forecasting [J] . Urban Studies, 1996, 33 (6): 517 – 537.

[292] UNIUS K. Primacy and economic development: Bell shaped or parallel growth of cities [J] . Journal of Economic Development, 1999, 24 (1): 1 – 22.

[293] VILLAR, J. G. , QUINTANA – DOMEQUE C.. Income and body mass index in Europe [J] . Economics and Human Biology, 2009, 7 (1): 73 – 83.

[294] WANG, Y. , MI, J. , SHAN, X. , WANG, Q. , Ge, K.. Is China facing an obesity epidemic and the consequences? The trends in obesity and chronic disease in China [J] . International Journal of Obesity, 2007 (31): 177 – 188.

[295] WHEATON W, SHISHIDO H. Urban concentration, agglomeration economies and the level of economic development [J]. Economic Development and Culture Change, 1981, 30 (1): 17 - 30.

[296] WILKINSON, R. G.. Unhealthy Societies: The Afflictions of Inequality [M]. London: Routledge. 1996: 28 - 33.

[297] WILKINSON, R. G., PICKETT, K.. The Spirit Level: Why More Equal Societies Almost Always Do Better [M]. Allen Lane, London, 2009: 45 - 55.

[298] WILKINSON, L. L., ROWE, A. C., BISHOP, R. J. BRUNSTROM J. M.. Attachment anxiety, disinhibited eating, and body mass index in adulthood [J]. International Journal of Obesity, 2010 (34): 1442 - 1445.

[299] WILLIAMSON J. Regional inequality and the process of national development [J]. Economic Development and Culture Change, 1965, 13 (4): 3 - 45.

[300] Wood G, Stoakes A. Long - run Trends in Victorian Housing Affordability and First Transition into Homeownership [J]. Urban Policy and Research, 2006, 24 (3): 325 - 340.

[301] Wu W. Migrant intra - urban residential in urban China [J]. Housing studies, 2006 (21): 745 - 765.

[302] Xiao F. The Role of the Stock Market in Influencing Firm Investment in China [D]. Doctoral dissertation, Uniersity of Massachusetts at Amherst, 2003.

[303] XU, H., SHORT. S. E.. Gender and Body Weight Status over the Life Course in China [EB/OL]. http://paa2012.princeton.edu/download.aspx?submissionId = 122229. [2012 - 12 - 24].

[304] Yunus, M. (2008). Creating a World Without Poverty: Social Business and the Future of Capitalism [M]. New York: Public Affair.

[305] Zax J. Housing Reform in Urban China in Hope [J]. In Nicholas C. Hope, Dennis Tao Yang and Mu Yang Li. (eds), How Far across the River: Chinese Policy Reform at the Millennium, Stanford University Press, 2003.

[306] Zhang T, Zou H F. Fiscal decentralization, public spending, and economic growth in China [J]. Journal of Public Economics, 1998, 67 (2): 221 - 240.

[307] Zipf G K. The P1P2/D Hypothesis: On the Intercity Movement of Persons [J]. American Sociological Review, 1946, 11 (6): 677 - 686.

后　记

本书可以约略看作过去十年我在城市和住房领域的一些研究思考。在中国阔步迈向城市化和现代化的道路上，作为亲历者和见证者，裹挟于城市的盈缩和房价的起伏，目睹住房的作用日趋重要，内心感慨万千，竟不知如何置词。唯有记忆中的感恩点滴溢出，在头脑的神经元之间荡漾。

感谢几位学术导师的指导和合作契机，他们的研究领域和治学理念或明或暗、或深或浅，隐现在这些研究中。他们是南京大学商学院的高波教授、浙江大学公共管理学院的姚先国教授、中国社会科学院的倪鹏飞教授和北卡罗来纳大学教堂山分校的宋彦教授。

感谢诸位共同合作的好友和同门张明之、张志鹏、黄旭平、毛中根、洪涛、吴向鹏、李燕燕、孙建波、靳卫东、赵奉军、王先柱、邹琳华、王辉龙、陈健、李伟军、王业强、王斌、姚剑锋等人的鼎力相助。

本书的大部分成果都是我与自己指导的学生共同完成的，感谢他们的辛勤努力，也希望他们能够不负当年的三更灯火，理解当年的严格要求。

这些年研究的进展，得益于学校的支持和宽松环境。感谢我所在的浙江工商大学诸多领导，特别要感谢经济学院领导和老师的关心、支持和帮助！

在学术探索的路上，有幸先后得到多项基金的资助和扶持，包括但不限于国家自然基金面上项目（71974174、71273235）、浙江省自然科学基金（LY19G030005）和中国博士后基金项目（2014M550942）等。如果没有这些基金的支持，这些研究的进展是不可想象的。

感谢中国财政经济出版社吕小军编辑玉成，这些研究才有更好的机会整合提升，结集出版。

  这十年正是我从而立步入不惑，人届中年更能体悟人世流转的境味。尊长杳然弃世，稚子翩然少年，揽镜颓然白发，红袖渐却朱颜。作为承上启下、与岁月切磋堪磨的中年人，没有亲友家人的呵护支持，日子一定是难以想象的。希望他们能岁月安好，平安幸福！

毛丰付
2019 年平安夜草于钱江左岸